中国共产党建党100周年优秀学术成果丛书

中国方案
数字贸易命运共同体的探索之路

周广澜 苏为华 著

浙江工商大学出版社
ZHEJIANG GONGSHANG UNIVERSITY PRESS

·杭州·

图书在版编目(CIP)数据

中国方案：数字贸易命运共同体的探索之路 / 周广澜，苏为华著. — 杭州：浙江工商大学出版社，2021.5
(2022.3重印)

ISBN 978-7-5178-4365-8

Ⅰ. ①中… Ⅱ. ①周… ②苏… Ⅲ. ①国际贸易—电子商务—经济共同体—研究—中国 Ⅳ. ①F724.6

中国版本图书馆 CIP 数据核字(2021)第 032680 号

中国方案：数字贸易命运共同体的探索之路

ZHONGGUO FANGAN：SHUZI MAOYI MINGYUN GONGTONGTI DE TANSUO ZHI LU

周广澜　苏为华　著

责任编辑	吴岳婷
封面设计	沈　婷
责任印制	包建辉
出版发行	浙江工商大学出版社
	（杭州市教工路 198 号　邮政编码 310012）
	（E-mail：zjgsupress@163.com）
	（网址：http://www.zjgsupress.com）
	电话：0571 - 88904980，88831806（传真）
排　　版	杭州朝曦图文设计有限公司
印　　刷	杭州高腾印务有限公司
开　　本	710 mm×1000 mm　1/16
印　　张	17
字　　数	268 千
版 印 次	2021 年 5 月第 1 版　2022 年 3 月第 2 次印刷
书　　号	ISBN 978-7-5178-4365-8
定　　价	49.00 元

本书受以下项目资助

中国（杭州）跨境电商学院

杭州市哲学社会科学规划课题"跨境电商综试区评价与发展研究——以杭州等地区为例"（Z21JC096）

浙江省教师发展项目"新政策红利下跨境电商发展战略研究"（FX2019016）

全国统计科学研究项目"政府监管视角下的跨境电商统计研究"（2020642）

中国博士后基金"融入跨境情境的电商行为数据流挖掘研究"（2018M632497）

浙江省博士后项目"跨境电商背景下融入共生因素的云平台技术接受研究"（zj2017117）

国家社会科学基金重大项目"基于大数据的跨境电子商务统计监测、评估与监管体系研究"（16ZDA053）

浙江省自然科学基金"移动场景下基于跨域感知及隐私保护的用户兴趣点推荐研究"（LY20G010001）

杭州哲社课题"随机流动性，测度和资产定价研究"（Z20JC089）

国家留学基金委高等学校青年教师出国研修项目（202009545007）

总　序

　　1921 年中国共产党的成立，是中国历史上开天辟地的一件大事。 2021 年，中国共产党将迎来百年华诞。 100 年来，中国共产党走过了波澜壮阔的光辉历程，从一个只有 50 多人的小党发展成为拥有 9000 多万名党员的世界第一大党，领导中国人民完成新民主主义革命，实现了民族独立和人民解放；建立社会主义制度，完成了中国历史上最广泛、最深刻的社会变革；做出改革开放伟大决策，开创了建设中国特色社会主义道路，为实现中华民族的伟大复兴指明了方向。 历史和现实雄辩地证明，没有共产党就没有新中国，没有共产党就没有中国特色社会主义事业的胜利。 中国共产党不愧为伟大、光荣、正确的马克思主义政党，不愧为领导中国人民不断开创新事业的核心力量。 中国共产党 100 年的光辉历程，犹如一幅逶迤而又气势磅礴、雄浑而又绚丽多彩的画卷。

　　高山耸峙，风卷红旗过大关。 中国共产党的百年党史就是在一个个挫折中不断成熟、在一场场考验中不断成长的奋进诗篇，如今的中国共产党已经拥有了应对挑战的丰富经验和克服困难的强大能力。 面对百年未有之大变局，党的十八大以来，以习近平同志为核心的党中央统揽国内国际两个大局，统筹推进"五位一体"总体布局，协调推进"四个全面"战略布局，把中国特色社会主义不断推向前进。 在"两个一百年"奋斗目标的历史交汇点上，党的十九届五中全会统筹中华民族伟大复兴战略全局和世界百年未有之大变局，提出了到 2035 年基本实现社会主义现代化远景目标，中国共产党将带领全国人民开启全面建设社会主义现代化国家、实现中华民族伟大复兴中国梦的新征程。

　　全面总结、系统阐释党的光辉历程是理论界义不容辞的责任。我校作为一所习近平同志在浙江任职期间亲自视察并寄予厚望的省重点建设高校，发挥在哲学社会科学领域的优势，宣传、阐释浙江乃至全国各地在党的领导下开展的伟大实践和探索，是我们的使命与担当。为此，我们筹划了这次"中国共产党建党100周年优秀学术成果丛书"出版工作。对于浙江工商大学来说，这套丛书在2021年出版发行具有双重意义。首先，这套丛书是我们向建党100周年的献礼工程，其次，2021年我们将迎来学校110周年校庆，因此，这套丛书的出版发行也是校庆系列活动中的标志性项目。

　　浙江工商大学110年的校史与中国共产党100年的党史是紧密交织在一起的。我校的前身是创建于1911年的杭州中等商业学堂。这是浙江省新式商业教育之先驱，也是当时全国最早创办的商业专门学校之一。1921年后，当中国共产党人为民族解放和人民幸福前赴后继、英勇奋斗时，学校在军阀混战、抗日战争和解放战争相继发生的旧中国，坚守实业救国初心，以传承实业教育为己任，筚路蓝缕、艰辛办学，学校数易其名、屡迁校址。1949年新中国成立，中国共产党成为执政党后，学校迅速完成了从旧高商向新高商的转变，进入历史新纪元。1963年，学校由商业部直属，更名为杭州商业学校，列为全国重点学校。党的十一届三中全会开启了改革开放历史新时期，社会急需大量商业管理人才，学校进入了一个崭新的发展时期，实现了一个又一个跨越：1980年，国务院批准建立杭州商学院，学校升格为本科大学；1990年获得硕士学位授予权；2003年获得博士学位授予权；2004年，教育部批准杭州商学院更名为浙江工商大学；2015年，学校被确定为浙江省人民政府、商务部和教育部共建大学；2017年学校被确定为浙江省重点建设高校。目前，学校正在按照2020年末召开的学校第三次党代会确定的战略目标，全力冲刺"双一流"，建设卓越大学，奋力标定在全国乃至世界高等教育中的新坐标。

　　回望学校110年办学历程，特别是新中国成立以来，我校始终坚持正确办学方向，与时代同呼吸，与祖国共命运。在我校的办学历史中涌现了爱国民主先驱、新中国首任粮食部部长章乃器，著名经济学家、国家计委副主任骆耕漠等一大批杰出校友。可以说，浙江工商大学就是一所传承红色基因、怀揣实业兴国梦的高校。从这个角度来看，浙江工商大学 110 年校史就是中国共产党 100 年党史的缩影。

在百年党庆和 110 年校庆的交汇点上，浙江工商大学组织全校力量编写这套丛书，热情讴歌党的丰功伟绩，唱响校庆活动的红色旋律。丛书选题、编写工作从 2020 年初就开始酝酿，2020 年 5 月在全校范围征集"庆祝中国共产党建党 100 周年等重点选题和优秀研究成果"，经过专家评审、选题凝练，7 月确定丛书总体框架、各分册主题和内容，随后进入书稿撰写阶段。此后，编写组还多次召开集体研讨会，研究书稿撰写、统稿、出版工作。目前呈现在读者面前的是丛书的第一辑，随后各分册会陆续出版发行。

这套丛书涉及政治学、历史学、管理学、法学、经济学、统计学、语言学等学科，涵盖党的历史、现代化建设、党建业务、社会治理、经济发展、对外交流、数字经济等多个主题。各分册从不同视角展现了浙江儿女、全国人民在中国共产党的领导下投身革命救亡图存、改革开放发展经济、走在前列实现跨越的伟大实践与探索。我们希望这套丛书能够进一步激发社会各界的爱党爱国热情，进一步坚定广大读者的"四个自信"，进一步鼓舞全国人民在党的领导下建设社会主义现代化国家的冲天干劲。

这套丛书的编写、出版过程凝结了各分册作者、学校人文社会科处、浙江工商大学出版社相关同志的心血，在此致以问候！浙江省委宣传部、浙江省社科联、浙江省委党史研究室等部门相关领导和同志对丛书的整体定位、选题、编写工作给予了大量指导，一并表示衷心感谢！

陈柳裕

2020 年 10 月

C 目录
ontents

15　　　　　　　数字贸易发展趋势与举措研究

1

绪　论

1.1　研究背景

1.1.1　新冠肺炎疫情使得中国各行业短期停摆,对全球贸易环境造成影响

新冠肺炎疫情这一次重大突发公共卫生事件,使中国所有行业猝不及防,也对我国经济社会造成较大冲击。突发重大疫情在世界范围扩散,全球商业形势不断走弱,各国经济增长都有所放缓,未来对外贸易和跨境投资会面对越来越大的压力。

尽管可以预见疫情对我国经济社会的影响只是短期的,但中国经济迫切需要凭借长期积累的各产业体系的韧性与活力来维持在世界供应链地位中的综合竞争优势,也需要通过新动能来实现各类资源要素的重新整合,为高质量经济社会发展注入活力、动力。

在企业逐步复工复产的态势下,有必要全面分析重大突发公共卫生事件对我国对外贸易和跨境投资等经济行为的具体影响。依托中国的市场规模优势、全门类的经济结构工业体系化,将经济社会的巨大潜力尽快释放出来。这有助于对外贸易和跨境投资等经济指标逐渐恢复正常,努力把事件对经济

社会发展的影响降到最低。

1.1.2 跨境电商对贸易和投资发展形成带动作用,产业促进政策助力经济增长

在"新外贸、新零售、新消费"观念的冲击下,商品质量更有保障的跨境电商市场交易规模保持快速增长,发展跨境电商等新业态是推动外贸高质量发展、跨境投资高质量增长的重要举措。 跨境电商等互联网经济形态的发展对中小企业发展对外贸易也是一个难得的机遇。 无论是东部发达地区,还是中西部发展中地区,跨境电商潜力都很大。 跨境电商的发展是各地产业转型升级的重要机遇。 在政策环境上,跨境电商成为突破传统贸易和投资壁垒的一个有效方式,也是经济发展的一个重要组成部分和创新点。 推动跨境电商在质检、支付、物流等领域发展,有利于逐步释放出产业链的发展潜力和增长动能。

目前我国对外贸易和跨境投资行业在突发公共事件的应急反应体系建设过程中存在部分瑕疵,完善政策和建设环境为亟待解决的问题。 一些问题需要进一步研究,比如:

(1)在突发公共事件数量激增的情况下,如何制定合适的应对方法和措施,在宏观层面建立应急反应体系?

(2)在各地对外贸易和跨境投资受到冲击的情况下,如何提升政策绩效,培育跨境电商生态,为中国经济未来长期发展奠定基础?

(3)在国内经济下行的压力下,如何通过互联网战略驱动经济高质量发展, 构建新经济标杆示范区,输出中国应对贸易和投资风险的经验?

1.2 研究意义

本研究的价值和意义主要体现在:

(1)在国际突发公共事件情况下,对外贸易、跨境投资的复苏需要政策层面积极扶持与引导。 高效的政策支持能培育我国对外贸易、跨境投资新动

能，进而实现行业演进与政策制定的协同发展，是政府部门和广大经济商务活动参与主体关注的焦点。

（2）对于对外贸易、跨境投资主管部门而言，在各类情形下对全国经贸情况进行客观评价，有助于国家对现有的贸易、跨境投资等领域的顶层设计进行经验总结，以期为新一轮的政策调整、制定和实施提供理论支持与决策依据。

（3）对跨境电商等新一轮外贸相关配套政策措施的不断优化，会在全国形成积极正面的示范效应，有助于在后 WTO 时代与 eWTP 时代，带动整体国内经济贸易投资向高水平发展，输出中国经验，塑造中国的国际新形象。

1.3 国内外研究现状及发展动态分析

1.3.1 国际突发公共卫生事件对贸易和投资的影响研究

各类国际突发公共卫生事件，尽管发生范围不同，危险程度也不一样，但都可能对人们造成心理上的恐慌，对发生国家的经济造成巨大冲击，引起损失（Park，2013）。其之所以会对贸易和投资等经济活动造成巨大损失，主要是因为各国为了避免疫情从国外传入本国，在人员、货物交流密集的各口岸场所，均会实行严格的人员出入境管理和货物检疫措施。其中包括对疫情发生地区人员的限制或拒绝入境、对货物的强制检验或拒绝措施。这类消息在广大民众中传播（Li，2013）均会对商务活动、生产制造行业，以及与之对应的进出口贸易和跨境投资带来负面影响。

国际突发公共卫生事件可同时危及国人的生命安全和经济安全。为减小危害，世界各国及国际卫生组织、经济贸易组织等纷纷制定和发布规则及标准等，可能对各国之间的贸易投资、交通物流、旅游消费等产生影响。邵柏（2019）通过分析国内外对突发公共事件的应对措施及其对贸易和投资产生的影响，结合当前我国在此类事件应对上存在的问题，提出进一步建立健全我国突发公共卫生事件应对体系的措施建议，以降低此类事件对我国经济的影响。 针对各国在突发公共卫生事件中采取的对出入境货物、交通物流工具等的管控措施，石长华（2013）探索了以技术性贸易措施体系来应对各国的严厉控制措施，避免事件发生国的经济尤其是外贸和投资蒙受很大损失。

我国公共卫生事件监测和管理体系发展相对滞后，在突发公共卫生事件信息数据收集、统计分析、决策判断上还不够先进，支持力度小，关键时期各类问题突出。 利用大数据、云计算的体制机制和能力还没有形成，已有的技术力量面对当前社会频发、多方面的突发公共卫生事件显得捉襟见肘。 借助于危机管理中的生命周期阶段论，崔鹏等（2018）研究了突发公共事件的网络舆情演化规律，探究了政府应对能力指标在突发公共事件网络舆情生命周期中的演化态势，为政府提升应对网络舆情的能力提供了理论借鉴和指导。

在国际公共事件频发的背景下，全球跨境投资政策环境出现一些显著变化。 宗芳宇（2019）认为中国应抓住全球竞争优势格局动态演变下各经济休政策调整的本质特征，加快改革和对外开放步伐，打造更有吸引力的营商环境；积极稳妥地参与推动全球经济治理改革，营造良好的内外部发展环境。国际公共事件引发了跨境投资的广泛流动，这一现象在全球范围内表现为从发达国家流向新兴市场的风险资本显著增加。 谈毅（2016）搜集了跨境风险投资机构在中国风险投资市场上的项目，探讨投资机构在中国市场的跨境风险投资的绩效表现。 国际贸易摩擦等公共事件愈演愈烈，王开等（2019）进一步分析了美国产业补贴政策对我国出口贸易、国内产业、跨境投资和科技创新的不利影响。 最后，从出口保障体系建设、对美反制贸易政策工具、优化营商环境和构建符合国际规则的产业补贴政策四方面提出了有针对性的应对策略。

1.3.2 跨境电商发展对促进对外贸易和跨境投资有良好效果

在全球趋势层面，邓富华等（2017）介绍了跨境贸易的国际发展环境基础。 跨境电商使得国际贸易的整个产业链更加扁平化。 同时，其作为一支重要的补充力量和新兴模式受到了国际社会的广泛关注。 Yao & Whalley（2016）通过对上海自贸区的发展评估，启示了跨境贸易面临的机遇。 郭四维（2018）对跨境电子商务发展的趋势和特点进行了全面的概括，发现跨境电商降低了企业进入外贸行业的固定成本及边际交易成本并改善了资源的分配，跨境电子商务能够促进传统外贸发展（石良平等，2018）。 同时，伴随全球贸易增速整体放缓，我国进出口贸易的发展也进入了低速增长的新常态，在政府推进经济贸易的基础设施建设、管理模式改革的背景下，稳步发展中的跨境电子商务有助于促进我国企业在全球价值链中的地位提升和产业转型升级（来有为等，2014；马述忠等，2017）。

Shao（2016）从经济角度分析了跨境贸易所面临的物流问题。 Giuffrida（2017）分析了大中华地区的跨境物流形势。 Hsiao（2017）研究应用 ICE 方法来推导跨境物流服务（CBLS）的发展思路。 Kim（2018）根据出口物流配送的重要性及其在 B2C 跨境电子商务中的利用程度的增加，导出了选择最优物流配送方式的评价标准。 在贸易保护主义升温的全球大背景下，魏悦羚（2019）考察了进口自由化对中国出口增加值率 DVAR 的影响和作用机制，为贸易自由化政策提供了新的经验证据，同时强调了发展中经济体对发达经济体实施中间品进口自由化对迈向全球价值链高端环节的重要性。 这些都为跨境电商综合试验区的建设提供了借鉴。

通过跨境电子商务综试区的建设，集聚了一大批跨境电商平台，这些跨境电商平台助推产业升级，保证了我国"互联网＋外贸"在国际竞争中的优势。 李晓龙和王健等（2018）探索了 eWTP 框架下对外贸易、跨境投资的新规则。 借助 eWTP 平台探索实现跨境电商贸易各类新政策改进发展的可行性，分析了 eWTP 在经贸活动中的实际意义。 通过对美、英、日等发达国家公共政策制定的过程进行分析，荆林波等（2017）讨论了如何更好地配置政府资源、制定合理的公共政策，探索了提高经贸政策实施的准确性和规范性，为我国提供了有益的借鉴和启示。

孙宝文等（2018）通过论证跨境数字贸易模式对中国国际贸易的推动作用，解释了在数字经济发展的大背景下，跨境电商等新型经济形态如何影响国家贸易政策、促进经济增长（荆文君、孙宝文，2019）。 这些为国家层面探索出台后续扶持政策提供了参考和借鉴。

1.3.3 相关研究评述

（1）视角上：我国对外贸易、跨境投资等研究热点多集中在整体发展水平方面，或对国际贸易摩擦在物流、支付等微观层面的困境进行研究，针对国际突发公共卫生事件下相关情况的研究有限，尚存较多空白。 产业促进政策创新等诸多方面研究仍有待拓展。

（2）对象上：目前针对贸易和投资的研究主要集中在不断增多的国际贸易摩擦、各色贸易和投资壁垒（如技术壁垒和绿色贸易壁垒）、国际贸易内容结构不平衡以及频繁出现的跨境投资信用风险问题上。 专门针对国际突发公共卫生事件下，政策在促进对外贸易、跨境投资行业发展等方面的创新举措、评价的研究还非常有限。

综上所述，伴随着国际突发公共卫生事件在全球范围内全面铺开，很有必要再次深入回顾、探讨现行的贸易、投资体系受到的影响，从而促进各级政府加强理论认识，完善产业政策方案设计，促进对外贸易、跨境投资相关行业质量不断提升。

1.4 研究内容

1.4.1 国际突发公共卫生事件对国际贸易的影响现状分析

在突发公共卫生事件应对中，各国除采取针对发生国人员的管控措施外，对来自发生国的水陆空等客货运也采取了取消或减少等措施，这些都对发生国的贸易和投资产生了一定的影响。

（1）突发公共卫生事件对中国国内贸易产业链的影响。 为防止突发公共卫生事件扩散，生产活动、经济交往被迫长时间中断，大量劳务工人被迫长期无法工作。 外贸公司上下游企业的停工，使得部分地区一些外贸公司的对外贸易活动全部中断。 中国商品订单存在违约风险，外贸订单交付减少或转移，都会对整个中国经济产生巨大的冲击。

本研究拟从各地外贸的现状出发，具体针对我国在疫情造成经济活动"停摆"期间，中小企业面临的普遍问题，通过扎根理论研究方法等分析归纳出国际突发公共事件下外贸产业链的现状、特点及其存在的问题。

（2）突发公共卫生事件对邻近国家贸易的影响。就我国而言，中低端产品是外贸份额主要内容，被替代效应明显。一旦对从中国进口的需求下降，欧美等地的部分采购商也就转道前往东南亚各国采购。因此可知，短期内中国外贸存在着较多的潜在对手。

本研究通过对商务、海关等管理部门所公开的相关统计进行梳理，选取了其中有典型性的外贸公司作为研究样本。通过对外贸公司上下游产业链现状的挖掘，辨析出反映市场对贸易产业链关注重点的词汇，从而为构建完整的外贸促进政策指标体系奠定基础。

1.4.2 国际突发公共卫生事件对跨境投资的影响现状分析

突发公共卫生事件对人日常生活造成了严重干扰，旅游业、零售百货业和诸多服务行业受到重创。全球各国公共卫生安全的缺失将会给所在国当地民众出行带来影响，从而降低消费需求，对跨境投资也产生一定影响。急剧波动的跨境投资也将影响所在国社会经济的稳定发展。

受突发公共卫生事件和国际贸易摩擦影响，全球跨境投资环境形成了一定的不确定性。在疫情期间，各行业"停摆"，国内大量服务类企业支撑不住，资金链断裂。若不能及时解决企业因疫情产生的损失，将进一步降低企业的投资预期。在国际突发公共卫生事件愈演愈烈的背景下，交通、劳动成本也将随之增加，一些外资企业包括大型跨国企业也会因成本激增问题而搁置投资计划。

由于跨境投资的实施可以引导产业供给和市场需求，因此需要对各地跨境投资在受疫情影响后存在的普遍性、实际性和预期性等一系列问题进行实证分析。

本研究在对跨境投资的发展现状及特点进行把握的基础上，把服务支持、资金支持、技术支持等方面的政策变量引入跨境投资模式并进行分析，挖掘经济发展和政策因素运行之间的契合关系、融合关系，从而对行业内跨境投资因素进行量化测度研究。

1.4.3　突发事件下外贸与投资增长的影响因素分析,跨境电商复兴经济的机制和路径研究

从全国整体来看,各行业的短期"停摆"会影响对外贸易与跨境投资上下游企业资源投入的效率和产出。各产业带之间地域相互独立,导致企业复工复产时能够投入资源的配置规模、力度、结构各不相同。本课题从纵向角度重点研究疫情下对外贸易与跨境投资的持续发展机制及前提条件,横向角度重点研究疫情下对外贸易与跨境投资协调生产经济发展的传导机制,以及路径选择。

跨境电商等互联网新经济是疫情下中国适应产业革命新趋势,培育外贸多元化竞争优势的又一次里程碑式的尝试。因此,探索在突发国际公共事件下如何进行跨境电商市场培育已成为研究对外贸易和跨境投资时面临的重要课题。

在全球经济治理体系变革前景仍不明朗,全球投资环境的不确定性增加的情况下,国家有必要加大力度优化营商环境,提高便利化服务水平,加快形成新优势,吸引高质量外资流入,推动传统产业转型升级,加速推进跨境电商等新动能的要求也更加紧迫。本研究采用大环境分析(PESTEL)框架,以自然灾害、公共事件常发的国家为例,从政治、经济、社会、环境、技术、法律角度,探索假设人力资源强度、企业科技投入、产业竞争能力、产业集聚程度、地区开放水平、政府公共政策等因素对贸易与投资水平的影响,以期找出关键要素。

1.4.4　对策建议模拟仿真及可视化分析研究

本研究从宏观视角出发,用系统动力学(SD)建立产业政策影响因素模型,来做国际突发公共卫生事件下中国中长期对外贸易、跨境投资产业市场份额的变化趋势预测。后续经济贸易刺激政策的出台,对贸易、投资发展的内容、方向、效果将会产生较大的影响。因此,需要根据系统仿真结果,来判断或调整建议内容,为下一步将对策转化为政策提供理论依据和实践路径。

  然后在系统分析疫情对中国对外贸易、跨境投资影响因素基础上，确定各变量相互之间的因果关系，并清晰地绘制因果关系反馈结构图。在 Vensim 软件中对促进政策动态流图中的变量参数赋数值或函数，对状态变量赋初值，例如税率、贸易配额、补贴额、汇率等；再对状态变量、速率变量和辅助变量赋方程并确定其量纲。

  根据可视化分析、模拟仿真的结果，完善所提出的对策建议，帮助各行业相互借鉴成功经验，推广成功做法，使得中长期政策红利能够在大范围内推动货物贸易、服务贸易行业的进步，为相关产业带来了发展前景和机遇。

1.5　研究目标

  （1）在疫情危机下对各地区对外贸易、跨境投资进行评估，并基于实证案例研究进行检验，在此基础上全面总结各地受到的影响。

  （2）在全球突发公共卫生事件前景仍不明朗的情况下，通过技术手段挖掘归纳出对外贸易、跨境投资的政策影响指标，并对各关键影响因素进行测度，评估所需投入资源的配置规模、力度、结构。

  （3）在理论与实证研究基础上，对后疫情时代我国对外贸易、跨境投资发展的路径与政策进行设计，并采用系统动力学模型进行仿真，提出合乎规律的政策建议。

1.6　拟解决的关键科学问题

  （1）不同于地震、海啸等一般自然灾害，国际公共卫生事件突发不可预测，使得各部门措手不及。国际公共卫生事件持续时间更长，涉及国家更多，也缺乏相关研究。本研究将从全球视角来分析，研究中国各行业的短期"停摆"对贸易与跨境投资的上下游相关产业产生的影响。

  （2）为应对国际突发公共卫生事件下的经济复苏问题，国家部委已经分批次出台各类经济刺激政策。但各地区间环境基础、市场资源、产业配置均不相同，本研究将与合作单位共同深入验证突发事件下外贸与投资增长的影响因素，分析研究相关内容设计是否合适，并根据实际情况进行修正完善。

（3）完善突发公共卫生事件下对外贸易与跨境投资政策体系设计，并付诸实践与推广有一定难度。本研究将结合我国国情，模拟仿真政策在可操作性、可接受度方面的趋势，突出后疫情时代跨境电商这一经济"新引擎"的作用。

1.7　拟采取的研究方案及可行性分析

1.7.1　研究方案一

（1）现状分析。

通过阅读理论文献、查找资料，分析突发公共卫生事件情况下国内外的企业运营单位对外贸易和跨境投资的风险内容，并整理相关的统计数据，归纳目前存在的问题。

（2）理论研究。

以跟踪突发公共卫生事件情况下国内外贸易与投资政策的理论发展动态为主，从发展模式、建设路径、影响产业生态的环境因素等方面进行分析与研究。

（3）实证研究。

在宏观层面，本研究从海关、商务、央行部门公报数据库调查获取月度各国别、各行业对外贸易和跨境投资的统计数据；在微观层面，本研究通过对典型企业问卷访谈获取与对外贸易和跨境投资有关联的月度数据。然后采用数据挖掘方法，利用聚类分析等方法深入验证突发事件下决定外贸与投资增长的影响因素。

（4）标杆研究。

突发公共卫生事件情况下，以各地典型企业、产业园区的培育建设为例，从如何复兴对外贸易和跨境投资的政策问题等方面进行研究。

（5）政策及建议。

借鉴国内外的研究结果，制定符合政府治理、行业发展的方案，完善现有的规划政策和组织制度，并不断检验与修正相关的政策。

1.7.2 研究方案二

（1）文本挖掘法（IE）。

本研究通过调研梳理全球对外贸易和跨境投资政策，初始化政策文本书档集。采用文本挖掘法，使用 ROSTCM6.0 软件和 UCINET 工具，在特征提取的基础上进行有效词频统计，实现中心性分析、小团体分析等，最终确定促进对外贸易和跨境投资的相关变量。

（2）层次分析法（AHP）。

将促进对外贸易和跨境投资政策模型中的一级变量层级分解至若干二级变量，评估二级变量每两个特征之间的重要性。使用 SPSSAU 工具，建立正倒矩阵后使之标准化，再计算 AHP 值。在通过一致性校验之后，确认政策的促进模型中各指标权重。

（3）系统动力学预测法（SD）。

通过研究疫情下贸易和投资产业生态系统内部，如政策因素形成的各种反馈环，同时对变量参数赋数值或函数，对状态变量、速率变量和辅助变量赋方程，采用计算机仿真技术、Vensim 软件，来进行对外贸易和跨境投资政策长期预测。

（4）案例研究法（CS）。

拟以国际贸易单一窗口平台、外贸综合服务平台、跨境投资融资管理平台等为例，研究典型企业或产业园产品质量周期的发展轨迹与进出口交易额、资金链波动等面板数据，并进一步总结贸易与投资的协同发展机制，确认经济复苏模型中各指标因子。

1.7.3　技术路线

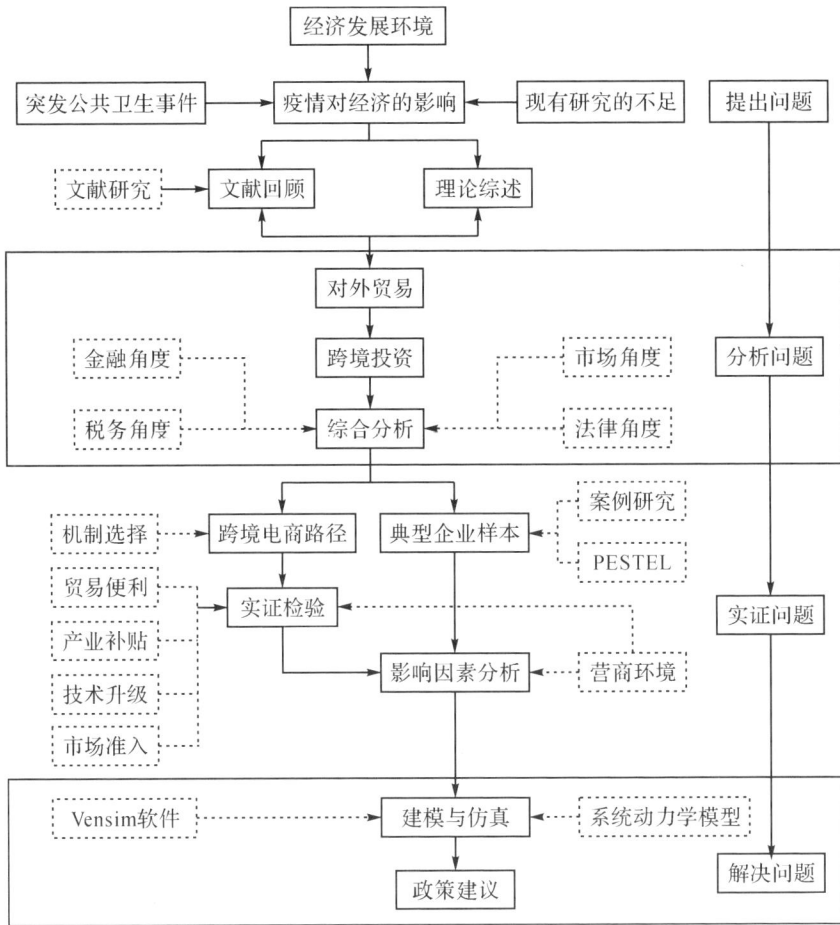

图 1-1　研究技术路线

1.7.4　实验手段

本研究的实验手段主要是以国际贸易单一窗口平台、外贸综合服务平台、跨境投资融资管理平台等面板数据为例,进行聚类分析等,挖掘出疫情影响对外贸易和跨境投资的相关指标。

再通过研究典型企业或产业园在疫情下如何改进对外贸易和跨境投资发展机制，进一步总结如何规避各类突发事件引起的违约等风险，确认经济复苏模型中各指标因子。

然后将促进对外贸易和跨境投资复苏模型中各指标因子层级分解至若干二级变量，使用 SPSSAU 工具，计算 AHP 值。在通过一致性校验之后，确认经济复苏模型中各指标权重。

最后，研究疫情下贸易和投资产业生态系统内部，如政策因素形成的各种反馈环。同时采用系统动力学预测法、Vensim 软件来进行对外贸易和跨境投资政策的长期预测。

1.7.5 可行性分析

（1）前期有一定工作积累。

研究者长期从事跨境贸易、电子商务管理领域的研究，向有关政府管理部门提交多份研究报告，为本项目顺利进行积累丰富的经验。在理论和应用研究方面具有较为扎实的基础，同时还积累了较为丰富的科研团队管理经验。

（2）研究团队人员配备合理。

研究者与成员学科特长、职称、年龄结构合理，能较准确地把握国内外电商管理领域的研究热点。多年参与和主持各种国家级、省部级科研项目，具备扎实的管理学、信息科学、统计学和社会学的理论。本项目组成员均接受过建模分析、文献整理、案例研究等科研训练，熟练掌握如 Eviews、SPSS、Vensim 等软件，且多次合作，具备一定的创新能力和科研水平。

（3）外部合作密切，经验丰富。

本项目课题组与国家商务、海关、财税、外汇、跨境电商综合试验区等各级政府部门，中国世界贸易组织研究会、商务部研究院电商所，对外经贸大学APEC 跨境电子商务创新发展研究中心，海南大学自贸区研究院等研究机构，中国著名跨境电商公司如天猫国际、考拉海购、Wish、阿里研究院等具有良好的沟通交流关系，能从监管设计、行业实践的角度指导项目的顺利开展。课题组曾与外部合作单位合作形成并出台了跨境电商扶持政策，建言过多个跨境电商试验区实施方案，协助起草多个标准、创新制度供国家部委参考。

相互之间具备良好的沟通能力，团队人员具有高校、政府、企业、科研单位经验，符合课题研究所需的专业与实践背景要求。

（4）技术路线，实施方案可行。

在前期的案例调研过程中，广泛听取商务部、中国跨境电商综试区等管理部门，天猫国际、考拉海购、Wish、eBay、阿里巴巴等企业和商务部研究院电商所，对外经贸大学 APEC 跨境电子商务创新发展研究中心、海南大学自贸区研究院、杭州跨境电商协会专家学者的建议，整个方案的指标和变量的选取均引自文献和实际政策数据库，理论模型构建翔实、合理；有效地从各地政策内容、相互关系等维度着手研究未来对外贸易和跨境投资发展模式的路径。 在研究范式上符合管理科学的主流方式，研究思路较为清晰，在研究方法的选择上也以成熟的方法和工具为主，并且能够按照一定的时间进度合理地安排整个研究工作。 因此，研究是可行的。

1.8 本项目的特色与创新之处

第一，国际突发公共卫生事件下，我国对外贸易和跨境投资受到重大影响。相关研究数量有限，主题也较为分散。 本研究从各地发展建设中遇到的实际问题入手，从整体上对这些冲击和影响进行评估与分析。 研究视角比较独特。

第二，基于国际突发公共卫生事件的全球扩散趋势考量，引入跨境电子商务这个新经济概念，助力对外贸易和跨境投资复苏。 从典型企业的成本、交易额、物流、支付等角度，完善现有政策机制促进产业活动效率，提升贸易投资相关产业生态协同发展模式的路径。

第三，基于疫情影响现状分析，从政策影响因素、所在内外部环境出发，剖析各地政策实施情况和运行机制，并对所选样本的典型内容、性质、趋势进行深入分析，为未来对外贸易和跨境投资模式发展提供制度经验，实践保障。

第四，将系统动力学仿真方法应用到对外贸易和跨境投资政策领域。 本研究通过对所提对策进行仿真预测，使得政策建议在可操作性、可接受度方面得到修正和完善，以促进各相关行业的可持续发展。

1.9 预期社会效益

1.9.1 向世界推广数字贸易命运共同体

中国是数字贸易命运共同体的重要实践及试验区。 课题成果初步探索出的相关政策体系和管理制度可以指导实践，同时也可在世界范围内向世界贸易组织、世界海关组织等国际组织推广，宣传数字贸易命运共同体建设的中国方案。

1.9.2 推动数字贸易相关学科发展

以学术论坛、专题报告等形式宣讲、解读中国数字贸易实践政策，加强国内国际数字贸易在政产学研方面的交流，共同推动数字贸易相关研究进步。

1.9.3 创新数字贸易发展模式

推动制定并完善数字贸易框架下跨境电子商务交易规则和行业标准，创新国内国际中小企业经营专业化和监管标准化的产业发展模式。

2 相关概念梳理

2.1 世界数字贸易发展的背景情况

2.1.1 对数字贸易跨境电子商务的理解

当前以跨境电商为代表的数字贸易、数字经济已经逐渐成为全球经济增长的新动力、新引擎。然而在学术层面上,跨境电商尚无精准的定义,何况数字贸易。由于在短时间内数字贸易发展速度快,形态多样,世界各国政府、行业、社会、个人对数字贸易的认识各不相同。那么,在当前的时代背景下,各界如何理解数字贸易?

在学术层面上,数字贸易跨境电商(Digital Trade, Cross-border E-commerce)尚无明确、精准的定义。从大众认知及业务实践角度来看,数字贸易跨境电子商务一般指通过电商平台将不同关税区的商品进行交易、结算、配送到终端消费者手中的过程。从海关的角度看,通常跨境电商相当于针对普通消费者的小额国际贸易。但是从"大跨境电商"的范畴来看,购买终端还可能包含一部分大卖家(大 B)及一部分小卖家用户(小 B)。但在实际情况下,很难区分小 B 类商家和 C 类个人消费者,也很难对小 B 类商家和

C类个人消费者之间的区别做严格的界定。所以，一般从整体来看，针对小B类的那部分销售也归属于跨境零售。

2.1.2 数字贸易的发展历程

回顾中国数字贸易跨境电子商务的发展历程，大致可以分为以下几个阶段：

第一阶段，参与者是早期的代买群体，涉及面和影响范围都比较小。代购行为一般只是朋友人情，不以营利为主要目的。这主要是因为这些人相互信任，彼此熟悉。

第二阶段，依托新兴的微商模式帮助其他网络用户购买。随着业务量的增加，主要通过快递、邮政物流等方式交换货物。

第三阶段，以跨境电商为代表的数字贸易经营已经向规模化的方向发展了。国内外著名的电商平台、网站都看到了中国跨境电商市场的前景，纷纷秣马厉兵，开始投入这个行业。

第四阶段，随着各个国家关注跨境电子商务发展并出台了一系列规章制度，跨境电子商务开始走向规范化。例如在中国，国内外各大平台都进入这个市场，如 Amazon、Otto、eBay、Shoppee、天猫国际、Aliexpress、Wish、Jumia，还涌现出大批后起之秀，如 Joyllic、Club factory、云集、贝贝网等，可见现在的跨境电商零售进出口市场已经进入新一轮洗牌阶段。

第五阶段，在数字贸易发展的这个阶段，各国商务、海关、税务等监管部门的视野跟不上行业发展的脚步。可以说，部分国家的数字贸易及跨境电商交易仍然处于法律监管的灰色地带。以中国为例，在传统国际贸易方式下，国际商品进入中国，需要经过海关申报、检验检疫、缴纳关税等系列手续。而跨境电商商品多是以终端消费者个人名义进入中国市场，"个人自用物品"价值如果比较低的话一般不用申报即可入关。在传统国际贸易方式下，监管部门眼看着跨境电商平台上充斥着大量低价值商品，却没有法律依据来监管，最终也无法保障终端消费者的合法权益。随着时代的发展，中国政府审时度势，发力推进与数字贸易及跨境电商有关法规政策的制定工作。一般来说，国税总局 2018 年 10 月出台的跨境电商"无票免税"新政，以及 2019 年出台的所得税核定征收方式标志着中国数字贸易跨境电子商务市场在主管部门的引领下向更健康和规范的方向探索发展。

数字贸易框架下包含跨境电商、市场采购贸易、外贸综合服务等贸易新业态。当前，促进贸易新业态发展已成为我国加快培育贸易竞争新优势、推动贸易高质量发展的重要内容。但与传统贸易相比，贸易新业态多元的市场主体、高频的线上交易模式，对高效便捷的金融服务有着更大的诉求。数字贸易作为其中的关键环节，已经展现出蓬勃的生命力。

2.1.3 数字贸易的政策与宏观研究情况

高振娟（2020）认为数字贸易作为一种新型贸易形态，在各国经济增长中所占的比重越来越大。然而，全球范围内并未形成一套完善的、成熟的、权威的数字贸易合作机制的规则体系。本书在对数字贸易规则现状及其存在的问题和原因进行分析的基础上，提出构建"一带一路"框架下数字贸易合作机制和相应的规则体系，并给出实施路径：依托"一带一路"倡议，建立数字贸易双边、多边自由贸易协定；在"一带一路"框架下完善 TISA 的数字贸易诸边协定；在"一带一路"框架下推广 eWTP 合作机制，逐步建立世界数字贸易平台，以期为迅猛增长的数字贸易提供良好的发展环境。

从近年来的趋势可以看出，我国的数字贸易跨境电子商务市场正处于不断完善的过程中。国家对数字贸易跨境电子商务，近年来一直是持大力支持的态度的。我国推出的相关数字贸易跨境电子商务政策法规如下：《国务院关于大力发展电子商务加快培育经济新动力的意见》（国发〔2015〕24 号）和《国务院办公厅关于促进跨境电子商务健康快速发展的指导意见》（国办发〔2015〕46 号），财政部发布的《关于跨境电子商务综合试验区零售出口货物税收政策的通知》（财税〔2018〕103 号），国家外汇管理局发布的《国家外汇管理局关于支持贸易新业态发展的通知》（汇发〔2020〕11 号）以及自2019 年 1 月 1 日起施行的《中华人民共和国电子商务法》。

我国当前的监管采取的是"审慎监管、包容创新"原则，即监管部门要求电商企业行为"适度和合规"。根据《国务院关于同意设立中国（杭州）跨境电子商务综合试验区的批复》（国函〔2015〕44 号）等文件精神，跨境电子商务综合试验区被设置来研究跨境电子商务监管规则，机制创新与建设经验。 通过商务主管部门与海关、税务、外汇等主要监管部门协作，完善政府内外部、行政与市场的多体系监管模式。

通过实施适当的政策，逐步建立电子商务平台，中国跨境电子商务产业呈现出稳定快速的发展态势。 该行业的繁荣表明跨境电子商务具有独特优势，这是促进产业转型和加速经济结构调整的结果。

尤其是在应对突出公共卫生事件期间，数字经济领域新业态、新模式迅速涌现，展现出巨大的发展潜力。 为进一步打造数字经济新优势，充分发挥新业态对于新经济模式的支撑作用，各类政策着重强调以创新的思维优化法规制度供给，完善包容审慎监管政策。 同时培育新的就业形态，带动多元投资，形成强大的国内市场，推动经济高质量发展。 在壮大实体经济新动能方面，将加快公共服务数字化转型和提升平台"赋能"水平，增强数字化转型能力供给，培育产业平台化发展，加快企业数字化转型。 在发展新个体经济方面，将推动完善制度保障，推广线上线下融合服务，激发市场主体创新创业内生动力。

2.2　关于数字贸易的研究

2.2.1　数字贸易发展的环境基础

2020 年的中国政府工作报告指出，随着新冠肺炎疫情防控常态化，要抓紧做好经济社会发展各项工作。 虽然 2020 年没有提出全年经济增速具体目标，但是分析人群的消费行为变化可以看出， 数字贸易、数字经济消费已成为我国经济增长的第一动力，对经济发展起基础性作用。 因此，提振数字贸易，多措并举推动数字经济发展方式加快转变是未来中国振兴经济的重点工作之一。

数字经济带来了传统经济发展方式和传统商务流通系统的革命性变化。 数字贸易创新政策应为推动数字经济下产业创新的系统化转型提供必要的支持条件。

McAdam（2020）发现数字经济在为妇女提供平等的创业竞争环境方面给予了"伟大的"支持。在考察社会和文化习俗受到限制的新兴经济体参与数字创业的情况过程中，研究者借鉴了企业家精神研究提供的分析框架，通过对沙特阿拉伯企业家精神的探索性调查得出的经验数据，研究了女性如何利用数字技术来寻求创业机会。研究发现，沙特阿拉伯的女性通过数字创业来改变她们的自我和生活现实。

在日常生活中，以电子商务、跨境电商为代表的数字贸易的成交量呈指数增长，为国家的经济增长和竞争力提升提供了巨大的机遇，提供了新的增长引擎，开发了新的贸易模式，创造了新的商务贸易系统。同时，这种状况也向传统贸易监管机制背景下的世界各国海关提出了几个问题，即关税和税收的规避，非法货物，临时托运人申报的数据不准确、不完整，缺乏与邮政服务部门的交换信息，缺乏最新的检验设备和检查员，等等。海关机构效率对跨境数字贸易有着显著影响。所以，在数字贸易中，海关机构需要实施能有效控制商品往来而不影响贸易便利的计划。第一，需要与邮政服务进行数据交换，以有效控制邮政投递项目。第二，海关应加强与电子商务经营者在贸易便利化、有效征税、防止有害货物流入等方面的合作。第三，采用新的税收模式和修改"最小值"来解决收入流失问题。第四，海关机构和电子商务利益相关方应努力提高临时托运人对海关跨境电子商务货物管理要求的认识。第五，海关机构需要有足够的最新检验设备和检验员，以便对电子商务货物进行有效的检验。

随着贸易方式的逐步完善，数字贸易的重要性日益增强。欧盟最近在与第三国谈判贸易协定中取得了成功，随之而来的问题是，欧盟自由贸易协定能否以充分发挥潜力的方式满足数字贸易。Micallef（2019）试图通过评估自欧盟—韩国自由贸易协定施行以来，欧盟自由贸易协定如何以整体方式处理数字贸易问题来回答这个问题。结果表明，尽管取得了很多进展，但仍有更多工作要做。该协定面临的最紧迫的问题是，如何使贸易协定能够满足协定缔约方之间高效的跨界数据流动。它随后提出了下一步可采取的步骤，以便在考虑到数据保护价值的情况下，以现实的方式解决这一问题。

2.2.2　数字贸易对社会的影响情况

随着新一轮科技革命和产业变革的加速演进,新型数字基础设施会给对外贸易升级带来更加突出的影响。 钞小静(2020)从技术扩散视角出发,在贸易环节、竞争条件与要素流动的三维分析框架下阐释了新型数字基础设施影响对外贸易升级的理论机理,并基于2004—2016年中国283个地级及以上城市的面板数据进行实证检验。 研究结果表明:第一,相对于互联网应用水平而言,新型数字基础设施在推动对外贸易升级过程中具有更为明显的促进作用,并且该结果在经过一系列内生性处理之后依然成立。 第二,新型数字基础设施的建设与完善能够通过技术扩散效应推动对外贸易升级,尤其是在贸易环节的组织与要素流动的加速两个方面更为突出。 第三,新型数字基础设施对对外贸易升级存在正向的空间溢出效应,并且从长期来看,新型数字基础设施对本城市对外贸易升级的影响具有显著的正向促进作用。 第四,上述影响存在一定的时间差异和城市异质性,尤其是2012年以后这一正向作用得到明显强化,且随着人力资本水平的提高,这一正向激励也更为显著。

美国、欧盟和中国等主要国家制定数字贸易战略时,以各自的方式将不同的社会价值和经济利益结合起来,包括保障商业活动自由和经济利益最大化,保护个人数据和隐私,以及保护数据主权。 因此,各个国家不仅将本国的社会和文化价值观,而且将重商主义纳入数字贸易战略。 数字贸易领域的竞争与合作已成为一个全球性问题,已超越双边或地方问题。

从数字经济的视角审视当前的国际贸易格局与贸易规则的发展动向,可以发现:与数字经济相关的货物贸易与服务贸易均快速增长,占比显著提升,并且跨境电商对贸易的影响逐渐增大,平台企业的作用越发突出。 中国数字经济贸易进出口已占据世界重要位置,但在价值链的高端环节以及金融、专利特许权收费等方面,与发达国家还存在差距,且平台企业对境外市场的拓展也有待加强。 乔晓楠(2020)认为中国作为发展中国家,还需要加强对本国数据资源与个人信息的保护,进而为数字经济的发展及新时代贸易强国的建设创造有利条件。 其利用"战略功能—基础功能—城市地位"三者之间的作用模型、逻辑框架,对杭州等数字经济发达城市的地位升级实现路径进行了论证，识别出数字经济功能是杭州的战略功能，证实了数字经济的腾飞使得杭州发展迅速，城市地位提升。

调整传统经济模式并创新范式的政策体系才能适用于新经济模式下的创新发展，因此，要对基于传统经济模式下的创新政策体系的观念思路、制度规则、路径方法等方面进行系统化变革。在此基础上，凭借在数字经济领域的优势，积极推动数字贸易自由化，以便实现数据资源的积累，巩固我国数字经济中心国家的地位。

全球疫情暴发以及个人互联网移动设备的普及促进了数字贸易交易量的井喷。因此，各国都认识到有必要制定数字贸易规则。从目前情况来看，许多国家正试图制定数字贸易规则。世界主要国家对数字贸易的讨论和看法并不完全相同，并对数字贸易中的主要问题进行了分析。有些国家主张自由化国家间的信息传输，以及不开放源代码。但是，有些国家则坚持计算设施的本地化原则。

数字贸易规则的讨论随着更多国家的多边谈判进行，由各类自由贸易条约等作为基础实施。在实施数字贸易战略时，世界主要国家往往利用社会价值观，在数字贸易战略中采取重商主义姿态。正是在这种背景下，主要国家之间展开了竞争，以确保自身在向数字经济过渡过程中占据更有利的位置。同时，在多边层面形成了发达国家与发达国家、发达国家与发展中国家的结构。

数字经济贸易战略功能是驱使各地航空、海运、公路等物流口岸地位转变的根本动力，使得各口岸在国家经济、区域布局中承担贸易战略中心的角色，成为维持和提高数字经济贸易战略功能的重要保障，起到数字经济贸易枢纽、节点的作用，能够提供高度现代化的基础设施与国际服务功能。理想的方案是制定良好的数字贸易规则，确保保护个人数据与商业活动自由之间的平衡，须禁止数字保护主义，促进数字贸易交易。

在当前全球疫情暴发的背景下，为更好地支持贸易新业态发展，扎实做好"六稳"工作，全面落实"六保"任务，应优化贸易新业态政策，提升相关贸易便利化水平，以进一步激发市场活力，促进贸易新业态的健康快速发展。全面、客观地认识数字贸易，把握数字贸易的发展现状，明确自身的优势与短板，对于中国更好地把握数字化机遇、重塑经济发展新格局具有重要的参考价值。

2.2.3 数字经济与数字贸易相互作用

当前，全世界范围内掀起了一场"数字革命"，它正广泛而深刻地影响着社会经济各领域。贸易更是最先受到影响，正经历着数字化的深刻变革。各国不同地区数字贸易的发展如何？对数字经济与数字贸易评价、关注度如何？

Janow（2019）表示贸易数字化是一个现实，然而，世界贸易组织所建立的世界贸易体系管理方案只是切实地触及这个问题。诚然，经济数字化是口头上提到的第四次工业革命，是最近出现的一种现象，在某种程度上是乌拉圭回合协定（1994年）缔结之后出现的。然而，世界贸易体系目前显示出在多边规则架构中无法适应现代商业这一现实。这些转变反映在新的规则中，它们正在区域或双边框架内实行，尽管方式不完整。同样的情况是，世界看到了围绕数据和信息经济发展的几种不同制度，尤其是在美国、欧洲和中国。一如既往，国际框架尚未诞生的部分原因是，国际规则很少在国内监管和法律制度建立完善之前出现。

James（2019）认为发展中国家实现可持续发展目标的能力在很大程度上取决于它们是否有能力调动资源。但是，世贸组织拟议的新规则正在威胁所有国家通过对跨国公司的活动征税来创造财政收入的能力。大的跨国公司在关于"电子商务"的新会谈的幌子下，设法制定国际规则，以防止政府评估国际交易的关税，并评估公司的利润税。如果世贸组织的谈判能达成相关具有约束力的协议，那么经济中增长最快和最有利可图的部门将被永久免除为企业所依赖的社会和物质基础设施做出贡献的责任，政府将无法满足社会和发展需要。

Ferracane（2017）旨在研究中国的数字贸易政策，着重阐述数字贸易政策实施的理由。其从新的角度分析中国的数字贸易政策，并对这一政策实施的理由进行了深入的分析。其对中国数字贸易政策的设计进行了分析，并分析了1985年至2016年间出台的对数字贸易产生影响的主要法规。调查结果发现，有 70 多项措施，对数字贸易产生负面影响。 这些措施是多种多样的，可以根据产业政策、公共秩序和国家安全等多个政策目标进行合理的选择，以支持中国的财政和国有企业结构。

Li（2019）探讨了现有国际商务理论对于数字平台的适用性。 数字平台组织在很大程度上被认为是基于外部资源整合的价值共创，因而它们的扩张可能遵循了外部化逻辑。 他通过对比网络跨国公司的治理和以平台为中心的生态系统的治理来推进研究。 基于并扩展生态系统理论，提出了生态系统特定优势的概念。 探讨将这些优势转移到新市场的成本与困难，特别是瓶颈问题。 然后提出了一个框架，可应用于未来的数字平台研究，重点关注用户、互补产品供应商以及平台公司。 还呼吁对生态系统特定竞争优势的创建、转移和升级的动态过程进行研究。

陈健（2020）认为，当前数字经济已成为全球经济社会发展的主导力量。以数字技术为主导的新技术变革正在全球范围内推动生产方式变革，并引发贸易格局的深刻调整。 如今中美贸易摩擦频发，很多贸易冲突都是围绕数字技术和产品展开的，亟待我们对数字化背景下全球贸易的格局和特征进行研判，以指导我国参与全球竞争，提升我国在全球数字贸易网络中的地位。

徐金海（2020）发现，作为一种新型的贸易形式，数字贸易发展对国际贸易格局产生了深远影响，成为推动全球价值链重构的重要动力。 在以数字贸易为主导的全球化新时代，数字贸易发展推动数字产品嵌入全球价值链，改变了全球价值创造模式和全球价值链收入分配格局，形成了全新的价值链，推动了全球价值链的转型和重构。 以美、欧、日为代表的发达经济体，为了进一步巩固与强化对数字贸易时代全球价值链的主导权，采用多举措提升数字贸易的战略定位。 为迈向全球价值链中高端，我国应紧紧抓住数字贸易发展机遇，提升数字贸易的战略地位，加强数字贸易全球价值链的基础理论研究，构建以中国为核心的数字贸易区域价值链，改善数字贸易发展制度环境，构建支撑数字贸易发展的政策体系，加快数字化人才队伍建设。

孙杰（2020）认为数字贸易是随数字经济出现的新贸易形式，虽然赋予了传统贸易一些新内容和新特征而使之成为现代服务业，但主要还是以服务于传统经济活动为目的。 因此，数字贸易不会从根本上替代传统经济活动，更不会颠覆传统的贸易与经济活动，而是提高了传统经济活动的效率。 与此同时，数字经济也会挑战一些经济学的传统假定和分析框架，并带来了一些新问题。 这些问题最终都体现在应该如何制定数字经济与数字贸易规则上。处于不同数字经济发展水平的国家出于不同的考虑对如何建立新规则肯定会有不同诉求，但是这些诉求不应该也不太可能从根本上背离已有贸易规则的基本理念和基本原则。

随着数字经济的快速发展，数字贸易已成为影响经济发展的重要力量。章迪平（2020）在数字经济背景下探讨数字贸易内涵，从信息网络基础设施、数字技术水平、产业数字化贸易、数字产业化贸易和贸易潜力 5 个维度构建数字贸易发展评价指标体系，运用相对熵的 TOPSIS（Technique for Order Preference by Similarity to an Ideal Solution）法对浙江省 2010—2018 年数字贸易发展水平进行测度。 结果表明：2010—2018 年浙江省数字贸易发展总体呈上升趋势。 进一步基于 TOE（Technology-Organization-Environment，技术—组织—环境）框架和灰色关联度模型探讨了数字贸易发展水平的影响因素，实证研究发现：信息化水平、产业结构、政府支持力度、经济发展水平、对外贸易开放水平均能影响浙江省数字贸易发展，其中信息化水平影响最为显著，而对外贸易开放水平的影响最小。

2.3 相关研究评述

跨境电子商务作为数字贸易的典型代表，已经逐渐展现其旺盛的生命力。 目前来看，各国学界、政界、业界尚未对"数字贸易"这一概念达成广泛的共识。 因此，现阶段的数字贸易仍然处于初级阶段，产业建设、法律规则、国际治理的垂直整合力度不够。

现有成果在理论层面上，偏重在法律框架下对数字贸易进行宏观分析，忽视了数字贸易研究是融合法律、贸易、金融、技术的综合性研究。 而数字贸易并非简单的货物交易活动，其突出强调数字技术与传统产业的融合发展。 跨境电商是数字贸易的一个重要内容，同时也是一种最常见的表达形式。 在研究跨境电商模式过程中，也遇上诸多困难和挑战，涉及清关方式、税收政策、物流渠道等。 相关定义和法律法规的缺失，使得数字贸易在发展趋势下的建设行为缺少理论依据，试验过程缺乏系统梳理。 全球疫情背景下， 数字贸易等新经济模式值得重点关注，这对于在传统国际经济理论下处理各国经贸摩擦研究，创新变革传统 WTO 国际贸易经济理论，均是关键路径。 以中国为代表的新兴经济体，在原有世界经济格局中的诸多行为受到质疑挑战。 在由新一代数字技术引发的数字贸易改革轨道上，在全新实践的基础上探索实践数字贸易的内涵特征，形成一个被原世界贸易体制下各有关利益方所普遍认可的"数字贸易"框架方案，具有重要意义。

综上所述，数字贸易的概念、内容建设和规则制定问题并不是"电商＋贸易"的简单扩充。 因此，需要对现有的数字贸易建设试验方案进行积极探索和实践。 本书将对"数字贸易"的时代特征、价值与理论进行深入探讨与分析，为后续研究提供参考。

世界电子贸易平台 eWTP 的框架设计与规则实践探索研究

　　随着国际社会单边主义的盛行、地区大国的经贸逆全球化行为增加，传统的国际贸易规则在面对当今风云变幻的国际政治经济形势时面临着前所未有的压力和挑战。近期中国国内各行各业都因疫情带来的"停摆"，而受到显著的负面影响。加之美国已经单方面取消中国等国家的"发展中国家"地位，并随之取消中国等国的国际贸易最惠国待遇，这种行为将引发中国企业外贸出口，尤其是对美出口贸易成本的显著增加。

　　G20 杭州峰会期间提出的"世界电子贸易平台 eWTP"设想，提出了未来中小企业进行国际贸易的途径和一系列全球化跨境电商战略。从国内层面来看，全球化的跨境电商对优化中国国内供给侧结构性改革起到了相当大的作用，同时也改善了中国国内传统产业结构的比重。从国际层面来看，全球化的跨境电商对各国间经济社会发展不均衡有显著改善作用。

　　客观来说，随着互联网技术在全球的展开应用，世界经济贸易互联互通是一种必然的趋势。现阶段全球跨境电商相关行业蓬勃发展就是这一实证。在普惠贸易环境下，大量中小微企业涌入跨境电商这一产业，广大中小微企业应能够逐渐有渠道分享数字经济发展带来的红利。因此，很有必要深入探讨世界电子贸易平台 eWTP 的规则体系建设。

3.1 理论基础与研究现状

3.1.1 关于世界电子贸易平台 eWTP 的研究

蒋国银（2019）阐述了世界电子贸易平台（eWTP）概念的背景。 其研究了中小企业在开展跨境电商过程中如何降低交易成本、提高贸易便利效率、普及融资服务等问题，解读 eWTP 的发展内容，并全面分析了 eWTP 在理念、治理机制、产业结构等方面面临的挑战。 田静（2018）认为 eWTP 有以下四大功能：普惠贸易、数字经济的推力、新贸易规则、消费全球化。 提出构建 eWTP 的五大战略思路：对应贸易便利化的税收政策；全球贸易下数字关境的建设协议；统一全球数据流动信用标准体系；完善数字贸易基础设施建设；提升跨境电商生态环境影响力。 李晓龙和王建（2018）详细阐述了新时代背景下跨境电商中小企业参与国际贸易的主要诉求。 初步探索 eWTP 机制下跨境电商贸易规则的框架性结构相关问题。 通过借鉴现有跨境电商惯例，探讨了 eWTP 倡议下跨境电商规则、机制、路径选择的可行性。

在启动世界电子商务规则谈判方面，龚柏华（2016）就 eWTP 的初始概念、eWTO 谈判原则体系如何构建进行了建议性分析。 提出政府可在既有 WTO 框架基础上深化合作，亦可邀请行业重要企业积极发挥作用，深化跨境电商国际协调机制的发展。 基于全球跨境电商的快速发展，政府和企业及其他组织有必要探讨数字海关的存在价值。 Ma（2018）认为创建世界电子贸易平台（eWTP）是实现国际贸易单一窗口基础设施、跨境电子商务平台技术进步的重要任务。 通过各参与单位的共同努力，可以实现跨境电商便利化全球治理，促进全球经济紧密融合。 海外"数字驿站"是中国 eWTP 规则与国外对接的实体关键节点。 谌楠（2018）通过测度与评价"数字驿站"的建设水平，创新政企联动协作体制，以此作为 eWTP 全球先进规则的资源要素，发展跨境贸易新枢纽。 Macedo（2018）认为以区块链技术作为 eWTP 平台的底层基础设施，是一项很有前途的应用。 区块链技术可以协助企业全局管理跨境贸易交易过程中产生的任何类型的记录，如进出口申报单、发票、提单和原产地证书。区块链技术以分散加密的安全方式记录和验证交易也有助于解决跨境贸易领域的政府监管问题。周广澜等（2020）认为借助类似 eWTP 的平台，有助于各国主管部门有效实施全球跨境电商数字贸易的统计监管。

3.1.2 关于数字贸易的研究

在全球数字经济迅速发展的背景下，世界贸易组织（WTO）内各成员纷纷高度关注如何制定数字贸易运行规则与合作提案。王惠敏（2017）提出了中国参与制定国际跨境电商规则的若干建议：包括货物贸易国际规则以现阶段跨境电商惯例为主要内容；国内法规为国际规则贡献内容，争取成为国际惯例；突出数字产品的政策优势，强化中国产品在全球供应链中的地位；完善跨境电子商务信用监管体系，维护国际贸易市场秩序的公平。Alcácer（2016）考察了在互联网技术下跨境贸易活动中地方竞争优势的变化性质、企业的竞争优势和战略，以及国际贸易网络的治理结构，将这三方面映射为位置因素、所有权因素和内部化优势因素，并描述了它们在环境中的变化及其对跨境贸易活动的影响。基于两岸电子信息产业的"往返贸易"模式，郑学党（2016）通过对其影响因素进行实证分析，建议创新跨境贸易合作平台，提升产业协同发展机制的全球价值，等等。

结合中国自贸试验区制度的实践，在全球供应链议题的视角下，沈玉良（2016）建议以独立跨境电商货物贸易规则，推动数字贸易自由化、便利化。王冠凤（2014）解释了自由贸易试验区跨境电子商务发展的机遇与制度建设设想，认为应当依托自贸区创新跨境电子商务数据交换、跨境电子商务贸易协同监管体系。在 WTO 法律框架下，李斌（2016）展开探讨数字化产品的海关征税问题并探讨提供在跨境电商产业中此类问题对应的政策建议。

随着以 TPP 等为代表的区域自由贸易协定愈来愈普遍，顾振华（2017）思考了如何推进多边自由贸易发展，由此发现，随着区域贸易集团协议签订的增加，无论是协定内国家与协定外国家间的贸易额，还是多边自由贸易化的可能性都会增加。针对欧盟区的数字贸易规则，周念利（2018）详细探讨了其中"跨境数据自由流动""知识产权保护"和"视听例外"三大争议内容。 在这些焦点特征的基础上对数字贸易规则欧盟模板未来的演变趋势进行预测和判断。 针对数字贸易规则中的美国意志特征，李杨（2016）就其中跨境数据流动等议题，认为中国可以合理利用"美式模板"中的部分内容，有针对性地优化完善相关规则的设计和执行内容。 由于中美两国的产业存在差异，两国对数字贸易框架下的全球规则有不同的诉求。 周念利（2017）对美国模板规则的典型特征进行了梳理， 推演出数字贸易规则框架下的中国路径，基于二者利益归纳各自优势，以期构建全球数字贸易治理体系。

3.1.3 关于跨境电子商务综试区前景的研究

跨境电子商务作为一种新型贸易模式，可以改进传统国际贸易的效率，具有很大的发展前景。 从消费者的视角出发，赵保国等（2017）建立了 B2C 跨境电商平台进口交易额的影响因素模型，并基于系统动力学预测了 B2C 跨境电商进口交易趋势。 在上海自贸区建立的背景下，王冠凤（2014）认为应该积极拓展和培育跨境电子商务，挖掘其在自由贸易试验区中的特色与优势。

郭建芳（2016）和王香怡（2017）分别以杭州综合试验区和广州综合试验区为例，从政策涉及的主题、关注的内容等方面分析了两地跨境电子商务的发展现状。 朱贤强（2019）对综试区建设方案进行评价，回顾了政策实施经验和推进策略。 许应楠 （2017）通过对苏州等若干跨境电子商务综试区的政策分析， 探讨评估了政府对跨境电子商务企业、人才、产业、平台、监管流程等方面的支持力度，为在国家层面探索出台后续政策提供参考。

跨境电商综试区为我国推进新型国际贸易的试点， 张夏恒（2019）从基础、服务、成长三个维度系统评价全国三批共 35 个跨境电子商务综合试验区的运营绩效，并为其分了级。 同时也探索出了不同层级的跨境电子商务综合试验区运行状态具有显著差异的具体原因。 Shao（2016）从经济角度分析了跨境电商所面临的物流问题。 Giuffrida（2017）分析了大中华地区的跨境物流形势。 Hsiao（2017）研究了应用 ICE 方法来推导跨境物流服务（CBLS）的发展思路。 Kim（2018）根据出口物流配送的重要性及其在 B2C 跨境电子商务中利用率的提升，导出了选择最优物流配送方式的评价标准。 张夏恒和张荣刚（2018）构建了基于跨境电商的跨境物流复合协同系统，为跨境电子商务综试区建设提供基础保障。

屈韬（2018）以自由贸易试验区面板数据为实验组，实证检验在我国的自由贸易试验区中，消费拉动效应对外商直接投资的影响显著为正。他认为跨境电商进口对外部资本有显著的市场挤出效应，各地方政府应结合自身在国家战略中的功能定位，发挥产业资源优势，大力扶持跨境电商出口。这为跨境电商综试区带动当地产业链发展提供了理论基础。

在跨境电子商务快速发展的时代背景下，许嘉扬（2018）探讨了跨境支付、互联网金融在跨境电子商务生态圈中的重要作用，以及跨境电子商务金融对行业的新需求，并以杭州跨境电商综试区为例，提出了如何从跨境支付、供应链金融、电商大数据等方面构建和完善跨境电子商务金融基础和未来发展机制的对策。

在贸易保护主义升温的大背景下，魏悦羚（2019）考察了进口自由化对中国出口增加值率 DVAR 的影响和作用机制，为贸易自由化政策提供了新的经验证据。同时强调了发展中经济体对发达经济体实施中间品进口自由化对迈向全球价值链高端环节的重要性。这些都为跨境电商综合试验区的建设提供借鉴。

3.1.4 相关研究评述

现有成果在理论层面上，偏重于在法律框架下对数字贸易进行宏观分析，忽视了对世界电子贸易平台 eWTP 的研究是融合法律、贸易、金融、技术的综合性研究。跨境电商是 eWTP 的一个重要内容，同时也是一种新业态。在跨境电商模式的研究过程中也遇上诸多困难和挑战，涉及清关方式、税收政策、物流渠道等。相关定义和法律法规的缺失，使得在数字贸易发展趋势下，对 eWTP 建设行为缺少理论依据，试验过程缺乏系统梳理。

现有成果在实践应用层面上，目前中国以及其他部分国家已经有零星的试验点。尤其是中国海关、跨境电商综合试验区、阿里巴巴等涉及单位，已经在跨境电商领域发布数字驿站、物流网络 eHub（物流网络数字中枢）等建设方案。然而在全球层面，各国政府对跨境电商的意义认识不一，区别于传统国际贸易的管理制度尚未出台，数字贸易运行标准尚未统一。政府、企业、国际组织各方在数字经济内容来源、数字贸易通关申报过程衔接、跨境电商税率计算方法、监管系统接口对接、企业产品资质互认等方面还存在较大差异。

综上所述，世界电子贸易平台 eWTP 的建设并不是对"跨境电商贸易平台"的简单扩充。因此，需要对现有的 eWTP 建设试验方案进行积极探索和实践。

3.2　世界电子贸易平台 eWTP 框架规则设计思路

3.2.1　应能够体现未来跨境电商的新业态和特点，充分发挥 eWTP 服务平台的公共作用

跨境电商的出现，使得全球零售市场商品货物自由流动的机会大大增加，未来越来越多的中小企业将全面融入国际贸易的全球产业链，跨境电商碎片化、小额化的特点使得新型国际企业之间的贸易流程呈现出新模式和数字经济下的新特点。传统国际贸易的进出口流程和监管方式对中小企业不是十分友好。如果仍然延续传统国际贸易的规则来要求中小企业，则广大中小企业在跨境电商物流、通关、退税、保险、支付等诸多方面会面临极大的困难和挑战。传统国际贸易中的外贸综合服务平台尽管在整合各类进出口环节服务中为中小企业提供了各种便利，但在跨境电商领域仍存在诸多瑕疵。

鉴于平台在跨境电商业务流程中的重要地位，应该充分发挥 eWTP 公共服务平台在物流、通关、退税等中小企业跨境电商行为中的辅助作用。可由 eWTP 秘书处适时牵头将公共服务平台系统接口开放给海关、商务、税务、外汇、邮政、市场监督等部门，以便于中小企业进行业务申报处理并与监管部门进行数据互换。这些部门数据开放与共享，在简化中小企业进出口流程的同时，既便于监管部门大数据交叉验证工作，也可提升中小企业跨境电商业务流程的顺畅度。

3.2.2 应积极推广中国跨境电商试验区的实践经验

世界电子贸易平台 eWTP 对于国际社会而言是一个全新的概念和超前的理念。跨境电商作为 eWTP 内涵里的一个载体，也是一个重要应用内容。对比一般国际贸易内容及过程可知，跨境电商的特点是结算金额小、交易频率高。跨境电商线上交易完成后，涉及商品小规模国际快递运输和消费者、卖家与平台间外汇资金的清理结算。在政府监管方面，通过跨境电商平台进出口的商品在通关、物流申报中亦需要接受海关、外汇、税务等部门监管。部分跨境电商针对 B 端小微企业提供 B2B 交易时，与国际贸易进出口流程非常相似。

自 2015 年以来，中国政府已经成立了多个跨境电商综合试验区，基本覆盖全国所有省区市。政府通过建立跨境电商综合试验区，探索并解决现有国际贸易规则中不利于跨境电商顺利成长和发展的问题，如关税设置、通关申报等。在修改这些业务操作流程的基础上，逐渐形成中国独有的，方便中小企业参与跨境电商的规则和措施。

在国内层面，对跨境电商实施监管的中央政府部门包含海关、央行外汇局、税务部门等，地方政府部门包含商务局、招商投资局、口岸办、经济开发区、财政局、市场监督局、交通局、发改委、邮政局等。可见，对跨境电商实施监管的政府部门呈现"中央少点垂直部门＋地方多点实务部门"的井字形管理方式。相较传统国际贸易，跨境电商监管工作环节更为纷繁，流程更为琐碎。由于跨境电商业务横跨多个职能部门，部分监管工作无法借鉴现有规则。

在国际层面，世界海关组织、WTO 电子商务工作组积极推广中国跨境电商试验区的成功经验和有效实践，在梳理和总结中国方案的基础上，引领 eWTP 全球规则和标准的制定。在跨境电商交易统计、跨境电商企业信用评价、知识产权保护和跨境商品风险监测等诸多方面，我国首创各类规则标准引领世界。这对在现行监管部门机构的组织管理环境下进行跨境电子商务规则突破和创新提出了很高的要求。

3.2.3 合理看待 eWTP 公共服务平台上个人与企业的权力共享与保护关系

假设各国的中小企业和个体消费者通过跨境电商平台进行交易，在这个过程中，eWTP 公共服务平台上会沉积大量数据，如何保证这些数据不仅能被各国政府的监管部门共享，而且能被很好地保护起来？ 目前国内外尚没有学者系统地阐释过公营机构与非公营机构之间的数据共享与保护问题，也没有成熟的理论框架。 这是一个值得探讨的大问题。

跨境电商业务活动中，参与各方的信息流分为商品信息、运输信息、资金信息，它们分别对应交易数据、物流数据、支付数据。 个人在跨境电商交易活动中所涉及的信息，包括对商品评论留言等商品交流信息、商品配送地址等居住信息、购买商品时付款等账户信息、商品进口申报等身份信息。

无论是企业还是个人都有大量信息留存在未来的 eWTP 公共服务平台上。其中有些是可以强制公开的或完全公开的，有些是只对特定对象公开的，即有限公开，有些是隐私。 因此，个体信息的公开与保护规则与国际标准是需要各国政府、组织来进行协调的。 在 eWTP 公共服务平台全领域环境下，梳理隐私保护相关原则的发展与协调管辖的理论框架也十分有必要。 全球数字贸易背景下，本书所设想的 eWTP 建设框架与发展思路见图 3-1。

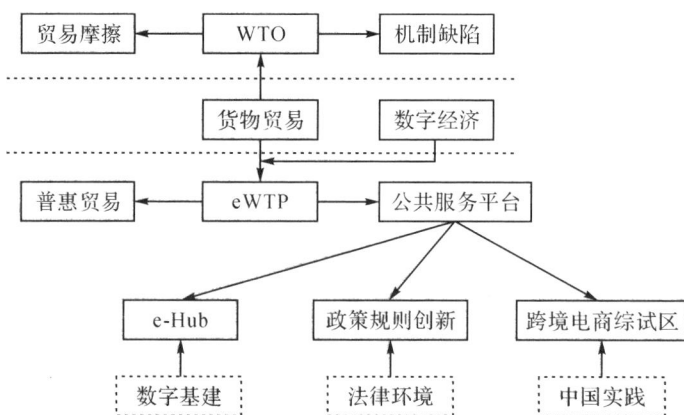

图 3-1　eWTP 建设框架与发展思路

资料来源：作者整理。

3.3 跨境电商贸易下对世界电子贸易平台 eWTP 框架体系的实践建议

3.3.1 构建相对专注于货物贸易的 eWTP 平台框架

众所周知，目前国际贸易按商品形态划分为货物贸易和服务贸易。 世界海关组织将跨境电商的主体确认为货物贸易，并不包含服务贸易。 这两种形态目前在监管方式上没有交集，二者各自在相对平行的监管体系内运行。 服务贸易主要包括软件外包服务，技术许可授权贸易，法律、工程、设计咨询服务，文化类知识产权贸易，等等。 环境基础涉及如何完善工作签证制度，如何保证跨境资金流动便利，如何解决服务规则标准统一问题，如何健全专业人士职业资格互认机制，等等。 国家行政监管职能分散在多个部门。 在服务贸易政策试点城市中所总结出来的服务贸易政策试行经验尚未达到国家层面全方位、全覆盖、全系统可行性方案的要求和标准。 面对如技术和咨询等非标准化商品，只能通过服务贸易交易合同进行佐证。 这些非标准化商品一般都是客户定制的服务。 相对于货物的质量、数量等参数，非标准化商品交易合同无法通过一个统一的数据格式来进行编码。 这对 eWTP 规则设计体系的覆盖性、完全性提出了极大的挑战。 在国际间服务贸易政策体系规则制定的考量中，各国政府更是难以把握全球经济贸易走势，难以提出一些全局性的倡议，难以梳理出一些符合大多数成员服务贸易市场发展和开放程度的框架方案。

世界各国政府对"跨境电子商务"监管也不同，各组织机构对"跨境电子商务"概念的界定也有不同看法，各国跨境电子商务普及程度也不同。 在设计 eWTP 规则体系的时候，需要考虑包括跨境电子商务税收政策、物流服务、通关便利性、外汇收付等"数字口岸"中与货物贸易相关的一系列问题。 eWTP 为实际的货物商品构想出了一条从小型贸易商运到终端消费者手中的跨境电商交付链路。 但是在实际情况下，各贸易主体对小微企业全面参与跨境电子商务全贸易链的方案或没有概念，或没有措施，或没有共识。 这种观念认识上的分歧、缺失使得在跨境电子商务贸易范围内如何磋商 eWTP 平台的共同规则尚无通行的国际基本框架。

在跨境电商货物贸易全球标准尚未统一时，将服务贸易纳入 eWTP 规则设计体系的理念过于超前，在国贸术语通则等法律、技术层面实现难度过大。因此，以跨境电商（作为 eWTP 规则体系的重要组成部分）为代表的货物贸易，尽管与服务贸易同处于国际贸易的概念内，但二者的底层属性特征与上层的标准框架仍是平行的。

3.3.2 借鉴跨境电商的实践搭建 eWTP 平台基础设施

世界电子贸易平台 eWTP 是由阿里巴巴这个电商巨头倡议并牵头搭建的一个开放、普惠的平台。 相较于传统电商实体平台主要令用户实现注册、登录、缴纳会费、进行交易等一系列具体操作，eWTP 建立的主要目的在于缓解全球贸易保护主义，解决中小企业普惠贸易的发展问题，鼓励各国政府更积极地拥抱数字经济，搭建一个开放共享、普惠透明的数字贸易平台。 不同于世界贸易组织是由政府参与制定国际贸易监管治理和管理规则的，eWTP 通过市场主导和企业实践建立，使利益参与方自身孵化出跨境电子商务贸易规则和行业标准，将其打造成一个繁荣、生气勃勃的全球电子商务生态系统。

目前跨境电商零售进口在技术层面已经打下了良好的基础。 未来更优于跨境电商 9610 直邮模式的保税零售出口模式也将有所突破——通过境内综合保税区的特殊监管场所集货发往境外公共或自营海外仓，依托跨境电商平台完成商品零售交易，即商品从海外仓流转至终端消费者。 海外仓是境内保税仓的地理延伸，也是一个近距离接触终端消费者的枢纽点。 其能够与跨境电商平台后台系统协同配合，快速检测并反馈商品货物的销售数据变化。 海外仓库存商品一旦成为爆款，则需要境内保税仓及时补货。 一旦出现长时间的滞销，则需要处理库存以降低仓储成本，或者及时退回境内保税仓重新理货上架。 如若发现国内市场更适合销售，则重新向税务部门申报，退回原先进入保税仓时的出口退税，以国内商品的形式再次在国内市场流通。

美国扬言退出万国邮联机制并自定义美国的费率，使得跨境电商卖家选择邮政物流出口美国时将比以往承担更高的物流费用。 但是目前邮政小包依然是跨境电商众多小卖家选择的物流手段。 跨境电商商品在办理完各类手续进入境内保税仓后，若有平台订单则按照海关邮件监管模式，以邮政小包形式出口。 这有助于跨境电商主管部门帮助企业以批量化思路办理国际贸易出口各类申报手续，配合完成税务、海关常规化监管，也有助于跨境电商卖家节约时间，提升规模化运营水平。

随着中国国际影响力的增大，越来越多的中国企业在境外投资设厂生产商品。 如中国在东南亚等地设立的境外经贸合作园，实现"中国品牌，他国制造，全球销售"。 对跨境电商综试区主管部门而言，通过对 eWTP 平台相关配套政策措施的不断优化，全面解决"进口电商＋出口电商"的各类技术难点，实现中国品牌"全球买，全球卖"的顶层设计，会在全国形成积极正面的示范效应，有助于在 eWTP 时代输出中国标准，整体带动国内经贸的更高质量发展。

eWTP 的底层逻辑可以认为是数字贸易＋普惠贸易的规则框架体系。 可以将各地跨境电商综合试验区的创新实践提炼出来，方便政府部门通过国际合作组织途径，将本国的先进管理经验与监管政策实践与其他国家分享。 因此，建议充分探索跨境电商的各类创新模式，将这些思路模式纳入 eWTP 公共服务平台的规则设计极有意义。

3.3.3　应在开放宽松的环境下培育 eWTP 试验区

从中国互联网产业发展的历史来看，电商、互联网金融、快递、社交等行业，其实都是在一个开放、相对宽松的环境下发展起来的。 在互联网时代，一些地方政府对于新生事物比较宽容，在一些法律空白地带，会采取新生行业弱监管的政策模式。 政府综合改革治理体系的升级，对新业态管理规则进行试点简政放权，使得单个企业和整体市场可以自由发挥，更加有利于发展创新。

世界电子贸易平台 eWTP 是一个全新的概念，是在 WTO 成员之间的传统国际贸易规则基础上，由企业来自主创新的。 大量中小企业在日常商务活动中体验着高频、小额、零散的电商交易，才有经验和能力应对随时出现的碎片化、个体化交易，也更能体会传统贸易规则下的痛点和临时问题引发的困境。 因此，十分有必要鼓励广大企业，尤其是在传统国际贸易中话语权不大的中小企业参与 eWTP 平台规则标准的制定。 eWTP 平台规则标准的制定需要各个实际关联方的共同参与，如制造企业、物流企业、外汇支付企业、银行保险企业、外贸服务企业、各国政府监管部门、世界贸易国际组织等，才能将原来处于世界贸易产业链上下游的各类企业、政府、组织融合起来，构筑成为跨境电商全球协同演化生态系统。

大型跨境电商平台在日常业务中为中小企业提供了大量增值服务，比较了解中小企业在整个跨境电商监管流程中的痛点和难点。 跨境电商平台企业等在跨境电商生态系统中占据主导地位，有一定能力帮助中小企业进行协调、沟通。 通过梳理中小企业的诉求和建议，可以从技术层面得出平台业务活动基本流程，从而得出 eWTP 服务平台未来的发展方向。 现有跨境电商平台可以在行业内部充分磋商，总结出 eWTP 服务平台的初步操作设想，提交政府有关监管部门讨论，建议政府有关监管部门在各地跨境电商综合试验区尝试创新内容。

为改善现有国际贸易框架规则，需要协调参与各方探讨业务流程中的政策需求和未来方案建议。 积极开通公私对话渠道，即为各国政府监管机构与跨境电商相关企业提供一个能充分交流的平台，既方便跨境电商相关企业对现有国际贸易中与跨境电商相关的监管政策与业务模式提出改进建议，也方便各国政府监管机构对跨境电商相关企业在交易活动中面临的困境与挑战做出回应和解释。

对 eWTP 试验区所在国及所在城市实施的海关政策与税收细则，应充分评估其优劣。 基于 eWTP 平台实践产生的有效管理手段和优点，鼓励跨境电商企业积极加入 eWTP 公共平台，并采用与 eWTP 公共平台标准一致的业务流程机制和企业管理操作方案。 对于 eWTP 平台中尚未达成规范的不足之处，需要讨论现有国际贸易标准与平台运行模式之间的技术矛盾、法律矛盾、制度矛盾等，以采取适当的政策与举措。

3.4　小结

本书针对现有学者在 eWTP 设计工作上的理论研究和应用情况，结合跨境电子商务的特殊性，分析了当前数字贸易相关领域的主流研究成果，发现现有的结论都无法全面地反映 eWTP 的发展趋势。因此，本书探讨了 eWTP 框架的设计原则和标准，进而提出对 eWTP 建设方案的设想和建议。

当然，本书主要侧重于对现有研究的评论和思考，研究内容和相关建议还存在诸多不足之处，归纳如下：首先，限于文章篇幅，本书讨论的主要问题仅限于宏观层面，实施细则的可操作性需要进一步论述。其次，eWTP 的主导方，如企业、政府和国际组织等尚未有明确的实施路线，相关内容设计是否完善还需要进一步验证。再次，对 eWTP 问题的讨论，由于没有在 WTO 框架下对跨境电子商务标准制度的成熟研究，为了简化相关研究，对这两方面进行了详细的比较。最后，由于本书主要借鉴我国跨境电子商务规则制度下的 eWTP 框架建设经验，可否将此经验推广至国际尚有待验证。这些内容都需要后续进行进一步的研究。

数字贸易背景下跨境电商综试区发展建设的统计测度评价研究

在我国对外贸易增长速度持续放缓的情况下，跨境电子商务逐渐成为稳定外贸增长、推动经济发展的新型贸易方式。伴随着中美贸易摩擦的加剧，国家在一些传统外贸有一定优势、电子商务有一定特色的城市设立中国跨境电子商务综合试验区，目标在于以电子商务贸易推动国际贸易发展，在通关便利化、税收政策、外汇国际收支、个人跨境支付等方面进行全新的探索和尝试。

数字贸易跨境电商已经成为互联网经济领域的重要分支，2019 年的中国跨境电商行业在政策支持和鼓励、新兴市场开发等助力下，踏入快速发展的新阶段。中国的综合跨境电子商务试验区是在数字贸易背景下，政府监管部门突破传统制度，对业务流程的再造。设立中国跨境电商综合试验区有助于各地探索培育符合本地产业需求的跨境电商生态圈。自 2015 年国务院同意在杭州设立第一个跨境电商综试区以来，我国已经陆续设立了 105 个跨境电子商务综合试验区，已为推动中国跨境电子商务健康发展积累了一些经验，只有及时评价已经设立的综试区的发展建设水平，分析综试区中存在的问题并进行调整和优化，才能抓住跨境电商发展的契机，让我国的跨境电商行业健康蓬勃发展。

4.1 国内外研究现状分析

在全球市场中,中国跨境电子商务的发展处于领先地位,所以我国在这一方面的文献研究众多,研究所得的成果也涉及各个领域。 比如,陈晓东(2016)认为,传统行业以及现代服务业的加速转型升级,还有实体经济与网络经济的融合发展,都与中国电子商务的迅速发展有关。 不仅如此,他还认为在未来几年的发展中,移动终端应用将成为电子商务的主要领域,并且将推动国际贸易方式转变。 崔雁冰(2015)指出,跨境电子商务在电子信息技术和经济全球化全面发展的前提下,在国际贸易中的地位和作用日益凸显,并成为我国对外贸易发展的主要方向。 Estrella Gomez-Herrera(2014)等在研究中指出,跨境电子商务极大地降低了信息的传递成本,为消费者和供应商开辟了更大的空间,使国际贸易变得更加便利。 林姗(2019)认为现有的跨境电子商务格局不会就此划定,在未来,更多的公司将把目光放到跨境电子商务平台上,对其进行投资和开发,并且一些进出口外包服务平台也会从中受益。 更有学者如杜家鑫(2019)指出,跨境电商的发展对我国经济的世界性拓展及跨国企业经营收益的提升具有无可替代的促进效能。

我国的跨境电子商务还处于发展阶段,市场规模不断扩大,贸易模式逐渐多样化,有很多因素和条件会影响其发展,只有正视这些因素和条件,合理运用有利因素,解决阻碍我国跨境电商发展的问题,我国的跨境电子商务才能继续在全球范围内蓬勃发展。 在促进其发展的因素中,国家政策的支持对于跨境电子商务发展的影响无疑是最大的,孙琪(2020)指出,在通关、商检、结汇、退缴税这四个关键环节上,政府相继出台了一系列优惠措施,对通关程序和时间进行了有效的简化和缩短。 衣国驹(2017)则在研究中强调了我国雄厚的传统跨境贸易基础对现阶段我国跨境电商的影响,他认为这些基础让中国的跨境电子商务得到了极大的优化,同时中国产品的低成本也让其在国际市场中更具竞争力。 孙蕾(2015)等在研究中发现,由于中国的电子商务自打改革开放以来就在发展了,早已经形成一批网购依赖者,这些消费者对于跨境电商的发展又是一大拉力，不光如此，很多中小企业都从跨境电商中得到了走向国际的机会，在早已白热化的国内电子商务竞争中得以喘息。除此之外，跨境电商平台的发展对于跨境电商发展的作用不容忽视。彭哨（2019）认为，跨境电商平台能成为联系电商企业与电商消费者的桥梁，它在提升跨境物流和网上支付的综合服务质量的同时也促进了业务信息的发布，它的建设水平和服务质量能直接决定贸易量。

论及阻碍跨境电子商务发展的因素，通关效率是主要问题。孙赫（2017）研究得出，在中国跨境电商蓬勃发展的前提下，跨境贸易的交易量增多，使得通关效率下降，海关监管部门的工作量和工作压力也逐渐增大，这将严重限制跨境电商的发展。和通关效率息息相关的就是跨境物流问题，物流是整个电子商务交易中的重要环节，它将虚拟的网上交易转变为最终商品交付的过程，中国目前的物流发展未能跟上其跨境电商的发展速度。钟宇桐（2016）通过研究发现，目前中国物流业还存在着体系不完善、基础设施建设不足、缺乏标准化的统一流程以及信息化基础薄弱这几大问题，与此同时，Maria Giuffrida（2016）等也指出了物流成本过大对于跨境电商发展的阻碍。目前我国跨境电商主要的物流方式包括邮政包裹、专线物流、国际快递、海外仓和国内快递等，这些方式配送速度慢且价格昂贵，如果要促进跨境电子商务发展，提高跨境电子商务竞争力，跨境物流问题是必须重视的。Thai Young Kim（2017）等则提出，精心设计的送货服务有助于吸引跨境在线客户，这也从另一个方面证明了物流的重要性。

同时，尹宏伟（2019）和来有为（2014）等在他们的研究中提到电子商务的相关法律法规尚不完善的问题。虽然我国已经修订了《海关法》，确认了电子数据报关单的法律地位，但是对于跨境电子商务进行的实际交易而言，我国现有的法律法规还是处于一个滞后的状态，难以保障交易双方的安全。在贸易纠纷上，我国的外贸卖家接到的投诉远超别国，这对我国的外贸电商形象造成了很大的负面影响。温珺（2017）等指出跨境电子商务的同质化竞争严重，缺乏创新性，一方面是政府管理体制、优惠政策、外贸电商和平台竞争手段与商业模式等一成不变，另一方面是跨境电商平台之间的相互模仿抄袭，导致提供的服务千篇一律，这些因素很有可能导致未来跨境电商行业重新洗牌。

除了上文所提到的因素之外，韩丹宁（2018）等指出我国跨境电商中外汇支付过度依赖境外公司，跨境电商平台承担了其中很大的支付费用，无形中加大了支付成本，并且境外支付平台本身就存在着很大的风险，如何保证交易双方的隐私信息安全也是一个大难题。时小侬（2017）则从结汇金额这方面研究了支付问题，为了规范境内外货币流通，我国政府规定个人每年的结汇金额不能超过 5 万美元，这让许多小型商家和企业正常的经营需求得不到满足，无可奈何之下某些商家会选择不合规的地下中介来实现结汇，这些举措也大大增加了跨境电商的支付风险。同时，如何验证交易双方的信用也是一个需要考虑的问题。

还有一个因素可能容易被忽略，那就是我国跨境电商区域发展不均衡。分析我国历年的跨境电商交易的地区分布，可以看出我国东西部跨境电商的发展极不平衡。赫永军（2017）和周露昭（2019）等指出，跨境电商贸易不同于传统贸易，受地域影响较小，地区发展不平衡可能会导致一系列不良影响，应当加大对西部地区企业的引导和扶持，带动西部的跨境电商行业发展，减小地区之间跨境电商发展的差距。

4.2　跨境电子商务综试区发展建设的评价指标

4.2.1　构建评价指标体系

目前有关我国跨境电商综试区发展建设情况的文献较少，本书参考了苏为华等（2017）、马述忠等（2018）以及张夏恒等（2019）对于构建跨境电商综试区发展建设水平评价指标的研究，将指标分为基础能力、服务能力和成长能力三类，具体参见图 4-1。

（1）基础能力。

基础能力指的是设立跨境电子商务综合试验区最基础的条件，是从跨境经济贸易水平以及从事跨境电商相关人员密度的角度去对综试区进行评价，这一指标能够反映出一个跨境电子商务综合试验区中的跨境交易的活跃程度。 基础能力指标不仅包括综试区中与跨境电商从业人员密度相关的跨境电子商务企业密度以及跨境电商消费者密度，还包括综试区跨境电商年交易额以及跨境电商交易额在进出口总额中的比重。 其中，跨境电商企业密度＝跨境电商企业数量÷总人口数，它反映了在该跨境电子商务综合试验区中跨境电商企业的交易活跃程度。 消费者密度＝消费者数量÷总人口数，它反映了在该跨境电子商务综合试验区中跨境电商消费者进行跨境电商相关消费的活跃程度。 跨境电商交易额在进出口总额中的比重＝跨境电商交易额÷进出口总额，它反映了跨境电子商务对进出口贸易的影响程度。

（2）服务能力。

服务能力指标是除去基础能力中包含的人力和经济方面相关的因素，单从支持跨境电子商务综合试验区相关活动的硬件和软件服务的角度对其进行的评估。 完成一个跨境电子商务订单，需要先有仓库储存相关商品，再有消费者完成线上对商品的支付，最后通过跨境物流将商品配送到目标地点，所以在综试区内的跨境电子商务园区建设水平、跨境电商支付企业数目以及跨境电商物流企业数目就是支持跨境电子商务综合试验区相关活动的硬件服务因素。 除此之外，政府对于跨境电子商务活动的支持也非常重要，相关监管与服务性政策法规的颁布与完善、引导性的媒体宣传以及为跨境电子商务活动营造的良好环境可以为综试区的健康发展铺好道路。 基于上述两个层面构建的服务能力相关指标，包括该综试区内跨境电商园区数目、跨境电商支付企业数目、跨境电商物流企业数目以及有关跨境电商的政策项目数量。

（3）成长能力。

成长能力指标则是以发展的眼光去评价跨境电子商务综合试验区，通过一系列指标来估算出该综试区的发展潜力。 人才是发展的基础，综试区的发展建设少不了从事跨境电商工作的人才。 除此之外，跨境电子商务综试区的创新发展能力也是影响其发展的关键，可以从该综试区的管理创新、制度创新和服务创新方面进行评估。 区域发展自然是少不了经济的发展，各地政府为综试区进行招商引资等的服务能力可以作为跨境电子商务综合试验区经济发展能力的参考。 最后便是从每年该综试区的信息基础发展水平的角度切入，评价该综试区基础设施的发展水平。 基于上述对影响成长能力的因素的讨论，我们将人力资源水平、创新能力、政府服务能力以及信息基础能力纳入成长智力指标中。

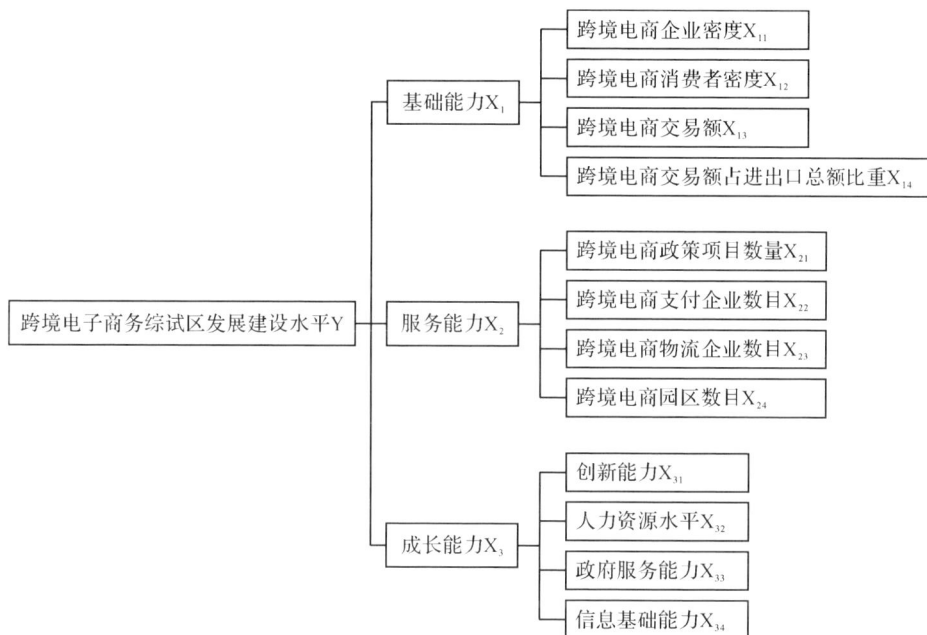

图 4-1　跨境电子商务综试区发展建设评价指标体系

资料来源：赵逸梅整理。

4.2.2　指标赋权

在构建这 3 个二级指标以及 12 个三级指标的基础上，参照张夏恒（2019）和苏为华（2010）等人在研究中使用的 Delphi-AHP 法设计权重，该方法具体分为 4 个步骤。

第一步，组建跨境电子商务领域的专家小组，将跨境电子商务综试区发展建设评价指标体系以及 1—9 比例标度法评价表提供给各位专家。

第二步，各位专家独立地按照 AHP 法根据评价标准得出比例判断矩阵。

第三步，采用 4 阶对称均值比指标 $v_{ij}^{(4)}$ 测度专家意见分歧度，令第 k 位专家给出判断矩阵 $A(k) = (a_{ij}(k))_{n \times n}$（$k=1, 2, \cdots, m$），公式通过苏为

华对 Delphi-AHP 法构权过程中专家意见一致性的统计检验问题的研究得出，在平均幂次为 4 时，采用极差法取临界点约为 0.9，若 $v_{ij}^{(4)} \geqslant 0.9$，则退出 Delphi 循环，并根据这一数据认为专家们的意见一致性检验较好。否则，认为专家意见分歧偏大，需要进行下一轮的 Delphi 循环，即把专家意见整理分发给各位专家，让各专家提供第 2 次判断矩阵，如此循环往复，直到专家意见分歧程度处于可接受范围内为止。

第四步，将各位专家的意见进行整合，先求出每一位专家的 AHP 判断矩阵的权重，再算出总的平均值，就能得出跨境电子商务综试区发展建设评价指标体系的最终权重。计算得出的具体权重参见表 4-1。

表 4-1 指标权重

二级指标	权重	三级指标	权重
基础能力 X_1	0.33	跨境电商企业密度 X_{11}	0.230
		跨境电商消费者密度 X_{12}	0.230
		跨境电商交易额 X_{13}	0.280
		跨境电商交易额占进出口总额比重 X_{14}	0.260
服务能力 X_2	0.4	跨境电商政策项目数量 X_{21}	0.375
		跨境电商支付企业数目 X_{22}	0.123
		跨境电商物流企业数目 X_{23}	0.287
		跨境电商园区数目 X_{24}	0.215
成长能力 X_3	0.27	创新能力 X_{31}	0.300
		人力资源水平 X_{32}	0.260
		政府服务能力 X_{33}	0.260
		信息基础能力 X_{34}	0.180

资料来源：赵逸梅整理。

4.2.3 跨境电子商务综试区发展建设评价模型

在前文构建的跨境电子商务综合试验区的发展建设水平评价指标体系的基础上，想要得到一个区域内综试区总的综合发展水平指数，有两种计算方法可以选择：一种是先计算出同一区域内各个综试区的基础能力指数、服务能力指数和成长能力指数，这样可以得出各个综试区的综合发展水平指数，再通过各个综试区的综合发展水平指数以及该综试区在该区域中所占的比重，可以从纵向的角度得出一个区域的综合发展水平指数；另一种是先计算出同一个区域中各项二级指标的总体平均值，再通过指标的权重来横向计算得出一个区域的综合发展水平指数。

从第一种合成的路径看，区域 i 第 j 综合试验区综合发展水平值 $Y_j^{\Sigma\Sigma}$ 为：

$$Y_j^{\Sigma\Sigma} = \Big\{ \sum_{s=1}^{3} \sum_{t=1}^{P_s} \big[v^{s\Sigma} v^{st} (y_{ij}^{st})^k \big] \Big\}^{1/k} \qquad \text{（公式 4-1）}$$

公式 4-1 中，y_{ij}^{st} 表示地区 i（$i = 1, 2, 3$）第 j（$j = 1, 2, \cdots, n_i$）跨境电子商务综试区在子系统 s（$s = 1, 2, 3$）第 t（$t = 1, 2, \cdots, P_s$）指标上的评价值，$v^{s\Sigma}$ 为子系统 s 在总系统内的权重，v^{st} 为子系统第 t 指标在子系统 s 内的权重。

进行纵向合成之后得到的区域 i 的综合发展水平值为：

$$Y_{i\Sigma}^{\Sigma\Sigma} = \Big\{ \sum_{s=1}^{3} \sum_{j=1}^{n_j} \sum_{t=1}^{P_s} v^{s\Sigma} w_{ij} v^{st} (y_{ij}^{st})^k \Big\}^{1/k} \qquad \text{（公式 4-2）}$$

公式 4-2 中，w_{ij} 代表地区 i 第 j 综试区在其区域内所占的比重。

从第二种合成的路径看，区域 i 在子系统 s 上的综合发展水平值 $Y_{i\Sigma}^{s\Sigma}$ 为：

$$Y_{i\Sigma}^{s\Sigma} = \Big\{ \sum_{j=1}^{n_i} \sum_{t=1}^{P_s} \big[w_{ij} v^{st} (y_{ij}^{st})^k \big] \Big\}^{1/k} \qquad \text{（公式 4-3）}$$

进行横向加权后得到的地区 i 的综合发展水平值为：

$$Y_{i\Sigma}^{\Sigma\Sigma} = \Big\{ \sum_{j=1}^{n_i} \sum_{s=1}^{3} \sum_{t=1}^{P_x} \big[w_{ij} v^{s\Sigma} v^{st} (y_{ij}^{st})^k \big] \Big\}^{1/k} \qquad \text{（公式 4-4）}$$

从公式 4-2 和公式 4-4 可以看出，这两种合成路径最后得到的地区综合发展水平值是一样的。

4.3　跨境电子商务综合试验区发展水平评价

4.3.1　数据来源

本书数据来源于华经产业研究院、电数宝电商大数据库、相关文献、网经社电子商务研究中心、各地区政府网以及新闻资料整理。由于跨境电商综试区设立的时间不长，有些数据还处于缺失状态，跨境电商企业密度和跨境电商消费者密度分别用网商数量和网购消费者数量来替代，创新能力由各地出台有关跨境电子商务创新的政策情况替代，人力资源水平由各地人才数量替代，政府服务能力由招商引资数量替代，信息基础能力由各综试区所含园区数量替代。之所以用这些数据来进行替代，是因为数据具有可得性。对于其他缺失数据，采用 SPSS 的 K 均值聚类法进行弥补，先只用完整数据进行聚类，根据聚类结果，用一个聚类中的均值替代，再用填充好的数据聚类，这样反反复复进行计算，最终补全数据。由于其余新设立的跨境电子商务综合试验区的运行时间较短，数据缺失比较严重，本书仅对 2018 年中国已设立的 35 个跨境电子商务综试区的发展数据进行研究分析，对于原始数据，采用无量纲化处理中的极值法进行计算。

4.3.2 对跨境电子商务综试区发展建设的统计测度

根据前文构建的跨境电子商务综试区发展建设的评价指标体系以及指标权重，结合搜索到的相关原始数据，通过计算可以得出 2018 年我国跨境电子商务综试区的综合发展建设水平指数。具体参见表 4-2。然后用 SPSS 以欧式平方测组间距离，对 35 个综试区的指标数据进行聚类分析，得到聚类分析结果的树状图。具体参见图 4-2。

表 4-2　2018 年我国跨境电子商务综试区的综合发展建设水平

跨境电子商务综合试验区	基础能力	服务能力	成长能力	综合发展水平	排序
杭州	72.84	78.18	94.42	80.80	1
上海	76.83	70.06	90.97	77.94	2
深圳	97.42	46.31	90.84	75.20	3
广州	42.96	63.17	91.16	64.06	4
义乌	67.21	56.36	65.53	62.42	5
苏州	31.39	53.82	84.71	54.76	6

跨境电子商务综合试验区	基础能力	服务能力	成长能力	综合发展水平	排序
郑州	36.44	41.67	81.16	50.61	7
宁波	38.87	38.82	80.7	50.14	8
大连	27.96	49.34	77.24	49.82	9
青岛	29.22	45.16	80.44	49.43	10
厦门	32.07	41.57	78.6	48.43	11
成都	35.07	31.05	76.48	44.64	12
南京	24.41	40.28	68.34	42.62	13
天津	27.21	31.67	77.27	42.51	14
北京	25.64	34.73	71.48	41.65	15
合肥	34.92	19.22	74.88	39.43	16
无锡	30.64	26.28	63.54	37.78	17
哈尔滨	24.12	33.74	40.69	32.44	18
重庆	23.15	15.28	66.6	31.73	19
威海	18.17	34.84	42.55	31.42	20
海口	17.85	15.82	64.97	29.76	21
南昌	19.36	30.16	37.43	28.56	22
武汉	27.15	19.42	40.87	27.76	23
珠海	23.35	15.78	47.57	26.86	24
唐山	17.69	24.73	40.71	26.72	25
西安	18.6	23.42	38.22	25.83	26
长沙	24.33	17.23	34.62	24.27	27
东莞	19.97	19.22	33.78	23.40	28
兰州	17.23	18.43	37.65	23.22	29
贵阳	16.29	11.45	47.42	22.76	30
昆明	16.68	12.63	34.34	19.83	31
南宁	12.87	23.74	21.82	19.63	32
呼和浩特	14.39	10.23	36.62	18.73	33

跨境电子商务 综合试验区	基础能力	服务能力	成长能力	综合发展水平	排序
长春	10.23	15.72	20.99	15.33	34
沈阳	12.38	12.57	21.55	14.93	35

资料来源:赵逸梅整理。

（1）中国跨境电子商务综合试验区发展建设水平与其获批批次显著相关。

截至 2019 年底，我国分 4 批设立了 59 个跨境电子商务综合试验区，其中，于 2015 年设立了第一批跨境电子商务综合试验区，于 2016 年设立了第二批，于 2018 年设立了第三批，于 2019 年设立了第四批，另外，国务院常务会议决定于 2020 年再新设 46 个试验区。但由于第四批设立时间较短，数据缺失比较严重，故而本书仅分析原有的 35 个综试区于 2018 年的发展水平。由表 4-3 和图 4-3 可以看出，第一批跨境电子商务综合试验区在综合发展水平、基础能力、服务能力以及成长能力上的各项数据都显著高于第二批，而第二批的各项数据也是显著高于第三批的，不同批次的综试区形成了 3 个断层。再由表 4-3 可知，第一批跨境电子商务综合试验区在综合发展水平方面的数值为 80.80，比起第二批的 52.52 高出近 30，也是第三批的 29.29 的将近 3 倍。由此可见，跨境电子商务综合试验区的综合发展水平指数与其获批批次存在着极其显著的正相关关系。分析综合发展水平下面的 3 个二级指标得出，在基础能力方面，第一批跨境电子商务综合试验区的数值为 72.84，是第二批的 41.79 的 1.74 倍和第三批的 22.30 的 3.27 倍。在服务能力方面，第一批的跨境电子商务综合试验区的数值为 78.18，是第二批的 42.13 的将近 2 倍和第三批的 24.47 的 3 倍多。在成长能力方面，第一批的跨境电子商务综合试验区的数值为 94.42，略高于第二批的 81.04，但显著高于第三批的 44.97，同时，第二批的数值也明显高于第三批。可以看出，不同批次之间的基础能力和服务能力差距非常显著。在成长能力方面，第一、二批次的综试区相差不大，但都比第三批次多出近 1 倍。

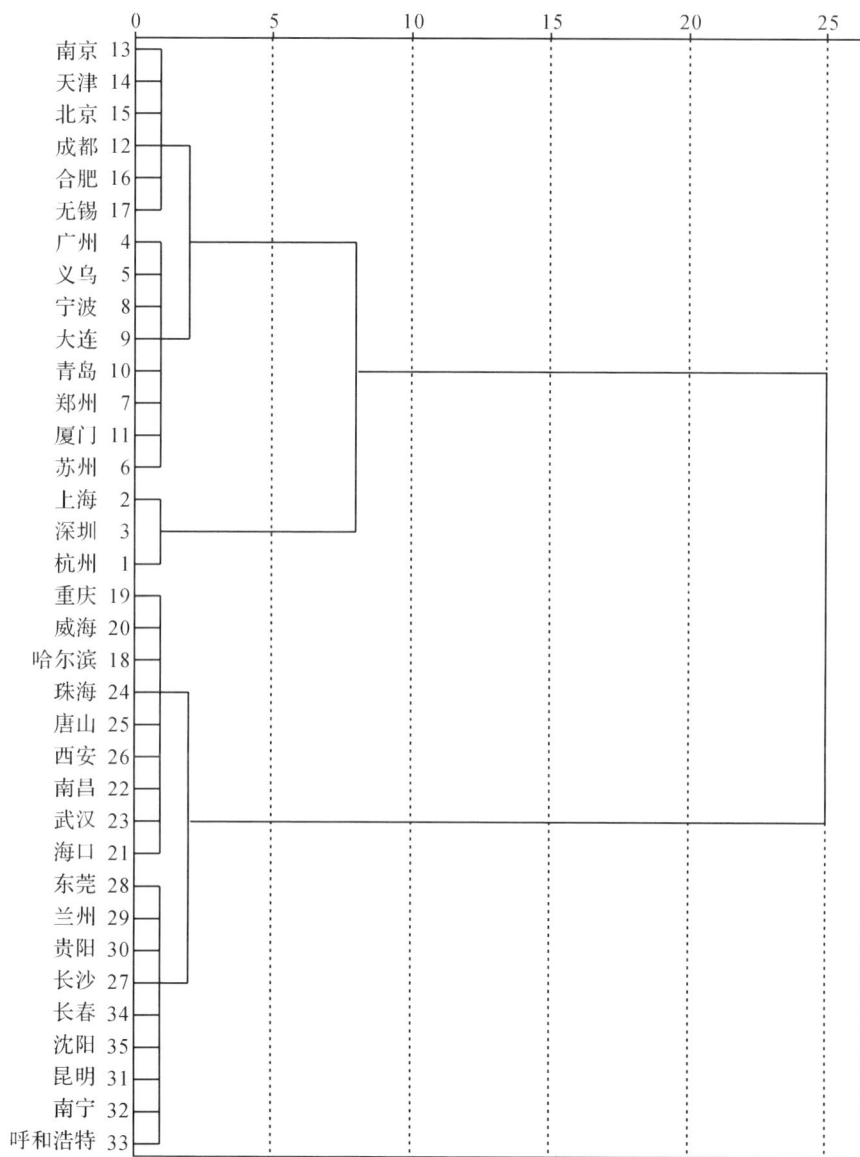

图 4-2　35 个跨境电子商务综合试验区聚类树形图

资料来源:赵逸梅整理。

表 4-3 不同批次综试区发展建设情况

批次	基础能力	服务能力	成长能力	综合发展水平
第一批	72.84	78.18	94.42	80.80
第二批	41.79	42.13	81.04	52.52
第三批	22.30	24.47	44.97	29.29

资料来源:赵逸梅整理。

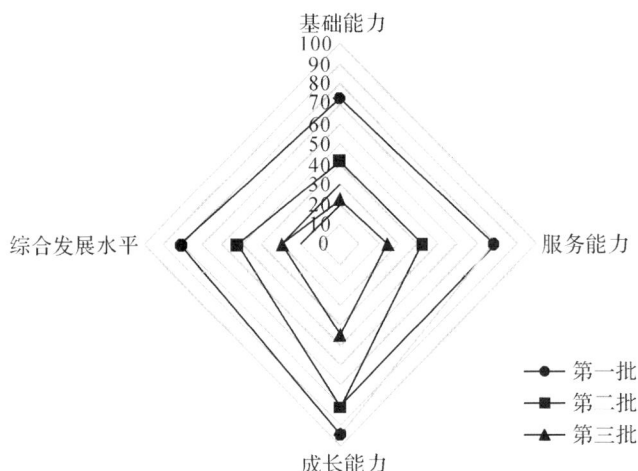

图 4-3 分批次发展建设情况雷达图

资料来源:赵逸梅整理。

这一现象出现的主要原因是,获批批次不同的跨境电子商务综合试验区在获批建设后拥有的发展时间不同,其享受相关支持政策的时长也不同,获批批次越早,发展建设水平越高。 此外,杭州跨境电子商务综合试验区的发展建设水平遥遥领先的原因除了第一批次的跨境电子商务综合试验区只有杭州一个以外,还受益于阿里巴巴这一跨境电子商务巨头的推动。 而从上海、深圳这两个也处于第一档次的跨境电子商务综合试验区可以看出,多数第二批次的跨境电子商务综合试验区的发展建设水平也比较好,只是少数几个第二批次的跨境电子商务综试区将第二批次的总体发展水平数值往下拉。 而第三批次的跨境电子商务综合试验区由于一起获批的综试区数量较多,加之其所处的地区多位于经济较落后的中西部地区并且获批时间不长,相关的红利效应还未完全显现，故而发展建设水平与第一、二批次有着明显差异。

（2）中国跨境电子商务综合试验区发展建设水平具有显著的区域性差异。

结合上述对 2018 年我国 35 个跨境电商综试区发展建设水平的评价，将我国中部、东部、西部的跨境电子商务综试区的数据进行比较分析，结果见表 4-4 和图 4-4。 从图表中得出，中国跨境电子商务综合试验区的综合发展水平在基础能力、服务能力、成长能力以及综合发展水平上都具有显著的区域性差异。 从综合发展水平上来看，东部地区综合发展水平为 46.53，远远高于中部地区的 31.20 和西部地区的 25.80，而中部地区也是高于西部地区的，整体呈现从东部到西部递减的趋势。 不光如此，组成综合发展水平的各项二级指标数值也是呈现由东向西递减的趋势。

从区域整体来看，分析综合发展水平这一指标可以看出，各个区域的这一指标的数据都不高，即使是综合发展水平最高的东部地区，其数值也在 50 以下。 这一现象出现的主要原因为，跨境电子商务对于我国而言还是一个新出现的贸易方式，跨境电商综试区设立的时间并不长，综试区的运行和发展都还处于探索阶段，所以从区域这一总体上来看，我国跨境电子商务综试区的发展建设空间还很大，还需要几年的成熟运行和改革发展才能将各个区域的综合发展水平指数提高。

表 4-4　各区域综试区发展建设情况

区域	基础能力	服务能力	成长能力	综合发展水平
东部	36.70	39.94	68.32	46.53
中部	25.22	25.31	47.23	31.20
西部	19.29	18.28	44.89	25.80

资料来源：赵逸梅整理。

从个体来看，按综合发展水平指标降序排序，来自东部地区的跨境电子商务综合试验区排名多在前列，而来自中西部地区的综试区几乎都排名靠后。 与图 4-2 的聚类分析结果相结合可以看出，一级的 3 个跨境电商综试区均位于东部地区，而属于二级的 14 个跨境电商综试区中，来自东部地区的有

11 个，在剩下的 3 个中，位于中部地区的有 2 个，位于西部地区的仅 1 个。
这说明，不同区域之间的综试区发展差距还是很显著的，中西部地区想要跻
身前列还要做出很大的努力。

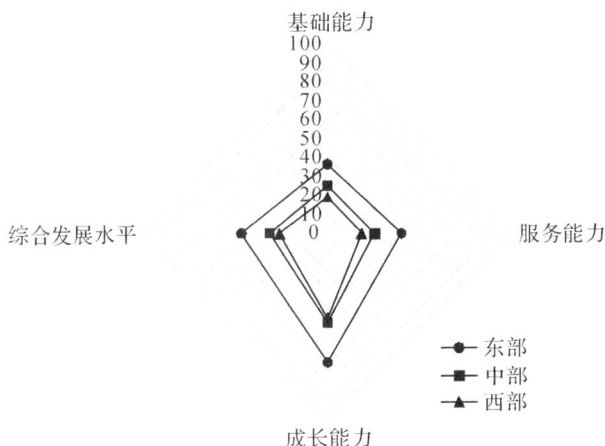

图 4-4 分区域发展建设情况雷达图

资料来源：赵逸梅整理。

从区域之间的差异来看，东部地区与中部地区在综合发展水平上的差异
大于中部地区与西部地区的差异。具体情况如表 4-4 所示。从基础能力和服
务能力这两个指标来看也是如此，甚至在成长能力这一指标中，东部地区与
中部地区相差 20 左右，而中部地区的数值是 47.23，西部地区的数值是
44.89，中西部地区之间的差异不大。从指标细分来看，这一现象出现的主要
原因可能与中西部地区相对落后的经济发展程度有关。

（3）中国跨境电子商务综合试验区的发展建设水平档次差异显著。

根据图 4-2 的聚类分析结果，我们可以用树形图将 2018 年我国已有的 35
个跨境电子商务综合试验区大致分为 3 个档次，第一个档次包含杭州、上海和
深圳这 3 个跨境电子商务综合试验区，其综合发展水平分别为 80.80、
77.94、75.20，第二个档次包含大连、青岛、宁波、厦门、郑州、义乌、苏
州、广州、合肥、无锡、天津、南京、北京、成都这 14 个跨境电子商务综合试
验区，这些综合试验区的综合发展水平在 40—70 之间。从综合发展水平这一
指数的各项二级指标的角度来看，第二档的综合试验区的指数之所以落后于

第一档次，原因在于基础能力和服务能力较弱。但是第二档的综合试验区多位于东南沿海地区，这些地区受地理优势的影响，经济发展水平较其余内部地区是领先一大截的，并且产业模式也多样化，这使得它们具有良好的成长能力并且有快速发展的潜力。第三个档次包含长春、沈阳、呼和浩特、南宁、昆明、哈尔滨、海口、威海、重庆、长沙、兰州、贵阳、东莞、武汉、唐山、珠海、南昌、西安这18个跨境电子商务综合试验区，这些综试区的共同特征是综合发展水平指数偏低，都在40以下，并且除重庆以外，其余的17个跨境电子商务综合试验区均属于第三批次。这些综试区处于第三档的最终原因在于这些综试区都还处于发展初期，它们还处在丰富市场和产业模式、建立安全有保障的消费环境的阶段，人才和园区基础设施都还有一定程度的缺失，所以基础能力和服务能力较为薄弱，再加上所处的区域原因，其成长能力与前一档次存在明显差距，故而综合发展水平显著低于其余两个档次。

4.4 推动中国跨境电子商务综试区发展的建议

4.4.1 从整体层面给出的跨境电子商务综试区发展建议

（1）加强基础设施建设，为跨境电子商务综试区的发展打下良好的基础。

通过对各个跨境电子商务综试区的分析可以看出，除了东部地区的综试区以外，剩余综试区的基础能力指数都偏低，基础能力是综试区发展的硬性条件，过低的基础能力将会阻碍其发展。因此，政府部门、跨境电子商务综合试验区管理部门以及跨境电子商务企业等需要一起进步，完善物流、资金、税收、通关、法律等一系列配套政策体系，提高物流、仓储、通关等环节的效率，同时也要注意信息的共享性和实时性，真正促进国际贸易的自由化和便利化。

（2）优化发展环境，改善跨境电子商务综试区的营商环境。

从服务能力这一指标来看，政府的工作也会在一定程度上影响跨境电子商务综试区的发展，所以政府部门应当尽量简化跨境电子商务的工作流程，实现贸易自由化和便利化，并且要努力推动产业多元化发展，将优秀企业和新兴企业聚集到各个综试区。除此之外，综试区管理部门也要注重综试区管理体制和机制的完善工作，加大对综试区的监管力度，从而为跨境电子商务综试区的健康发展提供一个良好的营商环境。

（3）加强与其他跨境电子商务综试区的合作联动。

单独分析 2018 年我国已有的 35 个跨境电子商务综合试验区的发展建设情况，容易陷入各个综试区都是相互独立的思想误区，其实这些综试区的建设都有一个共同目标，即推动我国跨境电商的发展。因此，跨境电子商务综合试验区的发展不是闭门造车式的，而是需要各个综试区之间协同改革创新，减少同质化竞争，形成相互交流、互惠互利的发展环境。同时，还要与国家战略和省内经济相呼应，缩小各地区之间硬性条件的差异，建设除综试区以外的跨境电商基础区域，如自由贸易区、综合保税区、开发区等。

4.4.2 从档次层面给出的跨境电子商务综合试验区的发展建议

（1）给处于第一档次的跨境电子商务综合试验区的发展建议。

分析第一档次中的 3 个综试区的各项指标可以得出，对于杭州和上海 2 个综试区，应该将重点放在如何维持甚至加快综试区的发展速度上，使其跨境电子商务能够更加便捷高效地运行。

（2）给处于第二档次的跨境电子商务综合试验区的发展建议。

分析第二档次的 14 个综试区的各项指标可以得出，它们拥有的共同特征是基础能力指标和服务能力指标的数值都偏低，基本都未达到 50，但是成长能力指标数值很高。因此，对于这一档次的综试区，应当借鉴第一档次综试区的发展经验，维持发展速度。同时也不能完全照搬它们的经验，还需注意发展过程中可能会出现的难题，根据自身的发展优势，创造出属于自己的可持续发展新模式。

（3）给处于第三档次的跨境电子商务综合试验区的发展建议。

分析第三档次的 18 个综试区的各项指标可以得出，这些综试区的基础能力指标和服务能力指标的数值显著低于其余 2 个档次的综试区，但发展能力尚可。因此，这一档次的跨境电子商务综合试验区，也应当借鉴第一档次综试区的发展经验。 同时，由于第三档次的综试区多数位于中西部地区，所以可以结合中西部地区的区域优势和特色产业，利用国家"一带一路"倡议带来的政策机遇，充分利用相关红利，努力缩小与前 2 个档次跨境电子商务综合试验区的差距。

4.4.3　从批次层面给出的跨境电子商务综合试验区的发展建议

从表 4-3 中可以看出，将我国的跨境电子商务综试区根据批次分类后，综合发展水平指数出现 3 个断层，各个批次之间的差距还很大，特别是第三批次的综试区较为落后。 故针对不同批次提出建议：第一批次的综试区应当敢于创新，敢于突破，绝不满足于现状，争取为后几个批次的综试区提供更多经验；对于第二批次的综试区，由于在成长能力方面与第一批次差距较小，所以应当加快提高基础能力和服务能力的速度，完善园区内物流和支付服务，以吸引更多企业入驻从而扩大园区业务范围，努力缩小与第一批次的距离，同时也不能忘记维持成长能力，广纳人才，令其为跨境电子商务综合试验区的发展出谋划策；对于第三批次的综试区，由于综试区成立较晚，与前 2 个批次的差距较大，并且第三批次的综试区多位于中西部地区，所以可以发挥后发优势，总结前人的经验和教训，结合自己区域的产业优势、资源优势以及国家对中西部地区的扶持政策，开辟出属于自己的发展模式，努力缩减与前 2 个批次的差距。

4.5　小结

本书从跨境电子商务综合试验区的功能和定位出发，构建了评价其发展建设的指标测度体系，并在此基础上对 2018 年我国已有的 35 个跨境电子商务综合试验区的发展建设水平进行了统计分析，对其提出了相应的发展建议。

在本书的调查研究中遇到的最大障碍是数据严重缺乏以及数据采集标准无法统一。 由于各个监管部门的职责范围不同以及对跨境电子商务的理解不同，数据资源非常分散，这一情况为跨境电子商务综合试验区指标体系的数据采集带来了很大的困难。因此，我国的跨境电子商务综合试验区需要有一套统一规范的调查统计制度以规范相关监管部门的数据采集工作，从而方便对跨境电子商务综合试验区的运行状态和绩效进行评价，分析综试区中存在的问题并进行调整和优化，只有这样才能抓住跨境电商发展的契机，让我国的跨境电商行业健康蓬勃发展。

我国跨境电商综试区政策量化评价研究

　　中美贸易摩擦升级使跨境电商成为中国当前最大的政策红利之一。 在全球电商热潮的大趋势之下，我国现行监管制度使通关便利性、税收政策等无法跟上跨境电商行业的蓬勃发展。 自 2015 年国家设立首个跨境电子商务综合试验区以来，经过数年的发展，各地跨境电子商务综合试验区纷纷出台符合自身实际的政策以推动跨境电子商务发展。 在政府的大力扶持与引导下，跨境电商行业取得了巨大的发展，短短几年之间已经成为传统国际贸易的重要补充部分。

　　然而，对跨境电商综试区主管部门而言， 跨境电子商务作为一种新模式、新业态， 部分试点城市的跨境电商政策虽已起到一定的作用，但对其政策落实情况与实施绩效尚缺乏客观评价，在如何带来经济发展的新动能等方面仍存在诸多疑惑。 部分政策是否能被移植推广至其他地区？ 其后续的可操作性是否会影响政策的有效落实？ 这些问题都会影响跨境电子商务综合试验区后续发展以及国家对跨境电商的顶层设计。

　　伴随着国家跨境电商综合试验区工作的全面展开，很有必要再次深入回顾、探讨现行的跨境电商政策体系，从而促进地方政府加强理论认识， 完善产业政策方案设计， 促进跨境电商行业质量不断提升。

5.1 基于 PMC 指数跨境电子商务综试区政策评价模型的建立

国务院于 2015 年、2016 年、2018 年分三批批复同意在杭州等 35 个试点城市设置跨境电子商务综合试验区。 鉴于第三批综合试验区于 2018 年建立,部分试点政策尚未完全展开,因此本书的研究对象设置为前两批跨境电子商务综合试验区所推出的政策,即杭州、天津、上海、重庆、合肥、郑州、广州、成都、大连、宁波、青岛、深圳、苏州等地电子商务综合试验区的政策。

5.1.1 评价模型中指标的设定

通过对前两批跨境电子商务综合试验区相关政策和管理部门网站所公开的相关政策的梳理, 本研究选取了其中有典型性的跨境电子商务政策作为研究样本。

综合 Ruiz (2008)、张永安等 (2017)以及有关政府部门专家的建议,本研究确立了 9 个一级政策评价变量。 这 9 个一级变量分别为政策性质(X1)、政策导向(X2)、持续效力(X3)、政策影响(X4)、政策内容(X5)、政策领域(X6)、激励措施(X7)、受体范围(X8)、政策级别(X9)。 在二级变量设置过程中,本研究运用文本挖掘法,辨析出反映国家跨境电子商务综试区政策所重点关注的词汇,从而得到二级指标,以此构建完整的跨境电子商务综试区政策评价指标体系,见表 5-1。

表 5-1 政策评价指标体系

一级变量	二级变量
政策性质(X1)	条例(X1:1);意见(X1:2);函(X1:3);通知(X1:4)
具体解释	考察待评价政策的性质来源
政策导向(X2)	发展(X2:1);推进(X2:2);培育(X2:3);建设(X2:4);扶持(X2:5)
具体解释	考察待评价政策的潜在导向
持续效力(X3)	3 年(X3:1);2 年(X3:2);1 年(X3:3)
具体解释	考察待评价政策效力持续的时间

一级变量	二级变量
政策影响(X4)	部委(X4:1);省市(X4:2);厅局(X4:3);区县(X4:4)
具体解释	考察待评价政策对相关部门的影响力
政策内容(X5)	人才(X5:1);品牌(X5:2);服务(X5:3);运营(X5:4)
具体解释	考察待评价政策涉及的内容
政策领域(X6)	国际推广(X6:1);地方经济(X6:2);产业发展(X6:3);企业产品研发(X6:4);公共服务(X6:5)
具体解释	考察待评价政策所涉及的领域
激励措施(X7)	资金奖励(X7:1);以奖代补(X7:2);资金补助(X7:3);资金扶持(X7:4);资金补贴(X7:5)
具体解释	考察待评价政策的激励方式
受体范围(X8)	企业经营主体(X8:1);行业团体(X8:2);产业园区(X8:3);学校(X8:4)
具体解释	考察待评价政策的受体范围
政策级别(X9)	区县级(X9:1);市级(X9:2);省级(X9:3)
具体解释	考察待评价政策的发布级别

5.1.2 建立投入产出表

投入产出表可以用来计算评价指标中的任何一个单独变量,因此通过建立投入产出表来计算一级变量,其中 9 个一级变量又包括若干个二级变量。在 PMC 指数(Policy Modeling Consistency Index)模型中,由于二级变量的权重相同,本书对所有变量用二进制形式处理,即如果政策文本中有涉及变量的内容,则令其赋值为 1,否则为 0。据此,可以将各项政策评价指标量化。本书建立的投入产出表,见表 5-2。

表 5-2 政策评价指标的投入产出表(以单一综试区政策为例)

一级变量	二级变量				
X1	X11	X12	X13	X14	
P1	0/1	0/1	0/1	0/1	
X2	X21	X22	X23	X24	X25

一级变量	二级变量				
P1	0/1	0/1	0/1	0/1	
X3	X31	X32	X33		
P1	0/1	0/1	0/1		
X4	X41	X42	X43	X44	
P1	0/1	0/1	0/1	0/1	
X5	X51	X52	X53	X54	
P1	0/1	0/1	0/1	0/1	
X6	X61	X62	X63	X64	X65
P1	0/1	0/1	0/1	0/1	0/1
X7	X71	X72	X73	X74	X75
P1	0/1	0/1	0/1	0/1	0/1
X8	X81	X82	X83	X84	
P1	0/1	0/1	0/1	0/1	
X9	X91	X92	X93		
P1	0/1	0/1	0/1		

5.1.3　PMC 模型指数计算过程

PMC 指数模型主要用于分析、了解、评价某些政策的优势和缺陷水平，计算过程如下（Ruiz，2008）：对二级变量指标进行二进制赋值，如公式 5-1；确定各个二级变量指标的具体值，如公式 5-2；在已知一级变量指标与二级变量指标的关系后，通过公式 5-3 进一步确定一级评价指标的数值；最后，通过公式 5-4 计算得到 PMC 指数。

$$X \sim N[0,1] \qquad \text{（公式 5-1）}$$

$$X = \{XR：[0 \sim 1]\} \qquad \text{（公式 5-2）}$$

$$X_i\left(\sum_{j=1}^{n} \frac{X_{ij}}{T(X_{tj})}\right) \qquad \text{（公式 5-3）}$$

$$PMC = \sum_{j=1}^{n}\left[X_i\left(\sum_{j=1}^{n} \frac{X_{ij}}{T(X_{ij})}\right)\right] \qquad \text{（公式 5-4）}$$

公式 5-3、公式 5-4 中，X_i 为一级变量，$i=1$，2，3，…，m；X_j 为二级变量，$j=1$，2，…，n；T 为各项和。

5.2 政策评价实证研究

5.2.1 评价对象选取

基于前人经验，PMC 指数模型的构建对于评价对象的选取无特定规定，可对任一跨境电子商务综试区的政策进行评价。因此，本研究从前两批跨境电商综试区中选取了其所公布的代表性政策，即将杭州、天津、上海、重庆、合肥、郑州、广州、成都、大连、宁波、青岛、深圳、苏州的综试区作为评价对象，分别记为 P1、P2、P3、P4、P5、P6、P7、P8、P9、P10、P11、P12、P13。这些政策的主要内容包括打造优良营商环境、加强当地跨境电子商务综合试验区建设、推动跨境电子商务发展等。

5.2.2 PMC 指数计算

根据 PMC 模型指数计算公式可得出所有综试区政策的 PMC 指数，见表 5-3。

根据政策的 PMC 指数结果，对政策进行评价，如表 5-3 所示。可知 P1 得分为优，P2、P3、P4、P5、P6、P7、P8、P10、P11、P12、P13 得分为良，P9 得分为中。

表 5-3 各地跨境电子商务综合试验区 PMC 指数表

		X1	X2	X3	X4	X5	X6	X7	X8	X9	PMC
杭州	P1	0.5	1	1	0.5	1	1	1	1	0.33	7.33
天津	P2	0.25	1	0.67	0.5	1	1	0.6	1	0.33	6.35
上海	P3	0.25	1	0.33	0.5	1	1	0.6	1	0.33	6.02
重庆	P4	0.25	1	0.33	0.5	0.75	1	0.6	1	0.33	5.77
合肥	P5	0.5	1	0.33	0.5	1	1	0.6	1	0.33	6.27

续　表

		X1	X2	X3	X4	X5	X6	X7	X8	X9	PMC
郑州	P6	0.25	1	0.33	0.5	1	1	0.6	1	0.33	6.02
广州	P7	0.25	1	0.33	0.5	1	1	1	1	0.33	6.42
成都	P8	0.25	1	0.33	0.5	1	1	1	1	0.33	6.42
大连	P9	0.25	0.6	0.33	0.5	0.5	1	0.6	0.5	0.33	4.62
宁波	P10	0.25	1	0.67	0.5	1	1	0.6	1	0.33	6.35
青岛	P11	0.25	1	0.33	0.5	0.75	1		0.75	0.33	5.92
深圳	P12	0.25	0.8	1	0.5	0.75	1	0.6	0.75	0.33	5.98
苏州	P13	0.25	1	0.33	0.5	1	1	1	1	0.33	6.42

表 5-4　政策评级表

得分	9—7	6.99—5	4.99—3	2.99—1	0.99—0
结果	优	良	中	合格	差

5.2.3　PMC 模型曲面图绘制

本研究为 13 个综试区绘制了跨境电子商务政策的 PMC 指数折线图（如图 5-1 所示）。由图可知，各地综试区政策的得分存在一定差异，但总体呈优良状态。这是因近年在国家给予跨境电子商务政策红利背景下，各地方政府积极部署跨境电子商务产业，响应国家政策号召，推进综试区建设，落实本地跨境电子商务协调发展工作。

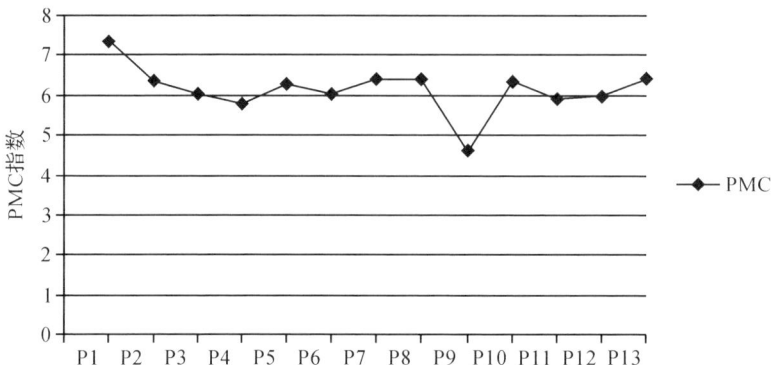

图 5-1　各跨境电商综试区 PMC 指数值比较

可以在 PMC 指数基础上建立 PMC 曲面，以便模型结果能更加直观地展现出来。 因为一级变量共有 9 个，故将 9 项一级变量表示成为 3×3 矩阵。通过各项指标的数值来表示曲面的具体坐标位置。 这样可以确定并绘制出PMC 曲面。 其中， 不同图形代表指标的不同得分值，较长表示在该指标上得分较高，较短则表示在该指标上得分较低。 根据 PMC 指数得分，选取最高分数 P1，最低分数 P9， 中位数 P5 制图，见图 5-2、图 5-3、图 5-4。

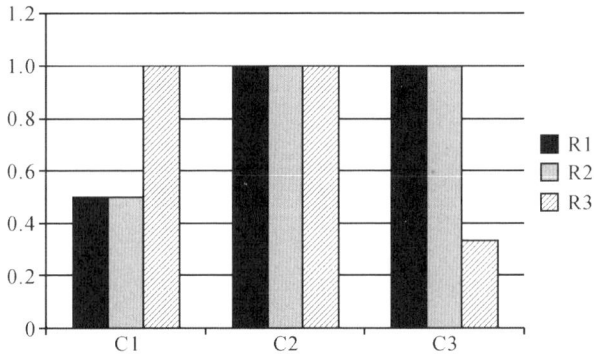

图 5-2　P1 曲面图

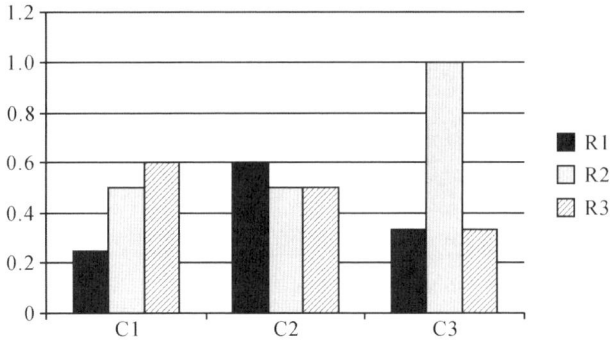

图 5-3　P9 曲面图

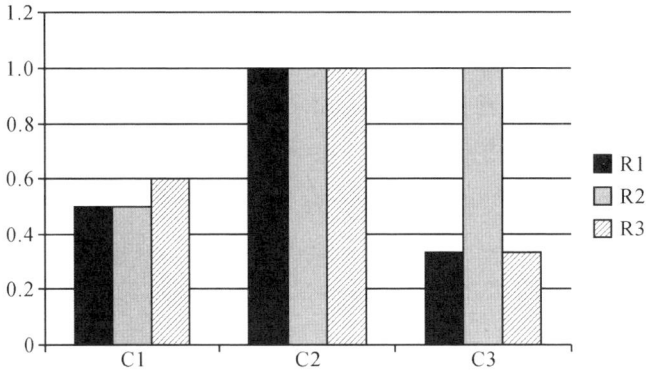

图 5-4　P5 曲面图

5.2.4　实证结果分析

P1 综试区政策的 PMC 指数为 7.33，评价结果为优秀，表明 P1 在设计和制定政策时充分考量了跨境电商产业所涉及的各个维度;P9 政策的 PMC 指数值为 4.62，等级为中，导致 P9 政策 PMC 指数偏低的原因是政策内容、受体范围的评价结果略低于其他指标均值，可重新审视目前所使用的政策;P5政策的 PMC 指数值为 6.27，是所有政策 PMC 值的中位数，略高于所有政策 PMC 值的平均数。 P5 政策等级为良，说明该综试区政策总体呈优良状态，该地区充分考量了跨境电商产业促进方面的内容，政策措施较为科学。

综试区政策的 PMC 指数总体显示，各地相互复制成功经验，推广成功做法，使得全国综试区跨境电子商务的政策红利能够在大范围推动跨境电子商务行业的进步，为相关产业带来了更多发展机遇。

5.3　小结

我国的跨境电子商务综合试验区与自由贸易区一样，都是新商业模式下的产物。 由于跨境电子商务综试区本身成立时间较短，对于其出台的相关政策的评价研究也不是很多，同时也缺乏相关领域的评价方法。 鉴于 PMC 指数模型已被证明能够较全面地对政策进行量化评价，本书选取了前两批跨境电商综试区管理部门使用的跨境电子商务政策作为样本，构建了 PMC 指数模型指标体系，计算出各综试区政策的 PMC 指数值并绘制了 PMC 曲面图，分析了政策实施效果。

　　当然，本书主要侧重于对现有研究的评论和思考，研究内容和相关建议还存在诸多不足之处，归纳如下：首先，限于文章篇幅，本书讨论的主要问题仅限于前两批跨境电商综试区，对于综试区规模扩大后评价的可操作性需要进一步展开论述；其次，由于第三批综试区包含诸多二、三线城市，相关评价内容设计是否完善，还需要进一步进行验证，需要根据实际情况进行修正；再次，国内地方政府机构改革导致跨境电子商务综试区网络迁移等因素，使得部分政策无法通过公开渠道获得全文，因此评价值可能存在遗漏。这些不足之处都需要后续进一步考虑。

我国跨境电商应急供应链的优势分析与策略研究

　　随着国际社会单边主义盛行和地区大国经贸逆全球化行为增加，国内当前经济领域压力凸显，社会城市化的发展不均衡，这使得在国家层面突发公共安全事件，尤其是公共卫生事件的概率呈显著上升趋势。 突发公共事件时，社会民众对应急商品物资的需求将出现井喷。 这是因为这些应急商品物资是整个应急管理工作、应急物资供应链中的必备要素与核心资源。 公共安全事件，尤其是公共卫生事件，若发生在春节等全民休假期间，会造成国内应急商品物资供给市场存在供给延迟滞后的现象，导致需求方无法迅速得到应急商品物资的补充与供给。

　　在国内应急供给市场、物资储备临时缺乏的同时，政府应急主管部门甚至普通民众可以从另外一个渠道，即通过跨境电商这个渠道从境外等非事件相关地区及时采购到应急商品物资。 由于有了从跨境电商渠道引入的应急商品物资作为重要补充，突发公共事件中的物资保障需求基本能得到满足。 因此，探讨跨境电商在突发公共事件中关于应急商品物资需求问题的处理途径和管理策略，具有十分重要的现实意义。

6.1　应急供应链的研究现状

由于城市大型突发事件而中断供应链的现象普发，给商品物资常规供应管理带来了一定的挑战。为保证突发公共事件时应急商品物资能被高效调配使用，于冬梅等（2015）引入非线性时间满意度函数，着重考虑时间因素和区域因素，并在此基础上利用蝙蝠算法（BA）构建了应急商品物资供应地址优化模型，保证了各个应急商品物资需求区域的总体时间满意度和商品物资种类的均衡性。

为提高对突发公共事件的应对能力，针对应急储备多样性的问题，张鑫等（2017）探讨利用改进的非支配排序遗传算法（NSGA-II），保证了需求不确定条件下的仓储库选址模型构建的准确性。为改善突发公共事件时应急商品物资供应不足等问题，王茵（2016）提出了提前认证的应急商品物资多主体供应模式。这种模式优势在于在突发公共事件初期即可满足商品物资的应急需求，也能保持中后期应急商品物资供应的均衡，避免了因应急商品物资短缺时间过长导致的局部拥堵。张以彬和龙静等（2019）就供应链中断时，商品物资生产厂商如何快速应对市场供应中断这一风险情形提出了应急对策。

在采购、储备、保管、发放、使用应急商品物资基础管理方面，田军等（2014）构建了非营利性供应链中的实物期权契约模型，探索应急商品物资供应能力和突发公共事件之间的关联关系后，发现通过引入实物期权契约模型，物资储备方能够有效降低仓储成本，物资供应方也可以获得整体效益增加的效果。针对特殊事件导致物流业务量剧增、快递商品配送延迟等问题，崔珊珊等（2013）构建了应对特殊需求状态的商品物资配送模型，并有效验证了该模型在自建物流下可行的配送方案。针对跨境电商可以进口商品物资的特点，在应急商品物资的产品质量、生物卫生安全方面，冯彦杰等（2019）提出，可在大数据环境下建立评测跨境电商进口风险的全贸易链智能监测系统。

在环境日益复杂的供应链中，很有必要优化应急商品物资采购的时间。

鉴于这种环境具有的在短时间内频繁变化的特点，Chibani（2018）提出了一种动态遗传方法，以适应灵活和动态的物流网络性质。 Sawik（2014）提出了一种考虑供应链中断风险的供应调度的随机混合整数规划方法，并基于这个采购策略，解决最小化总成本的问题。 Atasoy（2012）研究了在非平稳随机供应可用性下的生产/库存问题，面对潜在的应急商品物资中断风险，提出了一个启发式算法来统筹考虑生产计划、季节性等因素，寻找一个最优级的应急商品物资库存策略。 Lalmazloumian 等（2016）研究了敏捷制造企业在各种不确定性条件下的供应链规划问题。 采用一种稳健的优化模型，使商品物资供应链总成本最小化。 在受内外变量干扰的供应链系统中，张以彬和陈俊芳（2008）介绍了识别并操控供应链风险的方法。 在供应链系统成员的共享和协作关系下，通过设计柔性产能来建立柔性供应，可以减轻商品物资供应链的延迟带来的损失。 为解决救灾物资储备的科学管理问题，雷晓康等（2019）建议运用互联网应急物资平台，以市场化的手段调节应急商品物资的运营和管理花费，有效提高突发事件下应急工作的整体经济性。

现有研究成果主要侧重于技术层面，缺乏系统研究。 一般具体研究或仿真国内某个地区的物资规划调度，未考虑海外市场因素的影响。 同时，现有研究主要是从政府或慈善组织视角，以宏观的角度来俯视公共突发事件下的物资供应，没有从企业或者民众个体视角来考虑应急商品物资保障。 综上所述，本书将引入跨境电商平台，结合国际供应链网络配送，探索构建公共突发事件下的物资供应机制及技术框架基础，以对现有研究进行理论补充，并为政府应急决策部门提供参考借鉴和实践经验。

6.2 跨境电商在公共突发事件情况下的优势路径发展策略分析

6.2.1 对应急商品物资匮乏起到缓解作用

在公共事件突发的情况下，商品物资抢购热潮必将导致短时间内商品物资匮乏。跨境电商有助于普通民众扩大采购范围，拓展采购渠道。跨境电商平台能够为普通消费者从境外引入各类商品物资，对商品物资匮乏起到缓解作用。与此同时，随着跨境电商平台上卖家的逐渐增多，国内应急商品物资的供应来源和储备数量将逐步增加，能够确保突发公共事件情况下应急商品物资供应链的稳定性与丰富性。

全球化的跨境电商能够使得市场信息变得透明，进而快速地传播。跨境电商平台等能够将国内外市场直接连接起来，改变以前物资需求信号需要由一级又一级的代理商向上传递到生产企业的滞后局面。这样能缩短国内外物资生产企业维持或扩大生产规模所需的准备周期，解决短时间内应急物资生产短缺、应急物资存储浪费以及应急物资保障滞后等问题，从而提高政府的应急管理效率，保证决策措施的实施。

6.2.2 保持市场渠道交换模式

在公共事件突发的情况下，跨境电商能够引入国际供给，保持市场渠道交换模式。根据对应急市场的敏锐判断，跨境电商平台上的众多卖家会采购储备大量应急物资以应对突发公共事件情况下的市场波动。在突发公共事件引发市场价格大幅波动后，跨境电商平台企业、卖家等可以通过现有的商品物资仓储体系，提供大量应急商品物资，以满足政府应急部门、慈善组织、广大民众陡然增长的物质需求。而且，随着突发公共事件的进一步发酵和市场主体意识的进一步提高，这种行为活动将进一步强化。

在这个"互联网＋全球化"时代，一旦某地突发公共事件，应急商品物资的市场需求信息可以很快通过网络传播到其他有商品物资生产供应能力且未受突发事件影响的地区。 应急商品物资的动态需求在本地市场短时间内可能无法得到满足，但会被传播到时效性强的国际商品服务交换市场。 依托跨境电商零售进口平台，通过"市场供应＋政府配给"这一模式，能够快速而及时地解决公共事件突发地区的应急商品物资短缺问题。 另外在应急商品物资调配中，政府、慈善机构平时缺乏应急演练造成的协调不畅等道德风险和交易成本增加、服务滞后等不利局面，也可以通过信息透明的市场供应避免。

6.2.3　扩大应急商品物资来源的选择范围

在公共事件突发的情况下，跨境电商平台扩大了应急商品物资来源的选择范围。 在突发公共事件情况下，一些应急商品物资如口罩、酒精、药品等的重要作用立刻体现出来。 在特殊市场需求环境下，价格必然呈现出直线上升的趋势。 同时由于其产品属性的特殊价值，尽管其市场价被不断抬高，但在短时期内该类物资仍将处于紧缺的状态。 这就需要通过一定手段和方式对供给侧进行调整，加快物资生产，加大市场供应，平抑迅速上扬的物价，以保障市场健康运行。

在国内单一市场环境下，应急商品物资的供应链必须快速反应，并将此信号传播到生产制造企业。 然而在突发公共事件情况下，尤其是当公共事件发生在春节等长假期时，工厂普遍停工停产，原材料等生产物资无法保障，应急商品物资作为短时间大需求的特殊用品，其来源可以不仅仅限于国内市场。 在这一特殊时期，跨境电商是连接境内商品物资不足市场与境外商品物资充裕市场的桥梁。 在国内商品生产能力短时间内无法完全恢复的情况下，跨境电商可通过市场化的手段为普通民众快速引进大量质量可靠的应急商品物资。

6.2.4　能够抑制应急商品物资产能波动

在公共事件突发的情况下，跨境电商平台能够抑制应急商品物资产能波动。 在突发公共事件情况下，一些应急商品物资等缺口会十分巨大。 相关生产企业会在政府救灾、应急的号召之下迅速生产，急速扩大产能。 由于生产制造有一定的周期性，在突发公共事件初级阶段会发生供不应求的情况，而在突发公共事件终极阶段，会发生供过于求的情况。 这些应急物资，尤其是医用物资，并非普通民众的日常消费品。 当发生产能过剩时，生产制造企业也会蒙受不必要的损失。

通过跨境电商平台引入国外境外有关商品物资，一方面可以有效解决突发公共事件初级阶段出现的产能不足的问题；另一方面可以有效缓解在突发公共事件终极阶段产能过剩的情况。 跨境电商的多方面市场供应，可以降低政府在突发公共事件情况下组织动员、资源调配等行政成本，稳定应急商品物资供应市场。

6.3 跨境电商助力建立应急供应链的路径策略与政策建议

6.3.1 基于跨境电商渠道的公益众筹模式

大多数跨境电商企业和卖家，尤其是自营平台企业，一般会提前在各地综合保税区的保税仓库内储备大量商品物资。 在一些突发公共事件中，这些企业出于对社会的责任感，会捐赠出正储存在保税仓库中的商品物资用于慈善、救灾。 这些公益行为体现出跨境电商企业承担了大量的社会责任，但同时也会承受较大的经济压力。

而公益众筹是普通民众通过互联网平台进行公益捐赠的一种新方式，相对传统慈善组织捐赠平台，具有门槛低、金额小、便利直观、反馈及时等优点。 若将跨境电商企业捐赠行为与公益众筹结合起来，则可以突破单纯的企业公益行为，使企业与个体消费者形成紧密的合作关系，打造商业消费慈善产品。 依托跨境电商平台的众筹捐赠，一方面普通民众能够有更为便捷的渠道奉献爱心，可以追踪浏览关于应急商品物资物流的各种信息；另一方面，跨境电商企业也能获取商品成本对冲、潜在客户资源、市场渠道口碑等多重价值。 跨境电商平台上的公益众筹信息都对外公开，实现运营、受赠双方的信息透明，有助于应急商品物资使用和处理过程接受社会监督，有效避免了由捐赠方、受理运营方、受赠方信息不对称所造成的慈善伦理风险和道德失范等隐患。

跨境电商众筹模式将"企业—民众—社会"之间的关系进一步细化挖掘，发展和汇聚跨境电商生态中各方力量，产生显著的公益慈善效果。因此，建议民政等主管部门在突发公共事件中能够临时统筹社会捐赠物资，允许开展此类慈善活动，暂时包容有关司法问题及相关标准的完善等问题。

将跨境电商平台作为捐赠的渠道，也是使应急商品物资来源多样化的一种手段。拓展应急商品物资的来源渠道，鼓励跨境电商生态中的各方力量参与其中，亦能树立典型企业慈善捐赠的社会效应。因此，建议财政、海关、税务等主管部门在突发公共事件中，尤其是在突发公共卫生事件中对通过跨境电商平台进口的应急疫情防控商品物资适度减免进口关税、增值税等。这样能够使捐赠人在应急商品物资采购过程中降低成本。通过税收优惠等措施间接鼓励捐赠可正面影响突发公共事件中赈灾救援的效果。

6.3.2 基于跨境电商渠道的应急商品物资质量检测保障需求

一些公共事件发生时，大多数应急商品物资的生产制造企业在政府应急主管部门或市场规律的调节下，即使在春节等长假期间，也会主动恢复产能甚至加大产能。而组织加大产能的过程是围绕着公共事件突发信号传播的过程，由近及远逐渐展开的。即在应急商品物资供应链上下游中，先收到信号者会更早地开始提高生产制造供应能力，加大应急商品物资产能。

这些应急商品物资需求信号可以通过互联网快速传播至国内外电商平台企业。而在国内外跨境电商平台上存在着大量应急商品物资供货商。有些品牌已经进入中国市场开展线上线下 O2O 模式，有些品牌还未进入中国市场，只有跨境电商线上模式。依托跨境电商平台，可以将尚未进入中国市场的平台介绍给这些应急商品物资的需求方。同时，互联网上的广大个体消费者可以根据海外品牌在日常交易中的口碑以及跨境电商平台上的质量资质、检验认证，更为快速高效地鉴别应急商品物资与突发公共事件的匹配性。这还可以省略政府应急主管部门、慈善组织在突发公共事件中重新选择、评估、商议有关进口应急商品物资的过程和时间成本。

因此，建议海关、市场监督等主管部门在突发公共事件中，尤其是在突发公共卫生事件中对通过跨境电商平台进口的持有地区检测认证、地区标准标志等的应急疫情防控商品物资，在通关、检验检疫时给予一定便利。

6.3.3 基于跨境电商渠道的民众应急商品物资保障措施

个人通过跨境电商平台购买商品是一种常见的行为。 一旦有突发公共事件发生，就需要行业主管部门的宽容和临时配合。 如对于个人在跨境电商平台上购买医疗物资这一行为，根据目前跨境电商零售进口正面清单的要求，一些医疗物资是不允许个人通过跨境电商平台零售进口的。 这些医用物资只能通过传统国际贸易申报进口。 但是在公共卫生事件突发的情况下，建议财政部、海关、商务部将这类物资纳入跨境电商零售进口正面清单，以满足个体消费者在公共卫生防疫过程中对医用物资的需求。 同时，根据目前跨境电商零售进口限额的要求，个人在跨境电商平台上每次只能购买价值 5000 元的商品物资，年度限额为 26000 元。 建议财政部、海关、商务部临时调整额度，直接将年度额度打通，令单批次高于 5000 元的商品物资能够通过跨境电商平台进口至国内市场，以满足个体消费者在突发公共事件中对民用商品物资的需求。

在突发公共事件的情况下，尤其是在突发公共卫生事件的情况下，国内大多数跨境电商自营平台与跨境电商企业社会意识普遍提高，能够积极承担社会责任，配合政府主管部门和慈善组织以行业自律和公共道德意识共同推动公共事件行为共同体的建设，保证应急商品物资的供给侧、供给端通畅，为市场上应急商品物资的供求关系平衡提供了便利条件和坚实的基础。 在公共事件突发的情况下，这些涌现出来的消费者个体行为会涉及诸多政府主管部门、行业团体。 本质上来说，保障物资供应还与政府公共管理、社会治理能力密切相关。 因此，在面对突发公共事件时，建议各政府部门、行业团体之间应该根据实际情况相互协同配合，适度临时调整规章制度，规范市场行为，保障人民的最大利益。

6.4　小结

随着疫情在世界范围内的扩散，全球商业环境不断走弱，各国经济增长都有所放缓。自 2020 年 1 月以来，世界主要国家未能提前预判形势、防范潜在的疫情风险，造成多国疫情愈演愈烈。新冠肺炎疫情作为一场突如其来的公共卫生事件，对我国应急供应链进行了一次超强压力测试。在这次疫情中，全民休假期造成了国内应急商品物资供给市场的延迟滞后，导致需求无法快速得到满足。通过跨境电商，从境外非疫情地区采购应急商品物资成为政府和民众补充供应的重要方式。

因此，探讨跨境电商在突发公共事件中关于应急商品物资需求问题的处理途径和管理策略，具有十分重要的现实意义。生活商品、医疗防疫等应急物资抢购热潮短时间内必将引起商品物资的匮乏。全球化的跨境电商能够使得市场信息变得透明，进而快速地传播。总体来说，跨境电商平台上日用生活商品和医疗防疫应急物资卖家的出口额逐渐增多，也有助于各国将疫情对经济社会发展的影响降到最低。疫情或给出了跨境电商应急供应链或未来应急物资产业发展新方向。

7

国内外数字贸易平台特点与比较分析

目前中国 GDP 总量位居世界第二，国际贸易进出口总额世界排名一般位列前二。 21 世纪初中国加入 WTO 后，已经有一大批中国品牌产品获得了世界的认可。 数字贸易时代，中国企业的品牌价值正在快速向全世界传播。 但由于传统贸易固有的模式缺陷，部分外贸出口生产商和贸易商，已呈现不符合新零售业态和新贸易模式发展的趋势：中间环节过于烦琐，交易成本居高不下。 这些因素制约着品牌的建设和发展，无法进一步提升品牌的国际竞争力。 但随着数字贸易跨境电商的发展，诸多原有的贸易供应链上的相关交易商需要重新审视进出口促进政策，建立国内外数字贸易平台，以满足不同企业团体、不同消费者群体的需求。

7.1 数字贸易平台的内涵及背景

7.1.1 跨境电子商务与跨境电商平台

按组成形式，跨境电子商务贸易可分为进口电商和出口电商两类。

进口电商指的是生产、贸易企业或个人通过电子商务手段，将境外的产品销售给我国境内的企业或个人。 如以天猫国际、京东海外购为首的大型电商，每年从海外采购国外商品，销往我国境内。

出口电商指的是生产、贸易企业或个人通过电子商务手段，将境内的产品销售给境外的企业或个人。国内许多企业，如浙江执御、全麦网等，通过电子商务的方式，每年将大量商品销售往境外。

现代跨境电子商务的发展日新月异，国内各种跨境电子商务平台的构建，极大地改变了原有的贸易方式。在跨境电子商务链条中，跨境电商平台是整个跨境电子商务生态系统的基础环节，是为消费者、商家提供信息、交易等的基础设施。在跨境电商平台上可以注册开店，各环节既分工又协作，此时的信息不再为少数人所有，海量的消费者和服务商通过跨境电商平台进行连接，完成信息交换、需求匹配、资金收付、物流运输、代运营和综合服务。跨境电商平台上的参与者是自发、自主、快速聚散的柔性共同体，在平台上实现共生共荣。

7.1.2 数字贸易平台的发展阶段

数字贸易有广义和狭义之分。狭义的数字贸易，专指通过电子商务平台进行商品展示与推广、交易磋商、订单达成、支付与结算、物流追踪、售后服务与纠纷处置，帮助分属于不同关境的交易主体完成交易的一种国际商业活动，也就是跨境电商 B2C。广义的数字贸易，还包括"互联网＋外贸"的形式，即依托电子商务平台寻找到目标客户，但交易、交付仍依赖于传统国际贸易方式完成。最早的数字贸易业务，其商业模式发源于美国。

（1）全球数字贸易电商平台的鼻祖。

亚马逊网站于 1995 年 7 月正式上线，为了和线下图书巨头竞争，亚马逊最初的定位为"地球上最大的商店"。此后，亚马逊通过品类扩张和国际扩张，到 2000 年的时候其宣传口号已经改为"最大的网络零售商"。

亚马逊从 2001 年开始大规模推广第三方开放平台（Marketplace），首次允许其他卖家入驻；2002 年推出网络服务（AWS）；2005 年推出 Prime 服务；2007 年开始向第三方卖家提供外包物流服务（FBA）；2010 年推出自助数字出版平台（DTP）。2012 年初，亚马逊在中国正式启动"全球开店"项目，至 2019 年 3 月，亚马逊在全球 18 个国家设立站点，这些地区拥有世界经济总量的 75％，其消费者遍布 185 个国家和地区。 亚马逊依靠成熟运作的海外站点和物流仓储系统，获得了高速发展。

eBay 于 1995 年 9 月 4 日由 Pierre Omidyar 以 Auctionweb（拍卖网）的名称创立，是一个可让全球民众上网买卖物品的线上拍卖及购物网站。 2001年，eBay 持续进行全球性扩张以及服务平台的改进。 在拉丁美洲、韩国、意大利、新西兰、瑞士、爱尔兰以及新加坡进行了投资。 同年，eBay 网上商店诞生。 2003 年 7 月，eBay 累计花费 1.8 亿美元全资收购了中国最大的 C2C平台易趣。 2008 年以来，eBay 改变了公司以往的经营策略。 在经营模式上，随着 B2C 在全球逐渐火热，eBay 由 C 转向 B，开始邀请大型商家、品牌入驻。 同时，eBay 也悄然开辟了中国 B2C 跨境电商市场，并成为跨境卖家不可或缺的销售平台。

（2）中国跨境电商平台的雏形。

1999 年上线的阿里巴巴网站，也是现今阿里巴巴集团早期唯一的电子商务平台。 创立之初的 Alibaba.com 为外贸 B2B 的信息服务平台，主要商业模式是网上展示、线下交易的外贸信息服务模式，盈利模式主要是通过向进行信息展示的企业收取会员费，如年费。 这类电商平台的作用是为传统外贸企业寻求客户资源，上线的时间普遍较后期出现的跨境电商交易平台早。 此类平台可以统称为中国跨境电商平台的雏形，即外贸电商平台。

（3）全球跨境电商平台的发展。

2004 年敦煌网上线。 敦煌网明确了自己的定位，即将境内产品以零售方式卖到境外，采取佣金制，免注册费，只在买卖双方交易成功后收取费用。随后，2007 年兰亭集势、2009 年大龙网、2010 年全球速卖通、2011 年东南亚最大跨境电商平台 Lazada 相继成立，2012 年亚马逊实现全球开店。 这一时期跨境电商平台局限于以零售方式外销，被业界形象地称为"国际版淘宝"。当然，这一时期值得称道的事件即为阿里巴巴全球速卖通的成立和亚马逊实现全球开店。

2014 年以来，为了将战略重点放在俄罗斯、中东、南亚、东南亚、东欧、非洲、南美等"一带一路"新兴电商市场，以浙江执御、杭州嘉云、东南亚Shopee、非洲 JUMIA、南美 Linio 等为代表的新兴跨境电商平台纷纷崛起。

在北美和欧洲，一些老牌传统巨头如沃尔玛、奥托等也开始经营跨境电商业务，吸引中国卖家前往开店。 2014 年 2 月，天猫国际上线，主营各大品牌标品；同年 4 月，京东全球购、街蜜、皇家空港、爱美购上线；8 月，亚马逊海外购上线，以"保税区＋海外直购＋国际精品店＋进口直采店"的模式抢占市场；9 月，一号海购、聚美海外购、唯品会全球特卖上线。 2015 年，考拉海购上线，京东全球购成立。 以淘世界、洋码头、海蜜、街蜜等为代表的 C2C 模式，以云集、有赞、贝店等为代表的社交电商新势力发力跨境电商进口业务，视频直播、网红营销等新的跨境电商营销方式不断涌现。 在全球层面，谷歌、facebook 等搜索引擎、社交分享平台也纷纷入局电商业务。

7.2　全球主要电商平台发展规模

市场研究机构 eMarketer 发布的全球零售和电商发展预测显示，2019 年中国零售总额将增长 7.5％，达 5.6 万亿美元；而美国有望增长 3.3％，达 5.5 万亿美元。 尽管两国零售市场增速都在放缓，但中国增速超过美国的总趋势将持续至 2022 年。 中国已成为电商销售领域的世界领军者。

7.2.1　阿里巴巴集团发展概况

由阿里巴巴官网可知，阿里巴巴集团的营业收入中，中国零售平台全年商品交易额从 2015 财年的 2.444 万亿元增长到 2018 财年的 4.82 万亿元人民币（2017 年，全国网上零售额 71751 亿元，阿里巴巴约占 67％的份额）。

2020 财年，阿里巴巴数字经济体的全球年度活跃消费者达到 9.60 亿，其中 7.80 亿消费者来自中国，1.80 亿消费者来自海外。 2020 年 3 月，集团的中国零售市场移动月活跃用户较 2019 年 3 月增加 1.25 亿，达到 8.46 亿。

跨境及全球零售商业方面，2020 财年收入同比增长 24％，达 243.23 亿元，主要动力来自 Lazada 和 Trendyol 及速卖通的收入增长；Lazada 于 2020 财年的订单量同比增长超过 100％，体现出强劲的用户增长势头，并且随着 Lazada 不断扩大产品种类，其购买转化率也得以提高。 截至 2020 年 3 月 31

日，Lazada、速卖通及其他国际零售平台拥有超过 1.8 亿的年度活跃消费者。

7.2.2 亚马逊的发展概况

亚马逊公司是美国最大的一家网络电子商务公司，位于华盛顿州的西雅图。它是网络上最早开始经营电子商务的公司之一，成立于 1995 年，一开始只经营网络的书籍销售业务，现在则扩大了范围，已成为全球商品品种最多的网上零售商和全球第二大互联网企业，在公司旗下，有 AlexaInternet、A9、Lab126 和互联网电影数据库（Internet Movie Data Base，IMDB）等子公司。

亚马逊美国市场的占比增长最快，从 2013 年的 439.59 亿美元，增长到 2018 年的 1601.46 亿美元，年复合增长率为 29.51%。国际业务从 2013 年的 299.34 亿美元增长到 2018 年的 658.66 亿美元，年复合增长率为 17.08%，说明自 2012 年亚马逊全球开店并向中国市场开放以来，跨境电商业务取得了飞速发展。

2018 年 7 月 19 日，《财富》世界 500 强排行榜发布，亚马逊位列第 18。12 月 18 日，到 2018 世界品牌 500 强第 1 位。2019 年 7 月，入选 2019《财富》杂志评选的世界 500 强企业；10 月，在 2019 福布斯全球数字经济 100 强榜中位列第 6。在 2019 年度全球最具价值 100 大品牌榜中居第 3 位。2020 年 3 月，列 2020 年全球品牌价值 500 强第 1 位；7 月，福布斯 2020 全球品牌价值 100 强发布，亚马逊排名第 4。

7.2.3 eBay 的发展概况

在 eBay 的主要地区业务收入中，美国地区由 2008 年的 39.69 亿美元增长到 2018 年的 43.73 亿美元，年复合增长率 0.97%；美国以外的国际业务，由 2008 年的 45.72 亿美元增长到 2018 年的 63.73 亿美元，年复合增长率 3.38%。

eBay 公司发布的超预期的 2020 年第二季度财报显示，其第二季度营收 29 亿美元；总交易额 271 亿美元，同比增长 26%，不计入汇率变动的影响，同比增长为 29%；持续运营业务基于和未基于美国通用会计准则计算的每股摊薄收益分别为 1.04 美元和 1.08 美元；基于和未基于美国通用会计准则计算的运营利润率分别为 28.7％和 34.3％。

2018 年 12 月 20 日，2018 世界品牌 500 强排行榜发布，eBay 位列第 47。2019 年 8 月 20 日，《财富》发布"改变世界的企业"榜单，eBay 排名第 50。2019 年 10 月，eBay 在 2019 福布斯全球数字经济 100 强榜位列第 64。2020 年 1 月，2020 年全球最具价值 500 大品牌榜发布，eBay 排名第 234。2020 年 5 月 13 日，eBay 名列 2020 福布斯全球企业 2000 强榜第 515。2020 年 5 月 18 日，eBay 位列 2020 年《财富》美国 500 强排行榜第 295。

7.2.4　京东集团平台发展概况

京东集团 2018 年全年净收入为 4620 亿元人民币（约 672 亿美元）；非美国通用会计准则下净利润为 35 亿元人民币（约 5 亿美元）；全年 GMV 近 1.7 万亿元人民币。

2019 上半年，海囤全球（京东国际）以 13.3％的市场份额位列中国排名跨境电商的第 3。2019 年 11 月 22 日，京东集团宣布，旗下进口业务海囤全球正式更名为京东国际，并将推出百亿补贴计划。在 2019 年的进博会上，京东提出未来 3 年采购 4000 亿元进口品牌商品的计划。

7.2.5　网易集团平台发展概况

2015—2018 年，网易的电商服务营业收入分别是 12 亿元、45 亿元、117 亿元和 193 亿元，在总营收中的占比分别为 5.1％、11.9％、21.6％和 28.8％。在跨境供应链布局方面，网易考拉在 2018 年首届进博会上与超过 110 家企业完成累计近 200 亿元人民币的商品采购协议，并宣布未来全球直采计划将达到 200 亿美元以上。物流仓储方面，网易考拉在 2018 年已在全国范围内拥有超过百万平方米的保税仓资源，位列行业第 1。2018 年下半年，网易考拉先后与国际航运物流马士基、国内物流服务商万科物流达成战略合作，加速其在国内跨境电商综合试验区和试点城市的布局。

7.2.6　Club Factory 的发展概况

Club Factory 公司成立于 2014 年。 2016 年 8 月，该公司将重点转向面向消费者的模式，销售非标准和个人可负担的商品。 近年，Club Factory 这个专注于全球市场（尤其是印度市场）的电子商务平台发展势头迅猛。

数据分析平台 App Annie 的数据显示，从月活跃用户看，Club Factory 已成为印度第三大购物 App。 自 2019 年 6 月以来，Club Factory 的下载量在 Google Play 购物应用类中排首位。

与淘宝类似，Club Factory 自己不备货，采用比京东等其他平台更轻的资产模式。 Club Factory 要求国内供应商先将产品发送给他们进行质量检查，然后再发送给买家。 Club Factory 平台覆盖 29 个国家，上线千万级的 SKU。 在 2020 年疫情暴发前，注册用户数更是突破 1 亿。 随着印度政府对中国互联网企业进行限制，Club Factory 面临发展机遇。

7.2.7　Jollychic 的发展概况

执御是国内最早一批自建网站的企业，是浙江跨境电商出口标杆企业，公司成立于 2013 年，总部位于浙江杭州，累计引进风投数十亿元。 JollyChic 作为执御旗下的购物 APP，专注于全球时尚生活消费品，2016 年已成为中东地区知名度最高、综合排名第一的移动端电商。 作为"一带一路"倡议的践行者，浙江执御产品销往"一带一路"沿线 30 多个国家和地区，2013—2017 年每年持续保持 3 倍以上高速增长。 主要用户来自中东地区，拥有 200 多种在线品类，5000 多家供应商，1000000 多种在线商品，2017 年底注册用户数累计超 35000000。 已在中国、约旦、沙特、阿联酋等 10 多个国家和地区开设了分公司。

浙江执御是杭州跨境电子商务综合试验区首批试点企业，入榜"中国最具投资价值 50 强企业"，获得了"浙江省电子商务示范企业""浙江跨境电商龙头企业""华侨华人跨境电商合作联盟创始成员"等诸多荣誉称号。 2019 年 10 月，执御信息以 70 亿元位列"2019 胡润全球独角兽榜"第 264。

7.3 全球数字贸易平台分类及模式比较

7.3.1 全球数字贸易平台分类

数字贸易平台最初是从 eBay 个人拍卖网站的 C2C 模式发展而来的，随着业务的发展，批发商、零售商逐渐上网，数字贸易业务逐渐成熟。

（1）C2C 模式。

C2C 模式即消费者对消费者模式。专业性的海外代购平台会尽可能多地吸引符合要求的第三方卖家入驻。入驻平台的卖家一般都是有海外采购能力或者跨境贸易能力的小商家或个人，他们在收到消费者订单后再通过转运或直购进口模式将商品发往需求方所在国。

（2）B2C 模式。

B2C 模式即跨境电子商务平台将接收到的消费者订单信息发给批发商或厂商，后者则按照订单信息以零售的形式给消费者发送货物。

（3）B2B 模式。

B2B 模式即不同关境的企业通过电商平台（包括自建网站和第三方平台）取得实物商品订单，并通过跨境运输送达，完成交易。

（4）C2B 模式。

C2B 模式即消费者到企业，是互联网经济时代的个性化、定制化商业模式。消费者只需要在 C2B 平台上发布一个需求信息，就会有商家来竞标，并按照消费者的需求来生产，消费者可以实时了解商家关于产品的生产过程。

7.3.2 数字贸易平台模式比较分析

（1）亚马逊全球开店、eBay、全球速卖通、Wish。

虽然亚马逊全球开店、eBay、全球速卖通、Wish 都是第三方平台，但具有不同的特点。

平台月租金或年费及销售佣金是每个平台卖家的固定成本，也是亚马逊、速卖通、eBay、Wish 等第三方平台的固定收入，在收取方式和费用高低方面，四者有所不同。

通过亚马逊全球开店项目开设店铺需要收取店铺月租金和销售佣金。 美国站 39.99 美元/月，欧洲站 25 英镑/月，日本站 4900 日元/月。 根据不同商品品类，亚马逊平台会收取不同比例的佣金，一般为订单总金额的 8%—15%。

表 7-1　亚马逊全球开店项目价目表

账号类型	个人销售计划	专业销售计划
月租金	免费	美国站:39.99 美元 欧洲站:25 英镑 日本站:4900 日元
按件收费	美国站:0.99 美元 欧洲站:0.75 英镑 日本站:100 日元	免费
销售佣金	根据不同品类,亚马逊平台会收取不同比例的佣金,一般为订单总金额的 8%—15%	

资料来源:Amazon 官网。

入驻速卖通平台需要缴纳技术服务年费和销售佣金，不同经营大类技术服务年费不同，一般在 10000 元到 50000 元之间，拥有良好的服务质量及不断壮大经营规模的优质店铺有机会获得年费返还奖励，不同品类销售佣金不同，一般为订单总金额的 5%—8%。

表 7-2　速卖通平台开店项目价目表

经营大类	技术服务费/元	销售佣金	返还50%年费对应年销售额/美元	返还100%年费对应年销售额/美元
珠宝手表	10000	5%—8%	5000	30000
服装服饰			15000	45000
婚纱礼服			25000	50000
美容个护			15000	40000
化纤发			40000	15000
母婴玩具			15000	30000
箱包鞋类			12000	35000
健康保健			18000	50000
成人用品			15000	65000
3C数码			15000	36000
汽摩配件			15000	36000
家居家具灯具工具			15000	40000
家用电器			15000	36000
运动娱乐			10000	25000
电子烟	30000		60000	120000
手机			45000	100000
真人发	50000		60000	200000

资料来源:阿里速卖通官网。

开设 eBay 店铺需要支付店铺月租金,基础、高级、超级店铺月租金依次递增,刊登商品需要支付商品刊登费,不同等级的店铺每月有不同额度的免费刊登数量,免费额度外的部分收费也不同,商品售出后需要支付销售佣金。

表 7-3　eBay 平台开店项目价目表(非店铺卖家)

项目	刊登费(每件)	销售佣金
每月前50个商品刊登	0	10%(750美元封顶)
每月超出50个商品刊登的部分	0.3美元	

资料来源:eBay官网。

表 7-4　eBay 平台开店项目价目表（店铺卖家）

店铺级别	店铺月租/美元	刊登费/美元	销售佣金
基础店铺	按月支付：24.95	每月可免费刊登额度：一口价方式 250 美元。拍卖方式 250 美元收费部分：拍卖方式 0.25 美元/件；一口价方式 0.2 美元/件	3.5%—9.15%
	按年支付：19.65		
高级店铺	按月支付：74.95	每月可免费刊登额度：一口价方式 1000 美元。拍卖方式 500 美元收费部分：拍卖方式 0.15 美元/件；一口价方式 0.1 美元/件	
	按年支付：59.95		
超级店铺	按月支付：349.95	每月可免费刊登额度：一口价方式 10000 美元。拍卖方式 1000 美元收费部分：拍卖方式 0.1 美元/件；一口价方式 0.05 美元/件	
	按年支付：299.95		

资料来源：eBay 官网。

在 Wish 上创建账户、开设店铺都是免费的，上传商品信息也不会被收取任何费用，但会在卖出物品之后收取订单总额的 15% 作为佣金。

除平台月租或年费及销售佣金外，各个平台还通过完善自身生态，提供物流、金融、引流推广等服务，收取服务费用。对于中国卖家而言，如果没有可靠的第三方物流，可以选择平台提供的物流解决方案，由后者负责仓储、订单处理、发货及逆向物流。而随着各大平台在全球范围内扩张并自建运营中心，平台也从不断扩张的物流体系中获益。

表 7-5　各平台物流、引流服务对比表

平台	收款方式	物流	站内引流推广方式
亚马逊	/	FBA	商品推广广告 头条搜索广告
速卖通	国际支付宝	AliExpress 无忧物流	橱窗推荐 速卖通直通车 店铺自主营销活动 平台活动推广 联盟营销

续　表

平台	收款方式	物流	站内引流推广方式
eBay	PayPal	亚太物流平台	促销管理 付费广告 邮件营销
Wish	/	Wish Express	ProductBoost

资料来源:各平台官网。

表 7-6　平台开店情况对比表

项目	亚马逊	eBay	速卖通	Wish
入驻门槛	个人和企业	个人和企业	企业和品牌	个人和企业
收费模式	月租＋销售佣金	月租＋刊登费＋ 销售佣金	年费＋销售佣金	销售佣金
业务规模	全球有 18 个站点, 12 个对中国卖家开 放,支持 27 种语 言,消费者覆盖 185 个国家和地区	在全球近 30 个国 家和地区有站点	覆盖 230 个国家 和地区,拥有 18 个语种的站点	覆盖 71 个国家 和地区,支持超 过 30 种语言
销售方式	定价	拍卖、定价	定价	定价
排名算法	A9 算法	价格权重较大	价格权重较大	千人千面
移动端 业务占比	/	超过 6 成	超过 6 成	超过 9 成

资料来源:各平台官网。

（2）Amazon Business、阿里巴巴国际站。

阿里巴巴国际站从数据的积累开始,利用数据驱动和拓展贸易。 阿里巴巴国际站的优势在于:成立时间长,知名度高;买家和卖家数量庞大;功能完善,拥有优质的客户服务和销售系统;生态完善,综合能力强,中小企业发展潜力巨大。 劣势在于:诚信通会员扎堆,恶意竞争激烈;排名没有保障,普通用户与付费用户差异明显;采购商良莠不齐,客户含金量低;无效询盘诸多,客人回复率低,价格竞争激烈。

亚马逊的优势在于:庞大忠实且优质的客户群体;打通交易闭环;亚马逊强

大的物流体系 FBA 帮助客户打理发货，可管理后期的仓储、配送、物流，包括处理可能出现的退货问题；利润相对较高。劣势在于：门槛高；本土市场不足。

（3）天猫国际、考拉、亚马逊海外购。

天猫国际、考拉、亚马逊海外购平台特点对比见表 7-7。

表 7-7　平台特点对比表

平台	天猫国际	考拉	亚马逊海外购
模式	第三方为主	自营为主	自营为主
品牌数量	77 个国家和地区、超 4000 个品类、超 20000 个海外品牌	80 多个国家和地区、千余家品牌和优质供货商	10000 多个国际大品牌
保税仓	超过 100 万平方米	超过 100 万平方米	超过 70 万平方米
供应链	海外直供	平台优选	海外直邮
关键活动	"双十一"等	3·28 周年庆等	黑色星期五、Prime Day 等
渠道通路	官网、移动客户端、线下店	官网、移动客户端、线下店	官网、移动客户端
价值主张	理想生活	我的美好世界	纯正海外货、服务本地化

资料来源：各平台官网。

7.3.3　国内外数字贸易发展政策环境比较

2018 年 8 月正式通过的《中华人民共和国电子商务法》明确表示要促进跨境电子商务发展，同时表示将促进跨境电商领域税收、通关检疫、支付结算等方面制度的完善，进一步引导原先的海外代购向正规化、阳光化转型。此外，在通关检疫方面，在 2018 年 4 月的国务院机构改革中，检验检疫并入海关后相关职能已进行整合，进出口通关检疫环节有望得到简化。

我国持续扩大跨境电商试点范围，先后 5 批批复设立 105 个跨境电子商务综合试验区。自 2019 年 1 月 1 日起，跨境电商零售进口监管新政覆盖 22 个新设跨境电商综试区城市，在对跨境电商零售进口清单内商品实行限额内零关税、进口环节增值税和消费税按法定应纳税额 70% 征收的基础上，进一步扩大享受优惠政策的商品范围，提高享受税收优惠政策的商品单次交易额和年度交易额上限。出口方面，全国性跨境电子商务零售出口增值税、消费税

"无票免税"政策落地。

2018 年 6 月 21 日，美国最高法院以 5 比 4 的票数判决各州有权对互联网电商公司的跨州销售征税。这意味着，美国电商将步入全面征税时代。为了平衡境内外电商平台的发展，做到公平公正，欧洲各个国家开始相继征收增值税，澳大利亚、东南亚等地一些国家也在研究对电商征税的方案。2018 年，以世界海关组织为代表的国际组织，坚持以多边主义替代单边主义，于 2018 年 6 月对外发布《世界海关组织跨境电商标准框架》。以《世界海关组织跨境电商标准框架》应用为契机，我国推动"一带一路"沿线国家和地区应用电子数据的预处理和风险管理技术，实现基于通用报文规范和统一、标准化数据包的数字口岸连接，提升贸易便利化和安全保障水平。

7.3.4　数字贸易平台特点

（1）融合发展。

国内一些跨境出口电商平台正在通过布局线下销售渠道，来解决单一在线零售渠道所面临的问题，如嘉云在印度设立线下体验店，提供前店后仓服务。天猫国际、考拉等进口电商平台则将"前店后仓"搬进了商场，依托于新零售技术解决方案，打造了整体化的海淘消费创新体验，所有的商品均采用电子价签，保证全球同步、全球同价、线上线下同价，并提供配送服务。

（2）新技术涌现。

运用区块链、物联网、大数据等信息技术对跨境商品进行全程跟踪溯源，将跨境商品的物流动态可视化、透明化，实现物流链条管理、商品防伪等功能。通过设立海外仓、开通跨境专线、智慧化多式联运等方式，实现体验和效率的双重优化，缩短全球商品的"距离"。

（3）新业态涌现。

直播、AR 全景等新技术的应用帮助买卖双方实现信息对称，如线上展会可以通过直播边看边买，能够帮助全球买家更全面快速地了解卖家及其产品，减少时间和距离带来的隔阂。AI 实时语音翻译工具基于自然语言处理技术和海量的互联网数据，帮助用户跨越语言鸿沟，畅快交流和获取信息，实现无障碍沟通。

7.3.5 全球主要数字贸易平台一览

表 7-8 全球主要数字贸易平台一览表

国家和地区	名称	目标市场	所属公司	经营领域
中国	阿里巴巴国际站	200 多个国家和地区	阿里巴巴	综合
	速卖通	200 多个国家和地区	阿里巴巴	综合
	考拉海购	中国、北美、东南亚	阿里巴巴（属原网易）	综合
	Daraz	南亚	阿里巴巴	综合
	Lazada	东南亚	阿里巴巴	综合
	京东	中国、西班牙、俄罗斯、印度尼西亚	京东	综合
	DHgate	220 多个国家和地区	敦煌网	综合
	Newegg	北美	联络互动	综合
	Jollychic	中东	浙江执御	综合
	Kilimall	非洲	深圳齐力	综合
	Club Factory	印度	杭州嘉云	综合
美国	Amazon	180 多个国家和地区	亚马逊	综合
	eBay	190 多个国家及地区	eBay	3C
	Wish	全球	Wish	综合
	Walmart	美国	沃尔玛	综合
	Jet	北美	沃尔玛	综合
	Flipkart	印度	沃尔玛	综合
	Souq	中东	亚马逊	综合
	Bestbuy	美国	Bestbuy	电子产品
	GittiGidiyor	土耳其	eBay	综合
欧洲	Cdiscount	法国	Casino Group	综合
	La Redoute	法国	La Redoute	综合
	OTTO	德国	Otto	综合

	名称	目标市场	所属公司	主要产品
欧洲	Allegro	波兰	Allegro	综合
	Bol	荷兰	Bol	书籍、玩具、电子产品
	Cel	罗马尼亚	Cel	综合
	Folksy	英国	Folksy	手工制品、创意品、工艺品
	ASOS	英国	ASOS	时尚
	Tesco	英国	Tesco	综合
	Fyndiq	北欧	Fyndiq	综合
东南亚	Shoppee	东南亚	Shoppee	综合
	Qoo10	东南亚	Qoo10	综合
	Zalora	东南亚	Central Group	综合
	Zilingo	东南亚	Zilingo	综合
中东	Noon	阿联酋、沙特阿拉伯和埃及	Noon	综合
印度	Paytmmall	印度	Paytm	综合
	Snapdeal	印度	snapdeal	综合
非洲	Jumia	非洲	jumia	综合
	Konga	尼日利亚	Konga	综合
俄罗斯	Joom	俄罗斯	joom	综合
	Ulmart	俄罗斯	Ulmart	综合
	Umka	俄罗斯	Umka	综合
	Mymall	俄罗斯	Mymall	综合
日韩	乐天	日本、巴西、法国、德国、中国台湾地区和美国	乐天	综合
	11street	日韩	11street	综合
澳洲	Trademe	新西兰	Trademe	综合
	Catch	澳洲	Catch	综合

	名称	目标市场	所属公司	主要产品
拉美	Linio	墨西哥、巴拿马、委内瑞拉、哥伦比亚、厄瓜多尔、秘鲁、智利和阿根廷	Linio	综合
	Americanas	巴西	Americanas	综合
	MercadoLivre	巴西、阿根廷、智利、哥伦比亚、哥斯达黎加、厄瓜多尔、墨西哥、巴拿马、秘鲁、多米尼加、巴拉圭、委内瑞拉和葡萄牙	MercadoLivre	综合

资料来源:各平台官网。

7.4　数字贸易平台发展面临的问题、趋势及建议

7.4.1　数字贸易平台发展面临的问题

除了平台自身的规则、平台卖家和买家的成长,数字贸易平台的发展还受到所在国的政治环境、经济环境、税务环境、电商业务相关的国际规则、跨境业务许可、货币兑换限制、语言文化差异、互联网接入情况等因素影响。在电商竞争激烈的今天,全球数字贸易仍是一片蓝海,也面临诸多问题。

(1)知识产权问题。

知识产权保护一直是个难题,假货问题、质量问题困扰着跨境电商平台和买家。 一些卖家没有产权意识,不保护自己的产权,而一些国家因对产权的保护,不能容忍侵权产品的进入。

(2)合规化问题。

商品到达目的国边境,都会面临清关的问题。 每一个国家和地区的清关规范化程度有异,不同产品品类涉及的准入报关文件、进口贸易方式和对应

的税率也各不相同。 如何根据不同国家和地区的清关要求准备相关的文件至
关重要，需要应对各种潜在风险。

7.4.2　数字贸易平台的发展趋势

（1）平台社交化发展。

Lazada 率先在泰国上线红人直播，并在多个国家开通直播功能，由卖货
平台往生态、社区、内容发展。 在中国，云集、贝贝等入局跨境社交电商。
"快手""抖音"等短视频社交模式正成为年轻一代的生活方式，纷纷走向海
外，快手在菲律宾的下载量已经排名社交软件类第一，超过了 Facebook 等。

（2）平台细分化发展。

在中东海湾六国，浙江执御的独立站 Jollychic 用户数突破了 4000 万。
在印度市场，亚马逊也对 Flipkart 发起了竞购，但最终还是败给了沃尔玛。
来自中国杭州的独立站嘉云凭借在跨境智慧供应链体系上的创新，在巨头的
冲击下赢得了生存空间，排名全印度电商市场第三。 在东南亚市场，阿里巴
巴收购 Lazada、腾讯入股 Shoppe。

（3）平台品牌化发展。

做跨境出口电商，卖家们往往会选择第三方电商平台，如亚马逊、eBay、
速卖通、Wish 等，但随着入驻卖家数量呈几何式的增长，平台越来越强势，
门槛也在不断提高，平台流量瓶颈日渐凸显。 同时，一些直接面对全球工厂
的品牌电商平台也将成为跨境电商平台发展的新增长点。

7.4.3　数字贸易平台发展的对策建议

（1）数字贸易平台发展应坚持包容审慎的态度。

数字贸易平台发展是跨境电子商务发展的核心驱动力，应以包容审慎的
态度支持跨境电商平台发展，坚持监管和服务并重，发展和规范同步，维护公
平竞争市场秩序，在保障消费者权益的前提下，给跨境电商平台一个稳定的
政策预期。

（2）数字贸易平台发展应与实体经济相结合。

应积极推动数字贸易平台与外贸、制造业的融合，带动对外贸易存量的优化和增量的提升，在全国形成多个跨境电商产业集群。

7.5　小结

数字贸易跨境电子商务行业的快速发展，促使数字贸易新业态新模式不断涌现。由于发达国家和地区的跨境电商业务已趋于成熟，目前越来越多的数字贸易企业开始关注新兴市场，俄罗斯、巴西、印度等国家的数字贸易本土企业不多，但消费需求旺盛。在互联网先进技术的推动下，物美价廉的商品在世界许多国家的市场上优势巨大。大量数字贸易平台也在拓展东南亚市场，以及中东欧、拉丁美洲、中东和非洲等市场。这些地方数字贸易的渗透率依然较低，有望在未来获得较大突破。

数字贸易共生圈体系构建

伴随着工业互联网、大数据、云计算技术与应用的不断发展和完善，电子商务成了企业商务活动的新形式。进入 21 世纪以后，很多企业管理者意识到，任何一个企业都不可能在所有产品环节上成为世界上最杰出的企业，只有将资源延伸到企业以外，借助其他企业的资源，优势互补，协同发展，才能共同增强竞争实力。因此，越来越多的管理者开始将目光从管理企业内部生产经营过程转向产品全生命周期的各个环节。一些先驱企业在全球范围内寻求供应和销售的最佳合作伙伴，形成一种长期的战略联盟，结成利益共同体。在供应链经济中，往往同样或同类产品涉及多条供应链，这些供应链之间相互交织和竞争，形成一种错综复杂的竞争关系。

在这种环境下，为谋求生存和发展，众多商家和企业必须形成一个生态系统，以求在最短的时间内推出新产品、应对新市场。这个生态圈中，企业与企业、行业与行业之间是一种相互依存、协同合作、不断创新的关系。为促进这种生态环境的长期健康发展，需要在生态理论工具的指导下，让电商物流生态的各环节在发展中相互作用，保持其生存状态，并在相互排斥和吸引的过程中保持竞争力的相对均衡，同时需重视提高行业的透明度以保障整个行业的生态系统利益均衡，进而实现生态圈的良性、健康发展。

针对此，"共生理论"对于电商物流生态圈的发展提供了方向和方法上的指引。借鉴其他研究领域生态圈的建立和发展经验，我们可以更好地规划和管理电商物流生态圈，使之能够进一步促进我国电商物流行业发展和壮大。

8.1　共生的渊源追溯及共生理论的相关研究

首先是从词源学角度进行考察，从中可以理解共生的原初含义。李萍（2000）指出共生英文表达形式是 symbiosis，从词源学来看，symbiosis 来源于希腊语，指生态学的"共栖"，特别是使双方都受益的共栖，对方依据各要素间的利害关联性，结成协作关系，维持均衡。因此，symbiosis 寻求的是"生存的各种形式的调和统一"。生物学界对"共生"的研究已经有上百年的历史。随着对共生研究的深入，"共生"思想开始从生物学界逐渐延伸到其他各个领域，其中就包括了管理学领域。物流系统和生物界中的生物体一样，是由各个要素组成的有机整体，作为一种特殊的生命体存在于经济环境中。许多专家和学者如陈冬（2010）、李赤林（2010）、庄品（2003）、卢少华（2008）、川魏玮（2006）、陈殿阁（2000）、陈菲琼（2000）、胡卫国（2005）等借鉴共生思想提出了一些极具创新性的问题解决思路。

其他一些学者针对不同企业、产业群、工业园区研究共生关系与共生模式。陶永宏（2005）在基于共生理论的船舶产业集群的形成机理与发展演变研究中解析了船舶产业集群的共生关系，研究了由共生组织发展模式、共生行为发展模式、共生发展选择模式、生命周期 4 个要素共同决定的船舶产业集群的共生模式。程大涛（2009）在基于共生理论的企业集群组织研究中，运用共生理论分析企业集群的组织结构和特性，提出了基于共生关系的集群企业衍生模式及运行机制。郭莉（2005）在工业共生进化及其技术动因研究中提出工业共生的组织模式开展是以经济和环境双赢为目标的资源互补性活动，识别并验证了工业共生的不稳定平衡状态的产生条件及转换条件，检验了技术创新对工业共生进化的推动作用。韩福荣（2001）对企业仿生的研究成果进行了分析，指出需要重点探讨企业生态系统的结构和功能以及系统中的物质流、能量流和知识流的重要性，指出企业生态具有不同层次，并且在不同层次中存在一系列原理和规律。吴飞驰（2002）提出了全新的企业共生理论，并对企业性质用共生理论加以分析。袁纯清（1998）将我国小型经济用共生理论加以分析和阐述。 郎春雷（2003）对高技术产业和跨国技术合作用共生理论进行了分析。 孙天琦（2001）系统研究了不同规模企业的共生问题，其代表著作研究了产业组织结构。 王宇露（2007）对企业共生模式的稳定性进行分析，分析了企业共生系统的构成，划分了企业共生关系的类型，构建了企业共生的对称和非对称模型。 Alberto（2014）借鉴工业生态学、工业共生的原则（IS）对公司在物质和能量流的协同管理进行研究。 通过对一家大公司和 18 个中小型企业在摩托车行业中的案例进行研究，分析可能影响 IS发展的因素。 Behera（2012）通过开发废弃物和副产品生态工业园区（生态工业园）培育共生关系。 Spekkink（2013）提出事件序列分析的研究方法。分析结果显示，机构能力使有关方面能够产生日益复杂的副产品协同效应和实用的协同作用。 Yuan（2009）利用构造不同企业间的工业共生理念，对重建不同生产之间的案例研究系统进行了探讨。

8.2　共生理论分析

8.2.1　共生要素

（1）共生单元。

共生单元是指构成共生体或共生关系的基本能量生产和交换单位，是共生体的主体。 共生单元是相对的，是相对于特定的分析对象而言的。 共生关系具有层次上的区分，在物流共生圈中，每一个物流企业就是一个共生单元。

（2）共生基质。

共生是因为生物之间具有某种程度的联系。 共生基质即是共生单元之间的"某种程度的联系"，是共生单元双方构成共生体的重要筹码，也可以称为共生引力。 物流共生圈中各种服务的提供能力，使得个体共生单元相互吸引，就可能形成"某种程度的联系"。

（3）共生界面。

共生界面是共生关系形成和发展的基础，是物流共生圈系统效率和稳定性的核心要素。 共生界面具有以下基本功能：信息传输功能、物质交流功能、能量传导功能以及分工与合作的中介功能。 物流服务在物流共生圈个体之间流动，个体之间流动的转换点即是其物质交流的共生介质。 共生介质是共生单元相互作用的媒介，而所有共生介质功能的综合集中反应就是共生界面。

（4）共生环境。

共生单元以外的所有因素的总和构成了共生体的共生环境。 物流共生圈的共生环境既包括宏观环境，如物流产业的发展政策、4PL 或 3PL 的整体发展状况等，也包括共生单元——物流共生圈的微观环境，如物流共生圈的企业物流信息技术运用的成熟度、对物流的重视程度、自身的规模实力等。 这些环境会影响共生单元之间的共生关系。 如图 8-1 所示。

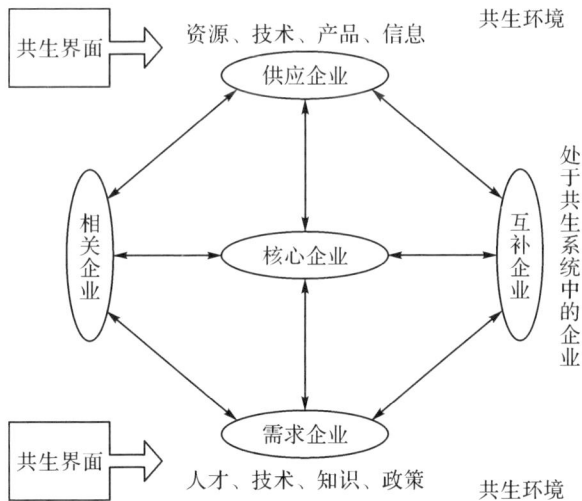

图 8-1　处于共生系统中的企业

资料来源:作者整理。

8.2.2 数字贸易物流服务共生圈

假设物流共生圈的全要素共生度 δ_s 为：$\delta_s = \frac{1}{\lambda}\delta_i$。

其中，δ_i 为共生单元要素共生度。 λ 为共生界面特征系数，即共生阻尼系数，这里指影响线上、线下物流系统之间物质、信息交流交换的阻力。物流共生圈中各个共生单元的共生度一方面受到各自共生度的影响，另一方面还受到个体之间物质、信息交换流动效率的影响，交换流动效率与共生界面的特征系数成反比关系，只有降低共生界面的阻尼系数，才能提高个体之间物质、信息交换流动的效率，否则共生界面凝滞，会导致信息、物质、能量流动不畅。

共生理论告诉我们：共生能量 E_s 与共生体的全要素共生度 δ_s 成正比关系：

$$E_s = F(\delta_s) \qquad\qquad （公式 8\text{-}1）$$

则物流共生体的共生能量 E_s 与全要素共生度 δ_i 的关系为：

$$E_s = F(\delta_s) = \frac{1}{\lambda}F(\delta_i) \qquad\qquad （公式 8\text{-}2）$$

由上可知，物流共生圈的建立与进化来源于共生能量，而共生能量主要取决于共生单元之间的共生度和共生界面的特征。 因此，可知，E_s 要增大，一方面要增大 δ_i，另一方面要减小 λ。 即要实现共生不仅要提高共生圈个体的核心能力，增大个体在物流共生圈中的共生度，而且还要改进共生界面，即优化内部共生单元间的信息流动、物质流动、能量流动，通过加强信息共享、物流标准化等来减小运作阻力，畅通物流系统中的物流和信息流，提高界面的沟通交流效率，以实现物流共生圈的高效运作，如图 8-2 所示。

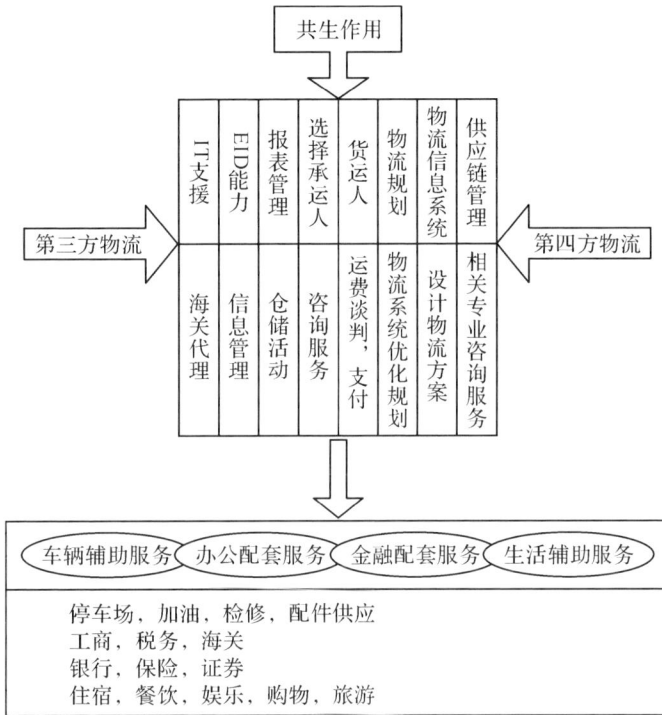

图 8-2　物流服务共生圈

资料来源:作者整理。

8.3　共生理论验证

由于参与企业的有限理性与信息不完全性, 企业很难确定进入共生圈与其他个体合作能否使自身利益最大化。 在这种情况下, 企业有可能选择"共生"策略,也可能选择"不共生"。 企业在什么样的条件下会选择"共生"策略,这是一个值得研究的问题。

假定系统由 n 个彼此独立的成员组成,各成员的决策变量和信息变量分别用如下符号表示:

$\pi_i(i = 1,2,\cdots\cdots n)$ 表示成员 i 的(期望)利润。

x_i、x 分别表示成员 i 和系统的决策变量，如服务订购量、转移支付、价格等。假定任何两个成员之间的决策变量没有重叠，即没有任何两个成员为同一变量做出决策。

θ_i、θ 分别表示成员 i 和系统的信息向量，如服务需求或需求分布、服务策略、预订费、服务紧缺费等成本费用参数等。

$\prod_c$ 表示在共生协调下的系统（期望）利润函数。

共生圈协调机制给出适当的激励，使共生圈成员的决策接近共生圈系统的决策，从而实现共生圈系统增值的目标，其中共生协调控制下的最优利润为：

$$\prod_c (x_1^d, \cdots\cdots, x_n^d, \theta_1, \cdots\cdots, \theta_n \mid M) = \sum_{i=1}^n \max_{x_i} \pi_i^c (x_i^c, \theta_i \mid M)$$

下面根据假设构建企业是否选择加入共生圈的模型。

在对称情况下，令对企业 A，B 选择加入共生圈的概率均为 x，则企业 A，B 选择不加入共生圈的概率均为 $1-x$。对任何一个企业，其选择"加入"的期望收益 u_1、选择"不加入"的期望收益 u_2 如下：

$$u_1 = x(\pi + \Delta\pi) + (1-x)\pi = (\Delta\pi + \pi)x + \pi \quad \text{（公式 8-3）}$$

$$u_2 = x(\pi + \pi_0) + (1-x)\pi = \pi + x\pi_0 \quad \text{（公式 8-4）}$$

其中，对于企业 A，π 表示企业本身的赢利；$\Delta\pi$ 表示企业加入共生圈后所产生的额外收益，即共生合作所形成的新增共生能量。$\Delta\pi$ 大于 0，这符合实际情况，因为如果加入共生圈而不能增加企业的能量，企业是不会加入的；π_0 表示转移企业因不加入共生圈而产生的收益。

令 $u_1 = u_2$，则：

$$
\begin{aligned}
u_1 - u_2 &= x(\pi + \Delta\pi) + (1-x)\pi - [x(\pi + \pi_0) + (1-x)\pi] \\
&= x(\pi) + (\Delta\pi)x + \pi - (\pi + x\pi_0) \\
&= x(\pi) + (\Delta\pi)x - x\pi_0 \\
&= x(\pi + \Delta\pi - \pi_0) \quad \text{（公式 8-5）}
\end{aligned}
$$

在现实情况中，与其他服务商无合作关系或长期合作伙伴的离开必定给企业带来一定的搜寻成本与咨询费用等交易费用的损失；在一定程度上，企业会由于缺少合作伙伴而遭受一定的损失。即 π_0 小于 $\Delta\pi$，则 $\Delta\pi - \pi_0$ 大于 0，这也符合现实情况。

由公式 8-5 可得：

$$x(\pi + \Delta\pi + \pi_0) > 0 \qquad \text{（公式 8-6）}$$

$$u_1 - u_2 > 0 \qquad \text{（公式 8-7）}$$

即对任何一个企业，其选择"加入"的期望收益为 u_1，大于选择"不加入"的期望收益 u_2，因此，为使自身利益最大化，企业必然会选择"加入"共生圈。

8.4　数字贸易共生模型构建与规划求解

8.4.1　模型描述构建

假设现实经济环境中只存在两种类型的物流服务商：服务代理商（包括货代、咨询顾问等）和服务运营商（包括 4PL 等）。这里的服务代理商只为服务运营商提供服务，服务运营商只接受服务代理商提供的服务。服务代理商通过为服务运营商提供咨询服务、方案获取收益。

因此，设：服务代理商的收益函数为 $TR = TR(1-p)$ 　　（公式 8-8）

服务代理商的成本函数为 $TC = c + Tf(T,C) + Tp$ 　　（公式 8-9）

则服务代理商的利润函数为

$$TP = TR - TC = TR(1-p) - [c + Tf(T,C) + Tp] \qquad \text{（公式 8-10）}$$

其中，收益函数为服务代理商的任意一笔业务营业额，R 为服务佣金，p 为业务中止的比率，$(1-p)$ 为业务的成功率。

对于成本函数，c 为固定成本，f 为单位业务的管理成本函数，C 代表业务规模的复杂程度。

本节假设 $f(T,C)$ 是连续可导，且 $\frac{\partial f(T,C)}{\partial T} > 0$，$\frac{\partial f(T,C)}{\partial C} > 0$。

企业往往以利润最大化为其经营的目标。所以，在此条件下，利润函数须满足一阶条件，即：

$$\frac{\partial TP}{\partial T} = \frac{\partial TR}{\partial T} - \frac{\partial TC}{\partial T} = 0 \qquad \text{(公式 8-11)}$$

$$\frac{\partial TR}{\partial T} = R(1-p) \qquad \text{(公式 8-12)}$$

$$\frac{\partial TC}{\partial T} = T\frac{\partial f(T,C)}{\partial T} + f(T,C) + p \qquad \text{(公式 8-13)}$$

由公式 8-11、公式 8-12、公式 8-13 可得:

$$\frac{\partial TP}{\partial T} = \frac{\partial TR}{\partial T} - \frac{\partial TC}{\partial T} = 0 \qquad \text{(公式 8-14)}$$

$$\Rightarrow \frac{\partial TP}{\partial T} = \frac{\partial TR}{\partial T} - \frac{\partial TC}{\partial T}$$

$$= R(1-p) - \left[T\frac{\partial f(T,C)}{\partial T} + f(T,C) + p \right] = 0$$

$$\Rightarrow T\frac{\partial f(T,C)}{\partial T} + f(T,C) = R(1-p) - p \qquad \text{(公式 8-15)}$$

在公式 8-15 的左右两边同时对 T 积分可得:

$$f(T,C) = R(1-p) - p \qquad \text{(公式 8-16)}$$

8.4.2 模型规划求解

R、P 都是外生变量,在相同时期内每个服务代理商都相同。 设 T_a, T_b 分别指服务代理商 a 和服务代理商 b 任意一笔业务,C_a, C_b 分别是服务代理商 a 和服务代理商 b 的业务规模的复杂程度。 所以由利润最大化的一阶条件可得:

$$f(T_a, C_a) = f(T_b, C_b)$$

假设 $C_a > C_b$,即由于业务规模的复杂程度,物流服务商 a 比物流服务商 b 业务更复杂。 又因为 $f(T,C)$ 是连续可导的,且 $\frac{\partial f(T,C)}{\partial T} > 0$, $\frac{\partial f(T,C)}{\partial C} > 0$。 可得:

$$\text{s. t.} \begin{cases} f(T_a, C_a) = f(T_b, C_b) \\ \dfrac{\partial f(T, C)}{\partial T} > 0 \\ \dfrac{\partial f(T, C)}{\partial C} > 0 \\ C_a > C_b \end{cases} \tag{公式 8-17}$$

$$\Rightarrow T_a < T_b \tag{公式 8-18}$$

8.5　小结

上述结论表明，任意一笔大型业务的规模复杂程度都大于小型业务的。大型业务和小型业务的规模复杂程度不同，因此它们的服务市场应该有一个边界。 如果两类服务商同时在市场上生存， 小型业务服务商因业务复杂程度更低，在竞争中具有优势。 因此，服务商必须遵循差异化发展的路线，满足功能突出、定位准确的市场要求，以实现利润最大化。 在将来的研究中，研究团队将继续对共生圈中的资源配置、伙伴选择做出优化模型。

基于改进引力模型的跨境电商综合试验区空间联系与格局划分

随着突发公共事件在世界范围内的扩散，全球商业形势不断走弱，各国经济增长都有所放缓，未来对外贸易和跨境投资会面对越来越大的压力。

尽管可以预见公共事件对我国经济社会的影响是短期的，但中国经济迫切需要凭借长期积累的各产业体系的韧性与活力来维持在世界供应链中的综合竞争优势，也需要通过新动能来实现各类资源要素的重新整合，为高质量经济社会发展注入活力和动力。目前，中美两国间的贸易摩擦有所缓解，但随着全球商业形势不断走弱，各国经济增长都有所放缓，未来经济增长会面对越来越大的压力。

在"新外贸、新零售、新消费"观念的冲击下，商品质量更有保障的跨境电商市场交易规模保持快速增长，发展跨境电商等新业态是推动外贸高质量发展、跨境投资高质量增长的重要举措。跨境电商等互联网经济形态的发展对中小企业而言是一个难得的机遇。无论是东部发达地区，还是中西部发展中地区，跨境电商潜力都十分巨大。跨境电商是各地产业转型升级的重要机遇。在政策环境上，跨境电商成为突破传统贸易和投资壁垒的一个有效方式，也是经济高质量增长的一个重要组成部分和创新点。推动跨境电商在质检、支付、物流等领域的发展，有利于逐步释放出经济发展潜力和增长动能。

为此，国家自 2015 年以来先后分 5 批设立了杭州等 105 个跨境电子商务综合试验区，来着重推进中国跨境电商的发展建设，基本覆盖了主要的一、二线城市和部分三线及边境城市。 这表明加快发展跨境电商得到了国家充分的鼓励和重视。 部分省区内有数个城市获批跨境电商综试区,因此,有必要对相邻相近地区跨境电商综合试验点的空间联系与格局划分做一个梳理和比较。

本章基于引力模型进行改进,通过建立跨境电子商务综合试验区综合质量指标体系,引入引力值量和被引值量,使跨境电子商务综合试验区之间引力数值能够更好地揭示各个跨境电子商务综合试验区的产业发展定位和地理空间的联系结构,从而促进省级行政层面合理划分跨境电子商务综合试验区地理空间发展格局。 利用改进的引力模型,本章分析了浙江省现有的 10 个跨境电商综试区的地理空间联系与经济结构特征,以及各个跨境电子商务综合试验区的发展定位,并为划分各地互动格局、优化浙江省内各个跨境电商综试区产业发展布局和实现区域一体化融合提供政策参考建议。

9.1　国内外研究现状

9.1.1　跨境电子商务综试区研究前景可期

跨境电子商务作为一种新型贸易模式,可以提高传统国际贸易的效率,具有很大的发展机遇。 从消费者的视角出发,赵保国等(2017)建立了 B2C 跨境电商平台进口交易额的影响因素模型,并基于系统动力学预测了 B2C 跨境电商进口交易发展趋势。 Han(2019)从消费者购买决策影响因素出发,对跨境进口零售电商经营策略提出了建议。 在上海自贸区建设的背景下,王冠凤(2014)认为应该积极拓展和培育跨境电子商务,并将其作为自由贸易试验区的特色与优势。 郭建芳(2016)和王香怡(2017)分别以杭州综合试验区和广州综合试验区为例,从政策涉及的主题、关注的内容等方面分析了两地跨境电子商务发展现状。 朱贤强(2019)对综试区建设方案进行评价,回顾了政策实施经验和推进策略。 许应楠 (2017)通过对苏州等若干设立跨境电子商务综试区城市的政策进行分析,探讨评估了政府对跨境电子商务企业、人才、产业、平台、监管流程等方面的支持力度。

跨境电商综试区作为我国推进新型国际贸易的试点策略，张夏恒
（2019）从基础、服务、成长 3 个维度系统评价全国前三批共 35 个跨境电子
商务综合试验区的运营绩效，并为其分了级。同时也探索出了不同层级的跨
境电子商务综合试验区运行状态具有显著差异的具体原因。Shao（2016）从
经济角度分析了跨境电商所面临的物流问题。Giuffrida（2017）分析了大中
华地区的跨境物流形势。Hsiao（2017）研究了应用 ICE 方法来推导跨境物
流服务（CBLS）的发展思路。Kim（2018）根据出口物流配送的重要性及其
在 B2C 跨境电子商务中利用程度的提高，导出了最优物流配送方式的评价标
准。张夏恒和张荣刚（2018）构建了基于跨境电商的跨境物流复合协同系
统，为跨境电子商务综试区建设提供基础保障。

9.1.2 在城市间经济联系与辐射研究方面的进展

屈韬（2018）以自由贸易试验区面板数据为实验组，实证检验我国自由贸
易试验区的消费拉动效应对外商直接投资的影响显著为正。他认为，跨境电
商进口对外部资本有显著的市场挤出效应，各地方政府应结合自身在国家战
略中的功能定位，发挥产业资源优势，大力扶持跨境电商出口，这为跨境电商
综试区带动当地产业链发展提供了理论基础。在跨境电子商务快速发展的时
代背景下，许嘉扬（2018）探讨了跨境支付、互联网金融在跨境电子商务生态
圈中的重要作用，以及跨境电子商务金融对行业的新需求，并以杭州跨境电
商综试区为例，提出了如何从跨境支付、供应链金融、电商大数据等方面构建
完善的跨境电子商务金融基础和未来发展机制的对策。在贸易保护主义升温
的全球大背景下，魏悦羚（2019）考察了进口自由化对中国出口增加值率的影
响和作用机制，为支持贸易自由化政策提供了新的经验证据，同时强调了发
展中经济体对发达经济体实施中间品进口自由化对迈向全球价值链高端环节
的重要性。

在城市间经济联系、辐射格局的研究方面，已有学者做了探索（Zheng，
2016）。彭芳梅（2017）通过引力模型将粤港澳大湾区进行了社会网络分
析，发现了其周边城市经济空间联系特点。李陈（2016）构建了类似的引力

模型，测度研究了浙江省某市的中心镇空间联系。这些都为跨境电商综合试验区的建设提供了借鉴。

9.2 引力模型及其改进

9.2.1 对引力模型的介绍

国内外学者在城镇空间相互关系方面做了大量探索（Siewwuttanagul，2016），在研究方法与模型方面等理论和实证研究的热点问题中，目前应用较多较成熟的是引力模型（何胜，2014）。

经济地理学的引力模型是物理学中的万有引力定律基于距离衰减效应在经济学方面的应用实践，如公式 9-1 所示：

$$F_{ij} = \frac{GM_iM_j}{D_{ij}^b} \qquad\qquad (公式\ 9\text{-}1)$$

其中，F_{ij} 为区域 i 与区域 j 之间的吸引力，M_i 和 M_j 分别为两个区域的质量，D_{ij} 为两个区域之间的距离，b 为距离系数，G 为引力系数。

随着当前城市群区域协同发展加快，一体化融合程度不断深化，可以发现城市之间均存在着双向吸引力。这个双向吸引力主要体现在不同城市间的人员往来、商贸互动、经济联系中。由于部分城市拥有某些优势资源和出色条件，城市综合实力存在差异，这使得彼此间的吸引力绝对值呈现以单方向为主。这也充分说明城市间吸引力是不对等的。因此，本章根据城市吸引力不对等的特征，对引力模型进行改进。

9.2.2 对引力模型中城市质量 *M* 和距离 *D* 的改进

现阶段，跨境电子商务综合试验区的物理范围即为所在地城市的行政地理范围。因此，各个跨境电子商务综合试验区的综合实力受所在地城市经济社会发展、财政收入、地区配套设施、生活消费水平等多方面综合实力差异的影响。为反映这些内容，本章参考相关研究成果，从总体发展程度、地区发展程度、经济发展程度、消费水平 4 个维度选取 18 项指标来构建跨境电子商务综合试验区质量综合实力评价体系（见表 9-1）。

基于此，本书采用均方差决策法进行权重分配，用加权求和的方法计算各个跨境电商综试区的综合实力，如公式 9-2 所示：

$$M_i = \sum_k^n W_k \times L_k \qquad \text{（公式 9-2）}$$

公式 9-2 中，M_i 为地区 i 的综合实力值，W_k 和 L_k 分别是地区 i 中组成综合实力的第 k 项指标的权重和指标值。

与此同时，考虑到省域内各城市间距离适中，大多数省内快递包裹通过公路配送。为充分考虑各城市间的交通条件对本模型的影响，本章综合通行距离和通行费用计算并设定物流距离，设置距离摩擦系数为 1，并按公式 9-3 计算各城市间物流距离（见表 9-1）。

$$D_{ij} = T_{ij} P_{ij} \qquad \text{（公式 9-3）}$$

公式 9-3 中，T_{ij}、P_{ij} 分别是城市 i 到 j 的通行距离和通行费用。由于数值过大，为避免质量 M 和距离 D 的除商数计算值过小，通过取对数进行变换计算取值。

表 9-1　改进引力模型中城市质量与距离指标体系

维度	具体指标	单位
总体发展程度	生产总值	亿元
	人均生产总值	元
	年末常住人口	万人
	全社会就业人员年末数	万人
	财政总收入	亿元
经济发展程度	进口总额	亿美元
	出口总额	亿美元
	住户存款年末余额	亿元
	金融机构年末存款余额	万元
	金融机构年末贷款余额	万元

维度	具体指标	单位
地区发展程度	国际互联网用户数	万户
	高等学校人数	人
	R&D经费支出	万元
	境内公路里程	千米
	高速公路里程	千米
消费水平	跨境网络零售出口	亿元
	网络零售	亿元
	社会消费品零售总额	亿元
	国际旅游收入	万美元

资料来源：作者整理。

9.2.3　对引力常量 G 的改进

由于跨境电子商务综合试验区的所在地城市行政级别、人口规模、产业环境等社会经济发展综合情况各不相同，各地跨境电子商务综合试验区对外影响力辐射和被外界影响程度，即引力值和被引值也是互有差异的。

本章结合各类经验综合考虑，利用跨境电子商务综合试验区相互间综合实力的吸引关系，对引力常量 G 的大小进行改进构造，如公式 9-4、公式 9-5 所示：

$$G_{ij} = \frac{M_i}{M_i + M_j} \qquad (公式\ 9\text{-}4)$$

$$G_{ji} = \frac{M_j}{M_j + M_i} \qquad (公式\ 9\text{-}5)$$

其中，G_{ij} 是地区 i 综合实力与地区 i、地区 j 这 2 个地区综合实力总和的比值，代表地区 i 对地区 j 的引力。G_{ji} 是地区 j 综合实力与地区 j、地区 i 这2 个地区综合实力总和的比值，代表地区 j 对地区 i 的引力。G 的值越接近于1，说明该地区 i 对地区 j 的地区吸引力越大；越接近于 0，说明该地区 i 对地区 j 的地区吸引力越小。这种情况说明地区间存在综合实力强弱比，可知 G_{ij} $+G_{ji}=1$。当 G 值接近于 0.5 时，说明两个地区间影响力相对平衡，综合实力相当。

在改进的引力模型下，各地区间综合实力的大小能够充分体现出地区间相互吸引力的不平衡。在此情况下，地区 i 的对外辐射总强度和接受其他地区影响强度也可以通过计算得到，即吸引值和被引值，如公式 9-6、公式 9-7 所示：

$$F_{ij} = G_{ij} \frac{M_i M_j}{D_{ij}^b} \qquad （公式 9-6）$$

$$F_{ji} = G_{ji} \frac{M_i M_j}{D_{ij}^b} \qquad （公式 9-7）$$

$$AT_i = \sum F_{ij} \qquad （公式 9-8）$$

$$AD_i = \sum F_{ji} \qquad （公式 9-9）$$

公式 9-6 中，F_{ij} 为地区 i 对地区 j 的辐射联系强度，可认作是吸引值；公式 9-7 中，F_{ji} 为地区 j 被地区 i 虹吸的联系强度，可认作是被引值。公式 9-8 中，AT_i 为地区 i 对其他所有综试区吸引力强度的总和，表明该地区对外吸纳影响的总体辐射程度；公式 9-9 中，AD_i 则是地区 i 受到其他所有地区虹吸效应强度的总和，表明该地区受其他地区虹吸影响的总体被引程度。

9.3 实证分析

9.3.1 研究区域与数据来源

根据国务院同意设立跨境电子商务综合试验区的批复，自 2015 年以来，浙江分 5 批在杭州、宁波、义乌、温州、绍兴、湖州、嘉兴、衢州、台州、丽水这 10 个城市设立中国跨境电子商务综合试验区，见表 9-2。这些地区基本覆盖浙江省行政区域，自综试区设立以来，跨境电商综合服务能力不断增强，工业和信息化融合发展，配套互联网服务行业水平稳步提升，新型制造产业集群带建设推进加快；省内交通基础设施建设良好，国际级海港、空港、陆港等对外通道齐备，省内高速网络覆盖所有重要城市，物流便捷。

表 9-2　浙江省内各城市跨境电子商务综合试验区列表

所属地区	名称	获批时间	批次
浙江省	中国(杭州)跨境电子商务综合试验区	2015 年 3 月 7 日	第一批
	中国(宁波)跨境电子商务综合试验区	2016 年 1 月 6 日	第二批
	中国(义乌)跨境电子商务综合试验区	2018 年 7 月 24 日	第三批
	中国(温州)跨境电子商务综合试验区	2019 年 12 月 24 日	第四批
	中国(绍兴)跨境电子商务综合试验区		
	中国(湖州)跨境电子商务综合试验区	2020 年 4 月 27 日	第五批
	中国(嘉兴)跨境电子商务综合试验区		
	中国(衢州)跨境电子商务综合试验区		
	中国(台州)跨境电子商务综合试验区		
	中国(丽水)跨境电子商务综合试验区		

资料来源:作者整理。

考虑到跨境电子商务综合试验区的地理范围为所在城市行政区域,在获得批准成立之前,相关城市已经在前期投入大量资源建设,在实证分析中,经济社会数据取最新值。 数据来源于《浙江统计年鉴(2019)》,地区间物流距离通过地图类大数据平台提取获得。

9.3.2　城市综合实力计算过程

在计算过程中,根据评价指标体系收集数据,采用归一化方法对各指标原始数据进行处理以消除量纲影响。 总体发展程度、经济发展程度、地区发展程度、消费水平标准化值分别见表 9-3、表 9-4、表 9-5、表 9-6。 跨境电商综试区综合实力各维度权重分配见表 9-7。

表 9-3　总体发展程度

地区	生产总值	人均生产总值	年末常住人口	年末全社会就业人员数	财政总收入
杭州市	1.000	1.000	1.000	1.000	1.000
宁波市	0.775	0.901	0.811	0.742	0.757

续　表

地区	生产总值	人均生产总值	年末常住人口	年末全社会就业人员数	财政总收入
温州市	0.388	0.019	0.935	0.800	0.225
嘉兴市	0.296	0.526	0.402	0.401	0.225
湖州市	0.120	0.349	0.202	0.162	0.102
绍兴市	0.340	0.578	0.438	0.420	0.199
义乌市	0.000	0.420	0.000	0.000	0.000
衢州市	0.018	0.043	0.106	0.068	0.016
台州市	0.296	0.208	0.568	0.521	0.179
丽水市	0.012	0.000	0.105	0.083	0.017
均值	0.324	0.404	0.457	0.420	0.272
均方差	0.317	0.336	0.344	0.328	0.319

资料来源：作者整理。

表 9-4　经济发展程度

地区	进口总额	出口总额	住户存款年末余额	金融机构年末存款余额	金融机构年末贷款余额
杭州市	0.558	0.549	1.000	1.000	1.000
宁波市	1.000	1.000	0.612	0.443	0.513
温州市	0.062	0.202	0.619	0.256	0.237
嘉兴市	0.260	0.337	0.290	0.156	0.143
湖州市	0.031	0.103	0.108	0.058	0.057
绍兴市	0.057	0.342	0.331	0.160	0.163
义乌市	0.006	0.432	0.041	0.013	0.015
衢州市	0.032	0.001	0.000	0.000	0.009
台州市	0.061	0.246	0.387	0.164	0.158
丽水市	0.000	0.000	0.043	0.002	0.000
均值	0.207	0.321	0.343	0.225	0.230
均方差	0.311	0.283	0.306	0.289	0.295

资料来源：作者整理。

表 9-5 地区发展程度

地区	国际互联网用户数	高等学校在校生人数	R&D 经费支出	境内公路里程	高速公路里程
杭州市	1.000	1.000	1.000	1.000	1.000
宁波市	0.788	0.334	0.582	0.651	0.883
温州市	0.765	0.190	0.211	0.498	0.519
嘉兴市	0.247	0.147	0.277	0.447	0.570
湖州市	0.249	0.044	0.138	0.437	0.437
绍兴市	0.309	0.215	0.253	0.574	0.656
义乌市	0.014	0.000	0.000	0.000	0.000
衢州市	0.004	0.014	0.014	0.459	0.622
台州市	0.372	0.063	0.147	0.766	0.668
丽水市	0.000	0.030	0.013	0.931	0.617
均值	0.375	0.204	0.263	0.576	0.597
均方差	0.340	0.284	0.295	0.271	0.254

资料来源:作者整理。

表 9-6 消费水平

地区	跨境网络零售出口	网络零售	社会消费品零售总额	国际旅游收入
杭州市	0.695	1.000	1.000	1.000
宁波市	0.317	0.299	0.691	0.564
温州市	0.307	0.336	0.529	0.389
嘉兴市	0.044	0.306	0.252	0.388
湖州市	0.000	0.058	0.125	0.566
绍兴市	0.039	0.051	0.265	0.087
义乌市	1.000	0.249	1.000	0.518
衢州市	0.007	0.000	0.010	0.003
台州市	0.050	0.182	0.336	0.081
丽水市	0.017	0.015	0.003	0.000

地区	跨境网络 零售出口	网络零售	社会消费品 零售总额	国际旅游收入
均值	0.248	0.250	0.321	0.360
均方差	0.327	0.278	0.314	0.305

资料来源：作者整理。

表 9-7　各维度权重分配

维度	权重	具体指标	权重
总体发展程度	0.284	生产总值	0.193
		人均生产总值	0.204
		年末常住人口	0.209
		年末全社会就业人员数	0.200
		财政总收入	0.194
经济发展程度	0.256	进口总额	0.210
		出口总额	0.191
		住户存款年末余额	0.206
		金融机构年末存款余额	0.195
		金融机构年末贷款余额	0.199
地区发展程度	0.249	国际互联网用户数	0.235
		高等学校人数	0.197
		R&D 经费支出	0.204
		境内公路里程	0.188
		高速公路里程	0.176
消费水平	0.211	跨境网络零售出口	0.267
		网络零售	0.227
		社会消费品零售总额	0.257
		国际旅游收入	0.249

资料来源：作者整理。

表 9-8 城市物流距离

城市	杭州市	宁波市	温州市	嘉兴市	湖州市	绍兴市	义乌市	衢州市	台州市	丽水市
杭州市										
宁波市	5.056									
温州市	5.717	5.582								
嘉兴市	4.468	5.081	5.914							
湖州市	4.545	5.513	5.967	4.515						
绍兴市	4.048	4.805	5.625	4.666	4.955					
义乌市	4.885	5.252	5.294	5.268	5.386	4.797				
衢州市	5.413	5.778	5.692	5.760	5.709	5.499	4.936			
台州市	5.600	5.175	4.877	5.652	5.872	5.460	5.368	5.739		
丽水市	5.564	5.674	4.872	5.789	5.849	5.453	5.064	5.232	5.368	

资料来源:作者整理。

$$\ln\left(F_{ij}\right) = \ln\left(G_{ij}\frac{M_iM_j}{D_{ij}^b}\right) \qquad \text{(公式 9-10)}$$

根据各城市质量（表 9-9）计算出相互引力值，见表 9-11。考虑到部分指标数值过小会影响后续的计算和数值体现，因此采用取对数的方式，见公式9-10。并将数值加权平移，使得结果在一定区间内线性变换。计算结果见表9-11。根据各地区综合能力，计算出省内各地综合试验区的吸引力、被引力与差值，见表 9-12。

表 9-9 城市质量

城市	总体发展程度	经济发展程度	地区发展程度	消费水平	质量
杭州市	1.000	0.821	1.000	0.919	0.937
宁波市	0.798	0.715	0.648	0.470	0.670
温州市	0.478	0.276	0.445	0.391	0.400
嘉兴市	0.372	0.237	0.328	0.243	0.299
湖州市	0.189	0.071	0.254	0.186	0.174
绍兴市	0.398	0.209	0.390	0.112	0.287

续表

城市	总体发展程度	经济发展程度	地区发展程度	消费水平	质量
义乌市	0.086	0.098	0.003	0.453	0.146
衢州市	0.051	0.009	0.202	0.005	0.068
台州市	0.357	0.203	0.391	0.161	0.285
丽水市	0.044	0.009	0.292	0.009	0.089

资料来源：作者整理。

表 9-10　引力常量 G

城市	杭州市	宁波市	温州市	嘉兴市	湖州市	绍兴市	义乌市	衢州市	台州市	丽水市
杭州市	0.500	0.417	0.299	0.242	0.157	0.234	0.135	0.068	0.233	0.087
宁波市	0.583	0.500	0.374	0.309	0.207	0.300	0.179	0.092	0.298	0.118
温州市	0.701	0.626	0.500	0.428	0.304	0.418	0.267	0.146	0.416	0.183
嘉兴市	0.758	0.691	0.572	0.500	0.368	0.490	0.328	0.186	0.488	0.230
湖州市	0.843	0.793	0.696	0.632	0.500	0.622	0.455	0.281	0.620	0.339
绍兴市	0.766	0.700	0.582	0.510	0.378	0.500	0.337	0.192	0.498	0.238
义乌市	0.865	0.821	0.733	0.672	0.545	0.663	0.500	0.319	0.661	0.380
衢州市	0.932	0.908	0.854	0.814	0.719	0.808	0.681	0.500	0.807	0.567
台州市	0.767	0.702	0.584	0.512	0.380	0.502	0.339	0.193	0.500	0.239
丽水市	0.913	0.882	0.817	0.770	0.661	0.762	0.620	0.433	0.761	0.500

资料来源：作者整理。

表 9-11　浙江省内综合试验区综合能力

城市	杭州市	宁波市	温州市	嘉兴市	湖州市	绍兴市	义乌市	衢州市	台州市	丽水市	被引总值
杭州市	0.000	7.039	6.067	5.813	4.717	5.493	4.507	2.938	5.479	3.583	45.636
宁波市	7.375	0.000	5.979	5.593	4.569	5.578	4.293	2.777	5.490	3.310	44.963
温州市	6.919	6.495	0.000	5.251	4.359	5.235	4.171	2.732	5.365	3.386	43.914
嘉兴市	6.954	6.399	5.540	0.000	4.541	5.291	4.090	2.672	5.087	3.154	43.729
湖州市	6.504	5.915	5.188	5.081	0.000	4.930	3.857	2.557	4.750	2.991	41.774
绍兴市	7.021	6.425	5.566	5.333	4.433	0.000	4.170	2.711	5.101	3.204	43.964

城市	杭州市	宁波市	温州市	嘉兴市	湖州市	绍兴市	义乌市	衢州市	台州市	丽水市	被引总值
义乌市	6.279	5.819	5.180	4.810	4.037	4.848	0.000	2.648	4.724	3.071	41.414
衢州市	5.490	5.063	4.501	4.152	3.496	4.148	3.408	0.000	4.096	2.679	37.033
台州市	6.691	6.345	5.704	5.137	4.260	5.109	4.055	2.667	0.000	3.218	43.185
丽水市	5.713	5.324	4.883	4.362	3.660	4.370	3.559	2.407	4.376	0.000	38.655
吸引总值	58.946	54.825	48.608	45.531	38.072	45.002	36.112	24.109	44.467	28.597	

资料来源:作者整理。

表 9-12　浙江省内综合试验区综合能力的吸引力、被引力与差值

城市	杭州市	宁波市	温州市	嘉兴市	湖州市	绍兴市	义乌市	衢州市	台州市	丽水市
吸引总值	58.946	54.825	48.608	45.531	38.072	45.002	36.112	24.109	44.467	28.597
被引总值	45.636	44.963	43.914	43.729	41.774	43.964	41.414	37.033	43.185	38.655
差值	13.310	9.861	4.694	1.801	−3.702	1.038	−5.302	−12.925	1.282	−10.058
除值	1.292	1.219	1.107	1.041	0.911	1.024	0.872	0.651	1.030	0.740

资料来源:作者整理。

9.3.3　结果分析

对各地跨境电商综试区引力值、被引值的计算,以及对各地社会发展程度、经济格局的比较,能够大致反映现阶段浙江省内各地跨境电商综试区的地理联系、产业分布特征轮廓。

(1)核心地区拥有明显优势。

杭州、宁波跨境电商综试区建设成效明显,优势地位突出,但其余地区发

展不均衡，差距较大。 从表 9-12 结果来看，在地区吸引力上，杭州跨境电商综试区的（58.946）和宁波跨境电商综试区的（54.824）得分排在前两名，占据中心地位，其次是两强周边的温州市、嘉兴市、绍兴市、台州市、湖州市、义乌市所属的跨境电商综试区，最后是衢州市、丽水市所属的跨境电商综试区。 在地理位置上，呈现明显的"以杭州、宁波为核心向外发散分布"的特点。 综试区相互之间的吸引力强度关系次序与各城市综合实力高低显著相关。 由此可见，浙江省内各个跨境电商综试区间的吸引力强度关系与区域经济社会发展水平有很强的逻辑关联。

（2）围绕核心城市存在链接地区。

由于第一批杭州、第二批宁波跨境电商综试区的建设时间长、声誉高，其余地区容易被它们吸引。 而且杭州总吸引值（58.946）大于宁波（54.824）总吸引值，所以一般认为其余地区更容易被杭州跨境电商综试区吸引。 通过绍兴、台州与杭州、宁波之间的关系（绍兴→杭州 5.493，绍兴→宁波 5.578；台州→杭州 5.479，台州→宁波 5.490）可知。 尽管绍兴跨境电商综试区地理位置处于杭州和宁波之间，但在保持与杭州密切联系的同时，其与宁波联系更密切。 同理，尽管杭州总吸引力值最大，但在一定程度上，台州跨境电商综试区与宁波的联系更密切。 可以推测认为这两个跨境电商综合试验区是层级链接地区，即相比于其他地区，是被引值与引力值最大地区，这些地区在一定程度上更容易与其他地区形成多点合作。

（3）其余地区有机会各自提升。

可以发现，除了第一批杭州、第二批宁波跨境电商综试区外，第三批义乌跨境电商综试区对湖州、衢州、丽水有正向吸引力，但对其他地区的吸引力较弱。 义乌→台州 4.055，台州→义乌 4.724，这表明义乌被台州反向吸引。这是因为义乌作为一个县级行政区域，各类指标总量低于其他副省级、地级行政区域。 但这也表明了义乌在同类地区中具有得天独厚的跨境电商优势和无与伦比的数字贸易实力。 第四批温州跨境电商综试区对各地区有正向吸引力，且该吸引力大于各地区相互之间吸引力。 说明温州跨境电商基础良好，有望进一步确立其浙江南部数字贸易区域中心地位。

另外，湖州被绍兴、台州反向吸引（湖州→绍兴 4.433，绍兴→湖州

4.930；湖州→台州 4.260，台州→湖州 4.750）。衢州被丽水、台州反向吸引（衢州→台州 2.667，台州→衢州 4.096；衢州→丽水 2.407，丽水→衢州 2.679），说明湖州、衢州跨境电商基础薄弱，需要依托周边地区逐步培养数字贸易实力。

9.3.4 聚类分析

城市 i 的 AT_i 值和 AD_i 值是本区域内对外吸引强度和被吸引强度的体现，两者的差值在一定程度上能反映城市在所处区域跨境电商发展格局中的地位。一般来说，差值为正时，该城市对外吸引力更强，发展较好，并且正值越大，在该区域中的地位越高，反之亦然。

为更好地反映浙江省内各跨境电商综试区的发展定位，利用 SPSS 软件，将各地区的 AT_i，AD_i，AT_i-AD_i 值分别进行聚类分析，见图 9-1。在全省空间布局方面，有中心型、平衡型、成长型和薄弱型 4 类地区，见表 9-13。利用 QGIS 软件进行可视化操作，将本章所得出的各地跨境电商综试区发展格局进行图示，可知浙江省内各地跨境电商综试区联系呈现"以杭州、宁波为中心向周边地区辐射"的特征，见图 9-2。

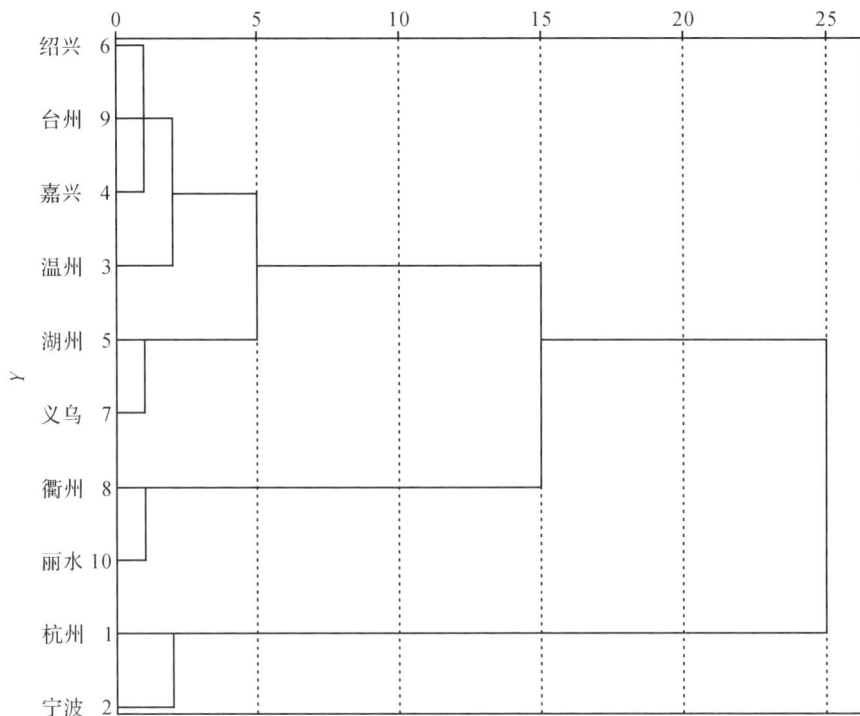

图 9-1　各地综试区聚类分析

资料来源:作者整理。

表 9-13　各地区类型划分

类型	地区
中心型	杭州市、宁波市
平衡型	温州市、嘉兴市、绍兴市、台州市
成长型	湖州市、义乌市
薄弱型	衢州市、丽水市

资料来源:作者整理。

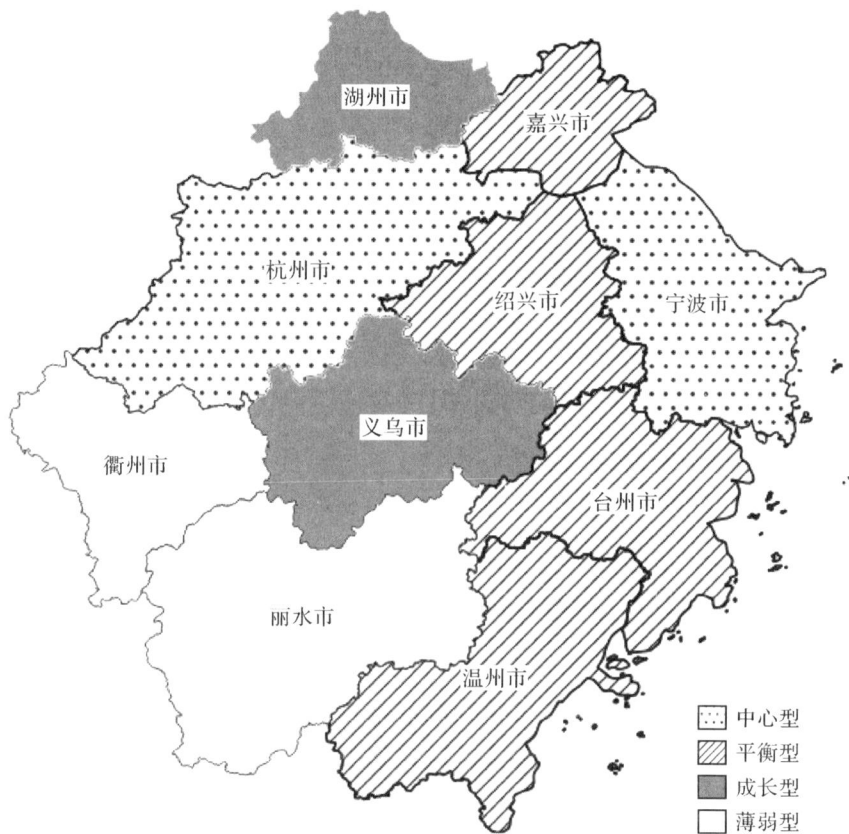

图 9-2　各地综试区类型划分图

资料来源:作者整理。

9.4　政策启示

鉴于跨境电商发展迅速,本书提出如下政策建议。

9.4.1　依托跨境电商产业助力经济增长,促进各地区提高综合实力

各地区发展跨境电商会对贸易和投资发展产生带动作用,建议针对跨境电商小卖家也同样出台减税降费、租金减免等一系列强有力的政策措施,进

一步统筹推进经济社会发展。

在企业逐步复工复产的态势下,有必要全面分析疫情等重大突发公共卫生事件对我国对外贸易和跨境投资等经济方面的具体社会影响。 跨境电商产业链具有小而美的特点,几乎覆盖了各行各业。 因此需要依托中国的市场规模优势、全门类的经济结构和工业体系,利用跨境电商产业,快速恢复经济发展。 这有助于对外贸易和跨境投资等经济指标逐渐恢复到正常发展水平,将经济社会的巨大潜力尽快释放出来。

9.4.2 各地区应当聚焦当地产业潜力,牢牢把握跨境电商经济增长极

目前,各地区综合实力相差较大,杭州、宁波跨境电商综合试验区优势明显,其他部分地区处于发展起步阶段。 为避免各地无序竞争,降低投资风险,应当关注温州、台州和义乌等第三、四批地区的内在动力和发展特色。 跨境电子商务是一个很大的范畴,在整个流程中包含了平台公司、销售公司、技术公司、生产公司、运营公司、服务公司等众多企业,以及其他机构和监管部门。 各地区应当谋篇布局,培育当地跨境电商生态,扶持聚集当地优势产业,合理招商引资,承接发达地区的人才流、资金流、技术流的转移。 在跨境电商产业链和价值链上,各地区应当在设计、研发、生产、制造、推广、流通、售后的完整流程中,聚焦少数几个环节,将其做精做细,壮大跨境电商这一经济新增长点。

9.4.3 基于海港、空港、陆港等实体物流通道,加快建设数字贸易基础设施

跨境电商销售流通企业偏好拥有良好物理交通基础设施的城市。 从生产基地到消费终端便捷的可达性,使得物流距离与数字距离具有同样的重要性。 目前浙江省拥有海港、空港、陆港资源, 例如杭州国际空港、宁波国际空港、温州国际空港、宁波—舟山海港、义乌国际陆港。 在数字贸易时代,贸易主体将有许多小卖家、小客户,货物订单都是碎片化的,从生产起点到配送终点,需要依托大数据、云平台等新兴科技来统筹协调现实物流运输资源。 因此,除了海港、空港、陆港等物理资源,还需要推进建设数字基础设施港以满足海量、高频次的信息交换时效需求。

在国际陆港的中欧班列线路、海港的世界航线、空港覆盖国内外的客货航线网络的基础上，构建数字信息港体系，打通物理阻碍，形成连通全球的数字贸易网络，以促进浙江省内各地跨境电商综试区融合发展、区域互动。

9.4.4 通过制定省级跨境电商区域发展联席会议等制度规避原有城市行政壁垒，协调各地组织机构创新增长动能

各跨境电商综合试验区行政级别不同，资源配置也不同，但在互联网经济的背景下，市场要素、数据资源是浙江省内各跨境电商综合试验区产业生态升级、交通基础设施完善的保证。因此，为保证跨地区的人员交流与经济合作的顺利进行，应当结合各地区跨境电商产业发展的实际状况，设立跨行政区划的区域协调组织机构，在省级层面统筹行政资源投入，统筹安排基础设施建设和规划产业集群布局。避免出现城市行政壁垒导致的各地区投入无效资源、重复浪费等问题。要在省级层面形成一个良好的区域协调产业生态发展环境，积极推进新获批跨境电商综合试验区与跨境电商产业优势发达地区的政策经验共享合作，深化与长三角其他城市群的沟通融合及互动交流，把握新兴贸易方式中的潜在机遇。

9.5 小结

在"新外贸、新零售、新消费"观念的冲击下，商品质量更有保障的跨境电商市场交易规模保持快速增长，我国跨境电子商务综合试验区的数量在短短 5 年间从 1 个增加至 105 个，基本覆盖了我国主要省区市，与自由贸易试验区交叉重叠又各具特色。其中既有贸易、金融、港口城市，又有中西部和东北传统工业制造业、交通节点城市。在政策环境上，跨境电商成为突破传统贸易壁垒的一个有效方式，也是"一带一路"倡议的一个重要组成部分和创新点。无论是在东部发达地区，还是在中西部发展中地区，跨境电商潜力都十分巨大，是各地产业转型升级的重要机遇。

本章在引力模型的基础上做了一定的改进，包括通过建立各个跨境电商

综试区综合实力评价体系，计算出各地区之间的引力值和被引值，分析了浙江省 10 个跨境电商综合试验区的地理空间联系特征和结构，探讨了各城市的空间发展定位，并在此基础上划分城市组团格局，提出优化发展建议，得出了以下几个结论。

第一，根据计算结果可知，浙江省各地跨境电商综合试验区之间引力值不平衡，而这种不平衡特征充分说明有必要对各地区跨境电商产业的布局定位和发展动力做出一定规划，避免省内各地区重复投入。这也反映了省级宏观统筹在各地互补性发展中的需求倾向。

第二，浙江省 10 个跨境电商综合试验区之间质量值、引力值差异较大，各跨境电商综合试验区引力值与成立批次具有一定相关性。呈现出以杭州跨境电商综合试验区、宁波跨境电商综合试验区为核心，向外辐射发展的明显趋势。

第三，通过对各地区物理联系经济结构的聚类分析，将浙江省 10 个跨境电商综合试验区大致划分为中心辐射型、平衡发展型、成长型和薄弱型 4 类地区。4 类地区各自基础差异较大，但相互之间有着密切的联系和互动。

当然本章主要侧重于对现有成果的评论和思考，研究内容和政策建议还存在诸多不足之处，归纳如下：首先，限于文章篇幅，本章仅根据政府公开统计数据选取了有限的指标，其可拓展性需要进一步地展开论述。其次，由于国内外对跨境电子商务综合试验区尚未有很成熟的研究，尚无更好的比较借鉴。再次，在 2020 年新冠疫情后，各地区指标值是否会产生较大变动值得思考。这些内容都需要后续做进一步的研究。

数字贸易跨境电商人才胜任力模型构建设计研究

我国数字贸易行业无论是交易规模还是发展速度都仍在快速增长中，由此可见，我国数字贸易呈现出较好的增长态势，行业的发展空间大，前景良好。 在数字贸易快速发展的同时，我国对数字贸易人才的需求也在不断增加。 但目前我国数字贸易行业正面临着巨大的人才困境，数字贸易的人才问题可以归纳为两个方面。 第一，我国跨境电商行业存在巨大的人才缺口。 根据商务部发布的报告，从 2013 年开始，数字贸易跨境电商行业对人才的需求数量呈不断增长的趋势：2013 年人才需求数量增长约 17%，2014 年需求增长约 28%，2015 年需求增长约 35%，2016 年需求增长约 38%，直至 2018 年，我国数字贸易跨境电商人才缺口已接近 450 万，并仍在以每年 30% 的速度增长。 第二，数字贸易跨境电商行业的现有人才质量普遍不高，无法满足企业的需求。 数字贸易跨境电商企业严重缺乏复合型人才， 而其中数字贸易的就业人员无法高质量地完成数字贸易跨境电商企业的工作任务。 因此，我国数字贸易行业尚存在严重的人才数量不足、质量不高的问题，而这些问题的存在严重制约了我国数字贸易跨境电商的发展。

本研究的目的在于探索数字贸易跨境电商人才所需的核心技能，构建数字贸易跨境电商人才胜任力模型，并针对数字贸易跨境电子商务人才需具备的胜任力形成一定的评价标准。 对数字贸易跨境电商人才的胜任力测度研究的意义主要体现在两个方面：第一，本研究的现实意义是可以为数字贸易跨境电商行业的人才培养和招聘形成具有一定参考价值的评价标准,从而帮助高校了解社会需求,培养高质量的数字贸易跨境电商人才,同时帮助数字贸易跨境电商企业吸纳、培养更多高质量的人才,一定程度上缓解行业当前的人才缺口及质量问题,推动我国数字贸易跨境电商的进一步发展。 第二,从学术角度看,本研究在国内外学者对数字贸易跨境电商人才的相关研究的基础上,进行进一步的总结归纳,丰富有关数字贸易跨境电子商务人才胜任力的理论研究。

10.1 数字贸易跨境电子商务人才胜任力模型构建

10.1.1 数字贸易跨境电商人才胜任力模型的维度构成

本研究总结了胜任力的内涵,梳理、总结了跨境电商人才的需求和培养方向,归纳出了跨境电商人才胜任力的 4 个维度:跨文化胜任力、电子商务胜任力、国际贸易胜任力和综合职业素质。 通过对跨境电商人才相关研究文献的进一步梳理和归纳,将胜任力的 4 个维度进一步划分为 20 个指标。 跨境电商人才胜任力的维度、构成要素如表 10-1 所示。

表 10-1 数字贸易跨境电子商务人才胜任力的构成要素

胜任力维度	构成要素
跨文化胜任力	跨文化语言能力
	文化冲突处理能力
	全球化商务价值观
电子商务胜任力	销售数据分析能力
	跨境网络销售平台使用能力
	网络营销推广能力
	网络运营策划能力

续　表

胜任力维度	构成要素
电子商务胜任力	商情分析能力
	客户在线服务能力
国际贸易胜任力	国际商务谈判能力
	外贸跟单能力
	外贸流程熟悉度
	国际贸易法规熟悉度
	国际物流管理能力
综合职业素质	沟通能力
	自我管理与快速学习能力
	认真负责的工作态度
	创新能力
	良好的心理素质
	团队协作能力

资料来源:黄舒怡整理。

10.1.2　数字贸易跨境电商人才胜任力模型的检验

（1）问卷设计与回收。

本研究通过对文献的梳理、归纳和总结，得出胜任力的维度与构成要素，初步设计了跨境电子商务人才的胜任力调查问卷。调查问卷分为 2 个部分：第一部分是收集调查对象的基本信息，包括 5 个题项；第二部分是跨境电商人才胜任力测量量表，总共包括 20 个题项，涵盖了胜任力的 4 个维度。问卷第二部分采用了李克特的五级量表，要求被调查者从"非常不重要"到"非常重要"5 个等级对胜任力指标进行评价，并以 1—5 分对此进行计分。

本研究主要采用网络调查的方式，对跨境电商及相关行业从业人员、学生等实施问卷调查。共随机发放问卷 300 份，回收 260 份，其中发现 14 份无效问卷，获得有效问卷 246 份，有效问卷回收率为 82％。其中调查对象的基本信息情况如表 10-2 所示。

表 10-2　数字贸易跨境电商人才的基本信息情况统计

调查对象		人数	百分比/%
性别	男	97	39.4
	女	149	60.6
最高学历或在读	大专及以下	22	8.9
	本科	202	82.1
	硕士	22	8.9
	博士	0	0
专业	英语	17	6.9
	国际贸易（商务）	30	12.2
	计算机	23	9.3
	电子商务	42	17.1
	物流	17	6.9
	其他	117	47.6
年龄	小于 25 岁	174	70.7
	25—35 岁	59	24.0
	36—40 岁	11	4.5
	40 岁以上	2	0.8
工作年限	2 年以下	169	68.7
	2—3 年	40	16.3
	4—5 年	19	7.7
	5 年以上	18	7.3

资料来源：黄舒怡整理。

（2）探索性因子分析。

本研究运用 SPSS17.0 软件，对跨境电商人才胜任力的要素量表进行可靠性分析，其结果显示，问卷总体的 Cronbach's α 值为 $0.929 > 0.7$。如表10-3所示，各题项校正的项总计相关性指标都大于 0.35，各维度的 Cronbach's α 值也均大于 0.7，说明本问卷量表的总体和各个维度的测量项目内部一致性信度较好，各维度的测量项目和问卷总体信度较高。

表 10-3　数字贸易跨境电商人才胜任力的各项总计统计量

检验维度	测量项目	校正的项总计相关性	项已删除的Cronbach's α 值	Cronbach's α 值
跨文化胜任力	跨文化语言能力	0.630	0.682	0.777
	文化冲突处理能力	0.620	0.692	
	全球化商务价值观	0.591	0.722	
电子商务胜任力	销售数据分析能力	0.637	0.889	0.823
	跨境网络销售平台使用能力	0.613	0.890	
	网络营销推广能力	0.656	0.888	
	网络运营策划能力	0.604	0.891	
	商情分析能力	0.641	0.889	
	客户在线服务能力	0.543	0.895	
国际贸易胜任力	国际商务谈判能力	0.657	0.888	0.829
	外贸跟单能力	0.652	0.888	
	外贸流程熟悉度	0.688	0.886	
	国际贸易法规熟悉度	0.608	0.891	
	国际物流管理能力	0.643	0.889	
综合职业素质	沟通能力	0.631	0.760	0.806
	自我管理与快速学习能力	0.619	0.762	
	认真负责的工作态度	0.560	0.777	
	创新能力	0.389	0.818	
	良好的心理素质	0.598	0.768	
	团队协作能力	0.612	0.765	

资料来源：黄舒怡整理。

（3）验证性因子分析。

基于上述探索性因子分析的结果，运用 AMOS 软件对样本数据进行验证性因子分析，验证跨境电子商务人才胜任力模型结构维度。跨境电商人才胜任力假设模型的标准化路径如图 10-1 所示，验证性因子分析的拟合参数如表10-4所示。

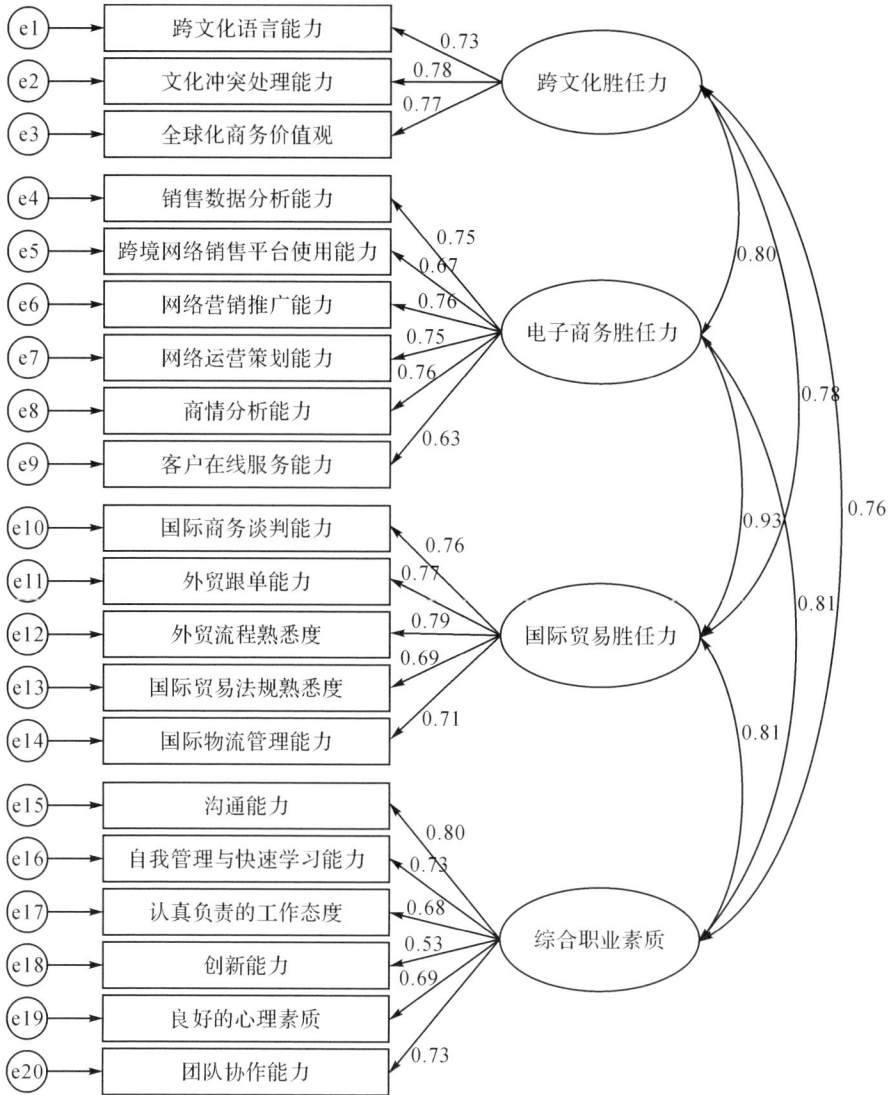

图 10-1 数字贸易跨境电商人才胜任力假设模型标准化路径图

资料来源：黄舒怡整理。

表 10-4 数字贸易跨境电商人才胜任力验证性因子分析模型拟合指数参数值

拟合指数	χ^2/df	GFI	AGFI	PGFI	RMR	RMSEA
结果	1.694	0.887	0.855	0.692	0.042	0.053

资料来源：黄舒怡整理。

由表 10-4 可以看出，卡方自由度之比为 1.694，小于 2，达到了良好的水平；GFI 虽然未超过 0.9，但接近 0.9，AGFI 为 0.855，大于 0.8，说明模型拟合较好；PGFI 达到了 0.692，超过了 0.5，适配良好；RMR 小于 0.1，适配良好；RMSEA 为 0.053，虽然大于 0.05，但仍小于 0.08，说明模型拟合合理。根据以上拟合参数综合分析，胜任力的假设模型和实际数据适配良好，模型的结构效度较高。

跨境电商人才胜任力模型的结构信度和效度分析检验结果如表 10-5 所示，跨文化胜任力、电子商务胜任力、国际贸易胜任力、综合职业素质 4 个潜变量所对应的各个题目的因子荷载均大于 0.5，说明模型潜变量对应的题目很具代表性；组合信度（CR）均大于 0.8，表明本研究设计的调查问卷的内部一致性和整体信度较高。同时，跨文化胜任力、电子商务胜任力、国际贸易胜任力 3 个潜变量的平均解释变异量（AVE）均超过了 0.5，综合职业素质的 AVE 虽然未达到 0.5，但也相当接近 0.5，因此本研究设计的跨境电商人才胜任力调查问卷的聚敛效度理想。综上所述，本研究提出的跨境电商人才胜任力模型是一个接受度较好的模型。

表 10-5　数字贸易跨境电商人才胜任力模型 CR 与 AVE 结果值

路径			因子载荷	CR	AVE
Q6	←	跨文化胜任力	0.730		
Q7	←	跨文化胜任力	0.777	0.8015	0.574
Q8	←	跨文化胜任力	0.765		
Q9	←	电子商务胜任力	0.746		
Q10	←	电子商务胜任力	0.674		
Q11	←	电子商务胜任力	0.759		
Q12	←	电子商务胜任力	0.753	0.8665	0.5208
Q13	←	电子商务胜任力	0.761		
Q14	←	电子商务胜任力	0.626		

续　表

路径			因子载荷	CR	AVE
Q15	←	国际贸易胜任力	0.758		
Q16	←	国际贸易胜任力	0.771		
Q17	←	国际贸易胜任力	0.793	0.8621	0.5562
Q18	←	国际贸易胜任力	0.689		
Q19	←	国际贸易胜任力	0.713		
Q20	←	综合职业素质	0.796		
Q21	←	综合职业素质	0.731		
Q22	←	综合职业素质	0.682	0.8495	0.488
Q23	←	综合职业素质	0.535		
Q24	←	综合职业素质	0.693		
Q25	←	综合职业素质	0.727		

资料来源:黄舒怡整理。

10.2　数字贸易跨境电商人才胜任力评价

10.2.1　胜任力要素评分

本研究采用等额权重下的算术平均法，对跨境电子商务人才胜任力的各要素进行评价，对跨境电商人才胜任力各要素的评分如表 10-6 所示。

表 10-6　数字贸易跨境电商人才胜任力的构成要素评分

维度	构成要素	评分
跨文化胜任力	跨文化语言能力	4.24
	文化冲突处理能力	4.23
	全球化商务价值观	4.16

续　表

维度	构成要素	评分
电子商务胜任力	销售数据分析能力	4.22
	跨境网络销售平台使用能力	4.18
	网络营销推广能力	4.13
	网络运营策划能力	4.18
	商情分析能力	4.29
	客户在线服务能力	4.08
国际贸易胜任力	国际商务谈判能力	4.22
	外贸跟单能力	4.11
	外贸流程熟悉度	4.26
	国际贸易法规熟悉度	4.21
	国际物流管理能力	4.08
综合职业素质	沟通能力	4.45
	自我管理与快速学习能力	4.31
	认真负责的工作态度	4.48
	创新能力	4.05
	良好的心理素质	4.36
	团队协作能力	4.41

资料来源:黄舒怡整理。

根据各要素的评分,将其划分为 5 个等级,评分在 4.45 以上的为优秀,评分为 4.3—4.45 的为良好,评分为 4.15—4.3 的为中等,评分为 4.0—4.15 分的为合格,评分在 4.0 以下的视为不合格。 由表 10-6 可见,除客户在线服务能力、创新能力、国际物流管理能力、外贸跟单能力和网络营销推广能力外,其他要素的评分均大于 4.15,达到了中等水平。 其中认真负责的工作态度的评分最高,达到了优秀的水平;沟通能力、团队协作能力、良好的心理素质和自我管理与快速学习能力的评分也均大于 4.3,达到了良好的水平。

10.2.2 胜任力要素权重确定

为了能在实践应用中，以一种直观的形式将各要素的重要性展现出来，要对模型的各个要素指标的权重进行确定，确定各个要素指标的优先等级。

本研究使用 SPSS17.0 软件，对样本数据进行主成分分析后，计算出各要素在线性组合中的系数，计算得出综合得分模型中的系数，最后确定跨境电子商务人才胜任力的各构成要素的权重，其结果如表 10-7 所示。跨境电商人才胜任力主要分为 4 个维度，4 个维度又分为 20 个要素。在跨文化胜任力维度中，文化冲突处理能力权重最高，为 4.17％；而在电子商务胜任力维度中，客户在线服务能力和商情分析能力所占权重最大，其权重均为 5.13％；在国际贸易胜任力维度中，外贸跟单能力权重最高，其次是国际商务谈判能力，权重都大于 5％；在综合职业素质维度中，沟通能力、良好的心理素质和团队协作能力的权重都不低于 6％，其中良好的心理素质的权重在 20 个构成要素中是最高的，达到 6.58％。

表 10-7 数字贸易跨境电商人才胜任力的构成要素模型中系数及权重结果值

维度	构成要素	综合得分模型中的系数	权重/%
跨文化胜任力	跨文化语言能力	0.0105	3.40
	文化冲突处理能力	0.0314	4.17
	全球化商务价值观	0.0238	4.03
电子商务胜任力	销售数据分析能力	0.0306	4.34
	跨境网络销售平台使用能力	0.0534	4.68
	网络营销推广能力	0.0496	4.73
	网络运营策划能力	0.0561	4.74
	商情分析能力	0.0617	5.13
	客户在线服务能力	0.0741	5.13
国际贸易胜任力	国际商务谈判能力	0.0599	5.27
	外贸跟单能力	0.0655	5.30
	外贸流程熟悉度	0.0414	4.64

维度	构成要素	综合得分模型中的系数	权重/%
国际贸易胜任力	国际贸易法规熟悉度	0.0475	4.62
	国际物流管理能力	0.0452	4.52
综合职业素质	沟通能力	0.0813	6.00
	自我管理与快速学习能力	0.0833	5.87
	认真负责的工作态度	0.0947	5.75
	创新能力	0.0825	4.68
	良好的心理素质	0.1229	6.58
	团队协作能力	0.1146	6.41

资料来源：黄舒怡整理。

10.2.3　胜任力评价

基于以上对跨境电商人才胜任力的各构成要素的评分以及权重数据，运用加权平均方法，计算出各胜任力维度的加权平均评分，如表 10-8 所示。 4 个胜任力维度的加权评分从高到低依次是综合职业素质、跨文化胜任力、电子商务胜任力和国际贸易胜任力。

表 10-8　数字贸易跨境电商人才胜任力维度加权平均评分

维度	跨文化胜任力	电子商务胜任力	国际贸易胜任力	综合职业素质
加权平均评分	4.21	4.18	4.18	4.35

资料来源：黄舒怡整理。

结合要素评分及权重分析，良好的心理素质、团队协作能力和认真负责的工作态度在综合职业素质中相对重要；而在电子商务胜任力中，客户在线服务能力和商情分析能力被认为更加重要；在国际贸易胜任力中，外贸跟单能力和国际商务谈判能力相对比较重要；在跨文化胜任力维度中，最重要的是文化冲突处理能力。 同时，在胜任力的各要素中，跨文化语言能力重要性程度最低，语言能力相对于其他能力，尤其是综合职业素质中的各种能力来说是最容易培养和提高的，因此对其的重视程度较低。 在综合职业素质这一胜任力维度中，创新能力则被认为是最不重要的，创新能力在个体之间的差异性很大，要求较高但又不是跨境电商人才所必需的能力，因此评分和权重都比较低。

以上分析结果说明，衡量跨境电商人才能否胜任工作的指标，重要的不仅有在学校中相对比较容易培养的各种知识与技能，还有难以培养和提高的综合职业素质，这类能力大多是从经验中得来的。因此，高质量的跨境电商专业人才应该具备知识、技能、个人职业素养等多方面的综合能力，应该是具备多方面能力的复合型人才。

10.3　实证分析

10.3.1　相关性分析

运用 SPSS17.0 软件，通过对跨境电子商务人才胜任力的 4 个维度进行相关性分析。从表 10-9 中可以看出，跨文化胜任力、电子商务胜任力、国际商务胜任力和综合职业素质 4 个胜任力维度分别在 0.01 的水平上显著相关。同时，胜任力的各个维度的相关系数均在 0.6 到 0.8 之间，说明各维度之间具有中等强度的相关性。对 20 个胜任力要素进行相关性分析，结果如表 10-10 所示，20 个胜任力要素之间分别在 0.01 的水平上显著相关。由此可见，跨境电商人才胜任力的 4 个维度及其要素并不是完全独立的，它们之间存在一定的相关关系，共同影响了跨境电子商务人才的胜任力。

表 10-9　数字贸易跨境电子商务人才胜任力维度之间的相关关系

	跨文化胜任力	电子商务胜任力	国际贸易胜任力	综合职业素质
跨文化胜任力	1			
电子商务胜任力	0.634**	1		
国际贸易胜任力	0.626**	0.775**	1	
综合职业素质	0.605**	0.663**	0.658**	1

资料来源：黄舒怡整理。

＊＊表示在 5% 的水平下检验通过。

表 10-10 数字贸易跨境电商人才胜任力要素之间的相关性分析

	K11	K12	K13	K21	K22	K23	K24	K25	K26	K31	K32	K33	K34	K35	K41	K42	K43	K44	K45	K46
K11	1																			
K12	0.568**	1																		
K13	0.530**	0.518**	1																	
K21	0.498**	0.419**	0.507**	1																
K22	0.352**	0.356**	0.337**	0.470**	1															
K23	0.362**	0.397**	0.400**	0.483**	0.505**	1														
K24	0.311**	0.357**	0.407**	0.442**	0.479**	0.566**	1													
K25	0.317**	0.487**	0.394**	0.416**	0.416**	0.454**	0.390**	1												
K26	0.322**	0.322**	0.371**	0.326**	0.371**	0.421**	0.366**	0.466**	1											
K31	0.415**	0.412**	0.461**	0.522**	0.415**	0.462**	0.375**	0.557**	0.408**	1										
K32	0.336**	0.361**	0.463**	0.415**	0.422**	0.399**	0.533**	0.401**	0.441**	0.517**	1									
K33	0.390**	0.399**	0.454**	0.554**	0.486**	0.464**	0.348**	0.491**	0.416**	0.448**	0.530**	1								
K34	0.373**	0.374**	0.444**	0.408**	0.387**	0.427**	0.394**	0.471**	0.333**	0.435**	0.451**	0.563**	1							
K35	0.352**	0.379**	0.401**	0.474**	0.407**	0.451**	0.408**	0.465**	0.354**	0.506**	0.491**	0.534**	0.459**	1						
K41	0.484**	0.418**	0.470**	0.506**	0.386**	0.477**	0.427**	0.358**	0.403**	0.499**	0.499**	0.445**	0.446**	0.382**	1					
K42	0.400**	0.461**	0.420**	0.462**	0.394**	0.346**	0.402**	0.422**	0.332**	0.480**	0.442**	0.404**	0.403**	0.368**	0.564**	1				
K43	0.363**	0.411**	0.354**	0.331**	0.295**	0.326**	0.251**	0.393**	0.342**	0.371**	0.343**	0.313**	0.343**	0.204**	0.476**	0.485**	1			
K44	0.195**	0.271**	0.376**	0.250**	0.203**	0.263**	0.274**	0.260**	0.256**	0.351**	0.270**	0.184**	0.191**	0.373**	0.285**	0.331**	0.176**	1		
K45	0.297**	0.321**	0.289**	0.302**	0.361**	0.368**	0.297**	0.344**	0.399**	0.360**	0.324**	0.348**	0.358**	0.279**	0.446**	0.411**	0.523**	0.312**	1	
K46	0.303**	0.359**	0.273**	0.381**	0.343**	0.270**	0.356**	0.374**	0.301**	0.352**	0.403**	0.385**	0.363**	0.373**	0.502**	0.443**	0.405**	0.372**	0.485**	1

资料来源：黄舒怡整理。

10.3.2 回归性分析

(1)跨文化胜任力要素对跨境电商人才胜任力的回归分析。

将跨境电商胜任力作为因变量，跨文化胜任力要素作为自变量并代入回归方程，结果如表 10-11 所示。将跨文化胜任力的 3 个要素作为自变量，共解释了 62.1%的变异，模型的拟合程度较好。跨文化语言能力、文化冲突处理能力和全球化商务价值观的显著性水平均小于 0.01，说明这 3 个胜任力要素对跨境电商人才胜任力都具有显著性影响。跨文化语言能力、文化冲突处理能力和全球化商务价值观的标准系数分别为 0.234,0.324 和 0.390，说明跨文化胜任力维度中，全球化商务价值观对跨境电商人才胜任力的影响最大。

表 10-11　跨文化胜任力要素对数字贸易跨境电商人才胜任力的回归分析

要素	非标准化系数		标准系数	t	Sig.	
	B	标准误差	试用版			R=0.791
（常量）	33.073	2.629	—	12.579	0	R²=0.626
跨文化语言能力	3.197	0.692	0.234	4.619	0	调整后的 R²=0.621
文化冲突处理能力	4.004	0.622	0.324	6.441	0	F=134.808
全球化商务价值观	5.066	0.634	0.390	7.989	0	

资料来源：黄舒怡整理。

(2)电子商务胜任力要素对跨境电商人才胜任力的回归分析。

把电子商务胜任力维度的 6 个要素代入回归方程，其结果如表 10-12 所示。将跨境电子商务人才胜任力作为因变量，将电子商务胜任力的 6 个要素指标作为自变量，共解释了 82.8%的变异，模型的拟合程度较好。6 个要素的显著性水平均小于 0.01，说明电子商务胜任力的 6 个胜任力要素均能显著影响跨境电商人才胜任力。其中，销售数据分析能力的标准系数为 0.309，对跨境电商人才胜任力的影响最大。商情分析能力的标准化系数为 0.254，也能显著提高跨境电商人才的胜任力。

表 10-12　电子商务胜任力要素对数字贸易跨境电商人才胜任力的回归分析

要素	非标准化系数		标准系数	t	Sig.	
	B	标准误差	试用版			
（常量）	16.988	2.002	—	8.487	0	R＝0.912 R²＝0.832 调整后的 R²＝0.828 F＝196.885
销售数据分析能力	3.855	0.408	0.309	9.440	0	
跨境网络销售平台使用能力	2.009	0.425	0.159	4.730	0	
网络营销推广能力	1.963	0.471	0.150	4.168	0	
网络运营策划能力	2.222	0.440	0.172	5.045	0	
商情分析能力	3.522	0.455	0.254	7.740	0	
客户在线服务能力	2.575	0.395	0.206	6.524	0	

资料来源:黄舒怡整理。

（3）国际贸易胜任力要素对跨境电商人才胜任力的回归分析。

把跨境电商胜任力作为因变量,国际贸易胜任力的 5 个胜任力要素作为自变量代入回归方程,结果如表 10-13 所示。 国际贸易胜任力的 5 个要素作为自变量,共解释了 80.2％的变异,模型的拟合程度较好。 5 个要素的显著性水平均小于 0.01,说明这 5 个胜任力要素对跨境电商人才胜任力都具有显著性影响。 其中,国际商务谈判能力的标准系数最高,达到了 0.319,说明在国际贸易胜任力维度中,国际商务谈判能力对跨境电商人才胜任力的影响最大。

表 10-13　国际贸易胜任力要素对数字贸易跨境电商人才胜任力的回归分析

要素	非标准化系数		标准系数	t	Sig.	
	B	标准误差	试用版			
（常量）	23.751	1.957	—	12.139	0	R＝0.898 R²＝0.806 调整后的 R²＝0.802 F＝199.832
国际商务谈判能力	3.850	0.434	0.319	8.874	0	
外贸跟单能力	2.956	0.482	0.226	6.135	0	
外贸流程熟悉度	2.926	0.503	0.225	5.817	0	
国际贸易法规熟悉度	2.593	0.435	0.215	5.956	0	
国际物流管理能力	2.240	0.467	0.177	4.798	0	

资料来源:黄舒怡整理。

（4）综合职业素质要素对跨境电商人才胜任力的回归分析。

把跨境电商胜任力作为因变量，综合职业素质的 6 个胜任力要素作为自变量代入回归方程，结果如表 10-14 所示。 综合职业素质的 6 个要素作为自变量，共解释了 74.0％的变异，模型的拟合程度较好。 6 个要素的显著性水平均小于或等于 0.001，说明这 6 个胜任力要素对跨境电商人才胜任力均具有显著性影响。 沟通能力和自我管理与快速学习能力的标准化系数分别为 0.328 和 0.251，说明沟通能力和自我管理与快速学习能力 2 个要素对跨境电商人才胜任力的影响较大。

表 10-14 综合职业素质要素对数字贸易跨境电商人才胜任力的回归分析

要素	非标准化系数		标准系数	t	Sig.	
	B	标准误差	试用版			
（常量）	14.127	2.778	—	5.084	0	R＝0.864
沟通能力	4.510	0.595	0.328	7.580	0	R²＝0.747
自我管理与快速学习能力	3.350	0.569	0.251	5.883	0	调整后的 R²＝0.740
认真负责的工作态度	2.039	0.614	0.139	3.320	0.001	F＝117.433
创新能力	2.220	0.451	0.178	4.921	0	
良好的心理素质	2.090	0.601	0.145	3.480	0.001	
团队协作能力	1.988	0.581	0.142	3.420	0.001	

资料来源：黄舒怡整理。

（5）实证分析得到的结论。

通过对问卷收集的样本数据进行实证分析，得到以下结论：

跨境电子商务人才胜任力可分为跨文化胜任力、电子商务胜任力、国际贸易胜任力和综合职业素质 4 个维度。 4 个胜任力维度之间存在一定相关性，构成 4 个胜任力维度的 20 个胜任力要素之间也存在一定的相关性，它们共同组成并影响跨境电商人才胜任力。

经过回归分析，结果显示 20 个胜任力要素对跨境电商胜任力都有显著性的影响，说明模型拟合良好，模型较为合理。 但是不同的胜任力要素对跨境电商人才胜任力的影响程度不同。 在跨文化胜任力维度中，文化冲突处理能力和全球商务价值观对跨境电商人才胜任力的影响较大；电子商务胜任力维度中，销售数据分析能力和商情分析能力对跨境电商人才胜任力的影响较大；国际贸易胜任力维度中的国际商务谈判能力以及综合职业素质中的沟通能力和自我管理与快速学习能力对跨境电商人才胜任力的影响较大。

10.4　小结

随着数字贸易跨境电子商务行业的快速发展，数字贸易跨境电商人才缺乏成为制约我国数字贸易跨境电商发展的重要因素，因此，明确数字贸易跨境电商人才胜任力要素，建立数字贸易跨境电商人才培养、选拔标准，成为目前数字贸易跨境电商行业迫切需要解决的问题。 本章初步构建了跨境电子商务人才胜任力模型，采用问卷调查的方法进行实证研究，通过 SPSS 软件和 AMOS 软件对胜任力模型进行信度和效度的检验，最终确定了数字贸易跨境电子商务人才胜任力模型的 4 个维度：跨文化胜任力、电子商务胜任力、国际贸易胜任力和综合职业素质。 这 4 个维度包含了跨文化语言能力、文化冲突处理能力等 20 个特征要素。

本章在对数字贸易胜任力模型的信度和效度进行检验后，根据对这 20 个胜任力要素的评分，将胜任力要素划分为不合格、合格、中等、良好、优秀 5 个等级，并确定各胜任力要素的权重，计算出 4 个胜任力维度的加权评分，对胜任力维度及其要素做出了评价，增强了本研究模型的实用性。

在此基础上，本章通过对样本数据的相关性分析和回归分析以进一步对数字贸易跨境电商人才胜任力模型进行实证分析。 实证分析结果显示，胜任力维度与胜任力要素之间存在显著的相关性，即 20 个胜任力要素均能显著影响跨境电商人才胜任力，并总结了不同胜任力要素的不同影响程度。

本章建立的数字贸易跨境电商人才胜任力模型能为高校和企业培养和选拔数字贸易跨境电商人才提供一点借鉴意义。 高校或企业可以基于此胜任力模型，结合自身情况，建立一定的数字贸易跨境电商人才培养方案和选拔标准，帮助缓解当前数字贸易跨境电商行业高质量专业人才匮乏的问题。

数字贸易下直播电商网红经济发展分析

11.1 直播电商网红经济的生成背景

11.1.1 直播电商经济意义重大

（1）各级领导高度重视直播电商经济。

直播电商经济，尤其是在发生重大突发公共事件时，在推动商贸流通，促进市场平稳运行、释放巨大消费潜力、保持社会经济健康发展方面具有十分重要的意义。中央各级领导、部门对此高度重视，具体表述见表11-1。

（2）直播电商在扶贫助农方面发挥显著作用。

"直播电商＋扶贫助农"这种新模式充分利用电商直播过程中实时互动、全方位展示、大流量关注等特点，为贫困地区的优质农特产品探索出一个线上销售的展示平台。基于网红自带的用户群体，进行精准市场定位，为贫困地区农户们的优质农产品打造品牌，开拓渠道，培育品牌认知度，打开了新的销售思路，带动贫困地区增产增收。尤其是疫情期间央视主播与网红主播合作，为各地产品打开销路，这种网红带货模式得到主流媒体认可。

表 11-1　权威观点

序号	来源	观点
1	习近平总书记	（直播）电商不仅可以帮助群众脱贫，而且还能助推乡村振兴，大有可为。①
2	国务院	更加注重发挥线上经济、平台经济等新业态作用，促进线上线下融合，畅通商品流通，活跃消费市场。②
3	商务部	疫情期间，电子商务确实发挥了独特而重要的作用，对于保持经济社会平稳健康发展具有十分重要的意义。③
4	浙江省商务厅	"直播＋电商"作为一种线上新型消费方式应势而上，激活消费一池春水，为各个产业实现经济转型升级按下"加速键"，成为提振经济动能的利器。④

资料来源：作者整理。

（3）跨境直播电商提升了中国文化的输出价值。

跨境直播电商网红作品内容主要围绕中国文化元素，以中华传统文化为主，并在视频中展示很多传统美食、手艺，主播通过跨境直播电商销售其视频里出现过的食物等，以文化促进电商，以电商反哺文化，跨境直播电商成为中国工匠品质、中国文化输出的使者，被央视等主流媒体点赞。

（4）杭州直播电商在抗疫过程中社会效益明显。

新冠肺炎疫情在全国蔓延之际，淘宝直播核心 MCN 机构集淘积极参与爱心主播联盟公益行动，发挥带头作用，第一时间响应社会抗疫的号召。平台通过发声，呼吁全社会共同努力支持一线地区。集淘旗下多名主播带动自己平台的粉丝紧急筹集医疗物资，也通过平台宣传防护方法，为疫情抗击工作贡献力量。疫情期间向社会传递正能量，体现了杭州直播电商企业的社会责任感。

---

① http://cpc.people.com.cn/n1/2020/0507/c64094-31698926.html。

② http://www.mofcom.gov.cn/article/aeldhd202003/20200302945006.shtml。

③ http://www.mofcom.gov.cn/xwfbh/20200425.shtml。

④ http://www.zcom.gov.cn/art/2020/5/8/art_1384591_42863586.html。

11.1.2　杭州直播电商网红经济发展历程

作为中国电子商务的发源地和全国数字经济第一城,杭州的网红经济近年在各项市场要素支持下迎来爆发式增长。 杭州网红经济发展脉络见图 11-1。

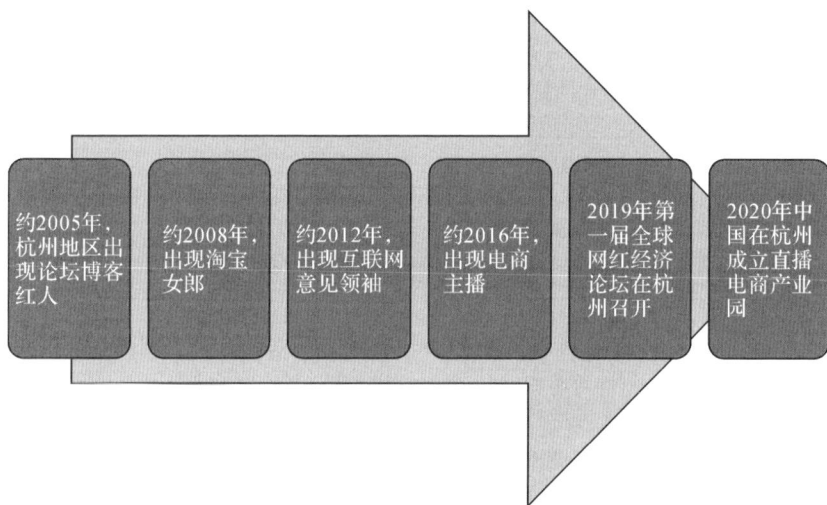

约2005年,杭州地区出现论坛博客红人

约2008年,出现淘宝女郎

约2012年,出现互联网意见领袖

约2016年,出现电商主播

2019年第一届全球网红经济论坛在杭州召开

2020年中国在杭州成立直播电商产业园

图 11-1　杭州网红经济发展脉络图

资料来源:作者整理。

1.0 阶段:2003—2012 年的孕育期。 2003 年 5 月 10 日,淘宝网成立,第一代网红为电商产品的平面模特,后演化为"淘女郎"。 淘女郎是淘宝 2010 年的一个重点项目,于 2010 年 3 月 23 日正式上线。

2.0 阶段:2013—2015 年的萌芽期。 2013 年 4 月 29 日阿里入股新浪微博,为网红带货提供了土壤。 2014 年 7 月网红张大奕与冯敏合开了一家女装淘宝店,同年,如涵控股签下张大奕。

3.0 阶段:2015—2017 年的成长期。 2015 年,直播在国内突然兴起,并呈现爆发式发展态势。 2016 年,淘宝直播上线。

4.0 阶段:2018 年至今的爆发期。 2018 年,淘宝直播登上手机淘宝第一屏,DAU 迅速突破千万。 2019 年 4 月 4 日,杭州如涵控股股份有限公司(下称如涵控股)正式赴美上市。 2020 年 2 月份,单月淘宝直播新增加 100 万商家,新开播商家环比增长 719%,用户环比增长 153%,并带动平台成交额同

比翻倍，每周订单量环比增速超 20％。 2020 年 3 月 30 日，淘宝直播宣布，
2020 年，要打造 10 万个月收入过万元的主播，100 个年销售额过亿元的 MCN
机构。 2020 年 4 月，阿里巴巴发布春雷计划，打造数字产业带，提出在全国
产业带聚集省，每省打造 100 个淘宝直播产业基地。

表 11-2   2019 年部分进入电商 TOP100 榜单企业

排名	城市	2019 年电商 TOP100 榜单企业	企业数量	企业 GMV 总量/亿元
1	杭州	阿里巴巴、网易电商、微拍堂、云集、蘑菇街、贝贝网 /贝店、海拍客、斑马会员、执御、Club Factory、宋小菜、年糕妈妈、好衣裤、东家、环球黑卡	15	61490
2	北京	京东、转转、美菜网、快手电商、今日头条电商、当当网、易久批、什么值得买、每日优鲜、小米有品、寺库、趣店、聚美优品、酒仙网、本来生活、华采找鱼、大 V 店、蜜芽、达令家、必要、楚楚街、同城帮、一件直播、迷橙、画卷商城、有好东西、宝宝树、款多多、易点租、衣二三	30	18884
3	上海	拼多多、小红书、返利网、洋码头、爱回收、毒、爱库存、食务链、天天果园、淘集集、波奇网、花＋、易果生鲜、一条生活馆、叮咚买菜、萌推、店达商城、野兽派、妙生活	19	5286
4	南京	苏宁易购、汇通达、孩子王、SHEIN、YOHO! BUY 有货	5	2661
5	广州	唯品会、花生日记、钱大妈、1 药网、对庄、洋葱海外、礼物说、Fordeal、量品	9	1540
6	深圳	环球易购、百果园、行云全球汇、乐信、Aukey、patpat、兰亭集势、找靓机、Kilimall、人人优品、回收宝、SEE 小电铺	12	483
7	成都	1919	1	60
8	武汉	卷皮网、食享会、大件会	3	43
9	宁波	海上鲜	1	35
10	长沙	兴盛优选、考拉优选	2	12

数据来源:海豚智库 2018 年 GMV 统计,"企业数量"为进入 TOP100 排行榜的企业数量。

总体来看，杭州网红经济源自电商，又反哺于电商，见图 11-1 和表11-2。
现阶段的网红经济已经发展为产业链，在资本的推动下，知名网红只是一个
符号，背后有完整的产业链资源与专业的运营团队在运作。

11.2 直播电商网红经济的现状分析

11.2.1 一线城市直播电商概况:各有特色

由表 11-3 可知,一线城市直播电商各有特色。

表 11-3 一线城市直播电商特色

序号	城市	特色
1	北京	直播平台聚集优势:拥有抖音、快手、西瓜等众多短视频公司
2	上海	服务业资源配套完整:拥有直播电商衍生行业,包含网红经纪、法律、文创、媒体制作、风投等一系列支撑资源
3	广州	政策扶持效应明显:政府发布《广州市直播电商发展行动方案(2020—2022 年)》
4	深圳	产业聚集作用:拥有一批网红经济总部、网红创业投资基金

资料来源:作者整理。

11.2.2 杭州直播电商网红经济产业链要素一览

杭州直播电商网红经济产业链中各个要素主要围绕着直播平台、网红本身展开。 上游有网红孵化基地、网红经纪机构、电商服务平台,中游有短视频 APP、直播平台、网红个人,下游有生产制造企业、品牌商。 见图 11-2。

网红孵化基地、网红经纪机构、电商服务平台　→　短视频APP、直播平台、网红个人　→　生产制造企业、品牌商

图 11-2 直播电商网红经济产业链要素

资料来源:作者整理。

杭州的 MCN 机构如遥望网络、谦寻、微念科技等受益于上下游红利,迎来爆发增长期。 MCN 是重要桥梁,优质 KOL 是稀缺资源。 2019 年中国

MCN 市场规模迅速突破 100 亿元，MCN 数量超过 6500 家。 MCN 的核心价值在于帮助 KOL 持续输出优质内容和实现稳定商业变现。 MCN 核心竞争力体现在 3 个方面：内容运营能力；商单拓展及供应链能力；全平台、多商务模式的布局能力。

淘宝直播成立 3 年，2018 年成交额已过千亿元，2021 年目标 GMV 达到 5000 亿元；MCN 行业集聚效应明显，头部 MCN 占据 70% 以上的市场份额，如涵、遥望网络等代表企业 2019 年获得高增长；头部网红变现渠道多样，直播带货可以加速变现。

网红经济助力新品牌崛起，流量和营销方式变化有望为国货再度创造发展机遇，内容营销对美妆品牌的重要性日益增强，具备较强内容营销能力的代运营企业和品牌公司竞争优势将逐步凸显，如壹网壹创、百草味、花西子、ABM 单创等。 杭州网红经济概况见表 11-4。

表 11-4　杭州淘宝平台网红经济调查汇总表

指标	数据	核心代表	说明
网红人数	402 人	李子柒、薇娅、陈洁 Kiki、张大奕、烈儿宝贝、雪梨等	粉丝数在 10 万以上
直播平台	13 个	淘宝直播、蘑菇街、云集、贝贝、有赞、KK 直播、情咖 FM 等	注册地在杭州或者在杭设有分支机构
网红园区	16 个	东方电子商务园、滨江阿里中心、新加坡科技园、新禾联创、四季青网红孵化基地	网红聚集地、MCN 机构办公地
MCN 机构	36 家	谦寻、如涵、微念科技、遥望网络、蚊子会、纳斯机构、好易购、微辣文化等	——
网红打卡地	85 处	西湖湖上直播间、解百网红直播打卡地、杭州来福士下沉式广场、杭州柏悦酒店悦厅、城市阳台、中国美院象山校区等	——

资料来源：杭州跨境电商协会整理，为不完全统计。

（1）杭州网红经济主要板块。

网红经济生产链条逐渐明晰，变现图谱日益完善，产业各方分工明确，使得行业价值得到充分挖掘，用户需求得到更充分的满足，行业发展在合作中进一步成熟。

MCN成为网红经济的商业枢纽,发展极为迅猛;MCN促进了网红内容生产体系升级,有利于打造具有规模效应的内容生态。平台方寻求变现方式进一步转变,拥抱内容,电商网红备受关注,网红经济迎来投资热,投资机构分食产业链各环节。

(2)杭州直播电商网红经济发展走势。

杭州直播电商网红经济起源于电商经济。淘宝网推动多元化网红直播生态的演进,从线上到线下,又从线下到线上,重新定义供销买、人货场新链路——电商商家、网红机构、直播基地、产业集中带、专业市场、新零售门店;除了阿里平台以及大数据的支持,完善的商业化机制保障了多元多样化的生态体系,淘宝为所有的生态伙伴提供了非常有效的赋能工具,同生态伙伴一起"管、培、造"。见图11-3、图11-4。

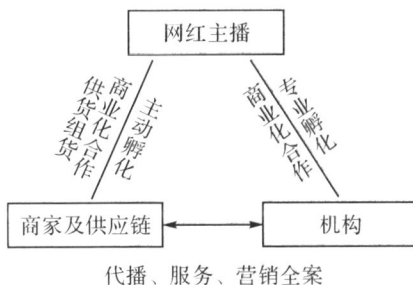

图 11-3　杭州直播电商网红经济生态链构成

资料来源:淘宝直播,招商证券,杭州跨境电商协会整理。

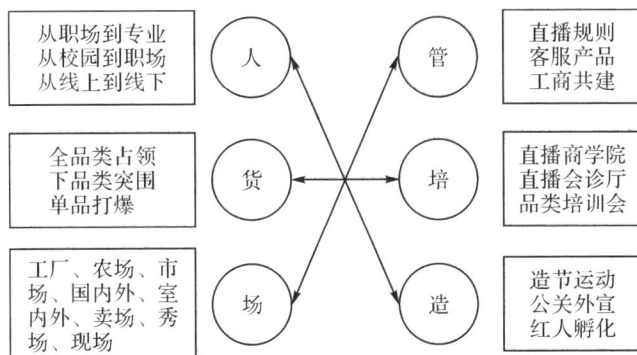

图 11-4　杭州网红生态:从"人货场"到"管培造"

资料来源:淘宝直播,招商证券,杭州跨境电商协会整理。

11.2.3 杭州直播电商环境下网红经济生态概况:复合健康

从文化生态学视角来看,网红经济的生态系统与生物生态系统类似,是一个动态、开放、多元、可持续的产业循环系统。 在这个生态系统中,网红经济的四大主体——引导者(网红经纪公司)、生产者(网红群体)、传递者(网红平台)及消费者(粉丝群体)相互协调适应、传递沟通,共同维护网红经济的健康、平衡、可持续发展,如图 11-5。

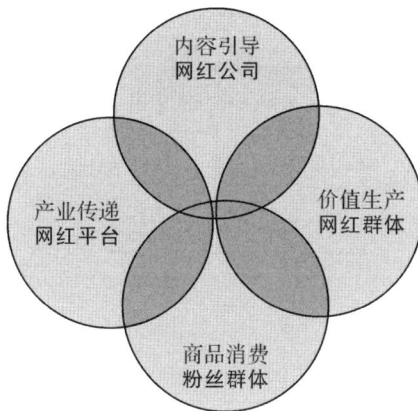

图 11-5 网红经济生态参与者

资料来源:杭州跨境电商协会根据公开信息整理。

(1)经济稳步增长提供基础。

2019 年,杭州地区经济运行总体平稳,发展质量稳步提升,全年地区生产总值 15373 亿元,比上年增长 13.8%。 数字经济持续增长,数字经济核心产业增加值 3795 亿元,为杭州网红经济发展提供了良好的经济环境。

2019 年,杭州地区第一产业增加值 326 亿元,第二产业增加值 4875 亿元,第三产业增加值 10172 亿元,分别增长 1.9%、5.0%和 8.0%。 2015—2019 年杭州地区生产总值情况见图 11-6。

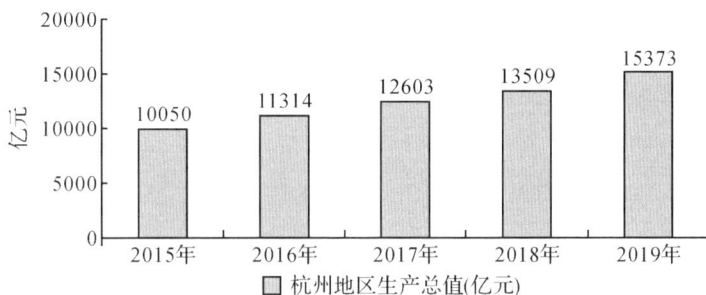

图 11-6　2015—2019 年杭州地区生产总值

资料来源:2018 年、2019 年杭州市国民经济和社会发展统计公报,杭州跨境电商协会整理。

2019 年,杭州数字经济核心产业增加值 3795 亿元,增长 15.1%,高于全市生产总值增速 1.3 个百分点,占全市生产总值的 24.7%。 数字内容、软件与信息服务和电子商务分别增长 16.3%、15.7% 和 14.6%。

全年民营经济增加值 9378 亿元,占全市生产总值的 61.0%,比上年提高 0.5 个百分点。 年末,全市私营企业 63.2 万户,比上年末增长 14.0%;个体工商户 61.0 万户,增长 19.6%。

（2）居民收入提高促进消费。

2019 年,杭州市居民人均可支配收入 59261 元,增长 9.0%,扣除价格因素,实际增长 5.7%。 居民人均消费支出 40016 元,增长 7.1 %。 主要指标见表 11-5。

表 11-5　2019 年杭州市城乡居民人均收支主要指标

指标	全体居民		城镇居民		农村居民	
	绝对数/元	增速/%	绝对数/元	增速/%	绝对数/元	增速/%
人均可支配收入	59261	9.0	66068	8.0	36255	9.2
（一）工资性收入	34136	8.9	37845	7.9	21601	9.1
（二）经营性收入	6584	8.2	5849	10.4	9067	6.4
（三）财产净收入	8111	12.6	10045	10.6	1574	14.1
（四）转移净收入	10430	7.4	12329	5.3	4013	14.8
人均消费支出	40016	7.1	44076	5.9	26296	8.6

资料来源:2019 年杭州市国民经济和社会发展统计公报,杭州跨境电商协会整理。

（3）人口庞大，存在潜在需求。

网红经济最根本的要素就是粉丝数量，因此，在一定程度上，人口是影响网红经济发展的因素。 2019 年末，杭州全市常住人口 1036.0 万，比上年末增加 55.4 万，其中城镇人口 813.3 万，占常住人口的 78.5%，比上年末提高 1.1 个百分点。 庞大的人口数量为杭州市网红经济行业带来巨大的发展基础。

（4）国内 5G 技术商用加速提供技术支持。

2019 年 6 月 6 日，工信部向中国电信、中国移动、中国联通、中国广电发放 5G 商用牌照，这意味着中国正式进入 5G 商用元年。 而杭州作为 5G 产业高地，几大运营商已做好了充分准备。 2018 年杭州建成 513 个 5G 基站，建成国内首个覆盖 100 平方千米的 5G 试验网。 这些年来，杭州因数字经济而兴，因数字经济而荣，数字经济已成为助力杭州创新的关键，促进城市转型发展的动力。 信息技术的发展给网红经济提供了技术基础，能进一步推动网红经济产业发展。

（5）网络普及率进一步扩大。

浙江省网民规模和互联网普及率都高于全国平均水平。 2015 年，浙江省网民规模达到 3596 万人，手机网民规模达到 3337.1 万，总规模同比增长 4%，互联网普及率为 65.3%，高出全国平均水平 15%。 在全国各省区市排名中，浙江省网民规模和互联网普及率分别位居第六和第五。 省内，杭州市网民数居各市之首，达到 732.3 万。 从网络普及率来看，杭州市同样最高，达到 81.2%。

截至 2018 年底，浙江省网民规模达 4543.7 万，比 2017 年增加约 587.7 万，互联网普及率为 79.2%，比全国互联网普及率高 19.6 个百分点。 2018 年，浙江省率先完成全省"光网城市"建设，100M 以上宽带用户占比达 71.9%，其中杭州 5G 外场技术试验网建设稳步推进，逐步形成高速畅通、覆盖城乡、质优价廉、服务便捷的宽带网络基础设施和服务体系。

（6）直播带货模式火热。

2019 年，淘宝直播已积累 4 亿用户，全年 GMV 突破 2000 亿元，其中"双十一"当天直播 GMV 突破 200 亿元，177 位主播年度 GMV 破亿。 2019 年直播电商爆发式发展，成为真正的电商直播元年。 淘宝直播带货能力在 2019 年全面爆发，连续 2 年引导成交增速 150％以上，这是近 3 年全球增长最快的电商经济形态。

如图 11-7 所示，杭州是名副其实的直播之都，名列十大淘宝直播之城榜单之首，一成左右主播活跃在杭州。

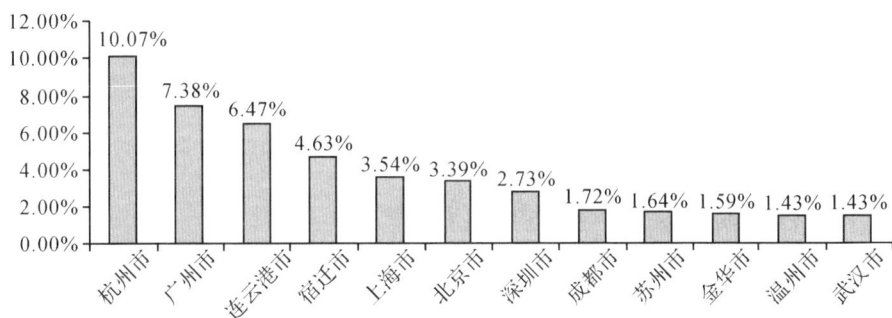

图 11-7　淘宝主播城市分布

资料来源:《2020 淘宝直播新经济报告》、中国杭州政府门户网站,杭州跨境电商协会整理。

（7）短视频市场迅速崛起。

2015 年，网络直播成了风口；2016 年，短视频汹涌来袭，网红经济开始大爆发。 而杭州，正好成了电商产业和各种文娱风口的交汇点。

2019 年，国家级短视频基地落户杭州。 2019 年 10 月 8 日，浙江省政府与中央广播电视总台在杭州签署深化战略合作协议，合力共建国家级短视频基地，推动媒体融合发展。 杭州将把加快短视频基地建设作为落实战略合作协议、推动全国广电新媒体发展的应尽责任，提供最优服务，落实最好保障，加快打造全国一流的短视频全国公共服务平台，并持续深化与中央广播电视总台的务实合作，结出更多丰硕成果。 杭州主要直播电商公司见表 11-6。

表 11-6　杭州主要直播电商公司

序号	地区	公司名称
1	余杭区	搜道网络
2		乐客文化
3		蚊子会
4		遥望网络
5		如懿文化
6	拱墅区	鹰眼传媒
7		朋尼文化
8		芝士文化
9	江干区	如涵
10		谦寻
11		微念科技
12		芬虹文化
13		缇苏
14	西湖区	犀照科技
15		天下网商
16		二更
17		竖品文化
18	滨江区	宸帆
19		梵维
20		微视红
21		蜜淘网络
22		尼采文化
23		壹舟文化
24	萧山区	创楚科技
25		火尼
26		帅库网络
27		微辣文化

资料来源：根据公开信息整理，杭州跨境电商协会整理。

11.2.4　杭州直播电商孵化园区概况：作用良好

杭州政府网显示，2020 年 4 月 28 日，中国（杭州）直播电商产业基地落地杭州未来科技城，计划在未来 3 年集聚一批电商平台公司、网红孵化公司、网红经纪公司、供应链公司和网红达人，扶持 10 家具有示范带动作用的头部直播机构，培育 50 家有影响力的网红经纪公司，孵化 500 个网红品牌，培训 5000 名带货达人，将基地打造成为全国著名的直播电商示范基地。杭州直播电商创业基地分布见表 11-7。①

表 11-7　杭州直播电商创业基地分布

序号	地区	基地名称
1	余杭区	绿岸科创园
2		恒生科技园
3		华媒科创园
4		梦想小镇
5		迦南基地
6	拱墅区	乐富智汇园
7		恒策西城时代中心
8		绿地运河商务中心
9	江干区	创智绿谷
10		新加坡科技园
11		东方电子商务园
12		新禾联创公园
13		创研国际孵化中心
14	西湖区	网新软件园
15		西溪新天地

① http://www.hangzhou.gov.cn/art/2020/4/28/art_812264_42745460.html。

续　表

序号	地区	基地名称
16	滨江区	创伟科技园
17		万利科技园
18		西可科技园
19		天巢科创园
20		拓森科技园
21	萧山区	联合中心
22		丽晶国际中心

资料来源：根据公开信息整理，杭州跨境电商协会整理。

　　浙江网信网数据显示，杭州知名网红主要分布在新浪微博、抖音、淘宝直播三大平台上，粉丝数超百万的大约 800 位。①

　　在这种良好的网红生态下，杭州集聚了上千家包括网红经纪公司、网红线下执行公司、网红直播机构、网红孵化公司、专业网红摄影基地等在内的网红经济衍生企业，为网红直播、网红办公培训机构、互动体验、休闲娱乐等提供专门服务。

11.2.5　杭州直播电商 MCN 机构概况：实力雄厚

　　目前，MCN 模式下短视频行业已形成内容生产者、投资商、广告商、版权分销商、MCN 机构以及平台的产业链闭环，包揽了 90% 的头部红人或者网红自行创立的 MCN。　杭州拥有中国网红电商第一股如涵——阿里巴巴集团唯一入股的 MCN 机构，其为国内最大的电商网红孵化与营销平台。

　　公开资料显示，目前杭州 MCN 机构有如涵、芬虹文化、犀照科技、朋尼文化、宸帆、二更网络、搜道网络、微念科技、缇苏文化、乐客文化、遥望网络、谦寻、梵维、如懿等多家公司。　其中部分机构已经进行到 B 轮、C 轮融资。　概况如表 11-8 所示。

———————

① http://www.zjwx.gov.cn/art/2020/5/7/art_1694818_42843185.html。

表 11-8　杭州 MCN 机构融资情况

序号	名称	融资阶段	投资机构	旗下部分网红
1	如涵	上市	阿里巴巴、远镜创投、君联资本等	张大奕、虫虫 Chonny、delicious 大金、满满 Cyim
2	芬虹文化	天使轮	赛富基金	商商 sunny、宁儿狂买狂卖、哎呦静妹儿、初恋 love
3	犀照科技	天使轮	蚂蚁金服、华旦天使投资	—
4	朋尼文化	A 轮	初心资本、齐一资本、华睿投资等	瑞希希大爷、bothnewyear、王子瑜
5	宸帆	A 轮	引爆点资本、琼碧秋实等	雪梨 Cherie、林珊珊_Sunny、狠赵狠蛇蛇、小小可然_
6	二更网络	B 轮	基石资本、真成投资、元璟资本等	—
7	搜道网络	B 轮	汉鼎宇佑、紫光阳明	fEamon、蔡晓娜、梁其其
8	微念科技	C 轮	齐一资本、弘帆资本、琼碧秋实等	李子柒、香喷喷的小烤鸡、夏一味、子望、仲尼
9	缇苏文化	战略融资	光线传媒、达晨创投等	Rika0_0、－823_、Uni 颖儿、小雪梨梨梨 SherryJ
10	乐客文化	战略融资	金沙江创投	创业找崔磊、商业小纸条、楠哥有财气
11	遥望网络	并购	星期六鞋业	尬演七段、乃提 Guli
12	谦寻	—	—	薇娅、大英子 LOVE
13	梵维	—	—	茉莉 mollyDale、萱萱 angela
14	如懿	—	—	粉红爷爷、Lisa

资料来源:根据公开信息整理,杭州跨境电商协会整理。

11.2.6　杭州直播电商网红成长路径分析:规划清晰

杭州网红经济从现象化向产业化升级,视频直播与电商是杭州网红经济发展的主要趋势, 网红经济发展逻辑如图 11-8。

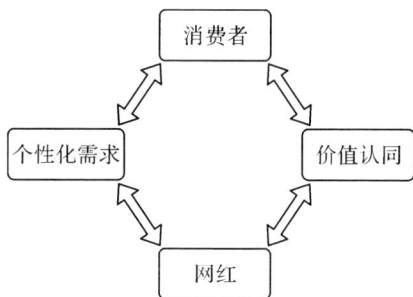

图 11-8　网红经济发展逻辑

资料来源：杭州跨境电商协会整理。

视频技术的升级进一步丰富了传统以图文为主的内容呈现方式，形成网红独特的 IP 价值。 当一个网红从走红到商业变现，并与其所在平台发生利益关系时，为了保障网红内容输出的质量，提高粉丝转化率，协调网红与平台之间的利益关系，网红主播培育公司、MCN 也就应运而生了，这使得杭州网红个体的成长路径清晰而可规划。 网红成长逻辑如图 11-9 所示。

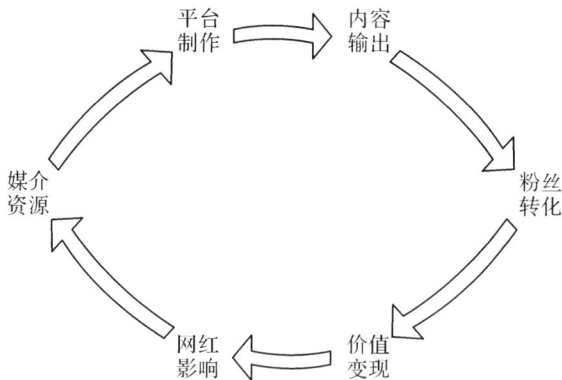

图 11-9　网红成长逻辑

资料来源：根据公开信息，作者整理。

网红通过一些直播平台的推广以及社交网络平台的引流，使得以往具有其文化色彩的直播生态逐渐与主流文化融合。 电商与社交网络融合后，网红可根据自己积累的粉丝，售卖对应匹配的产品。

11.2.7　杭州直播电商网红对消费行为的影响分析：关注新潮

根据访谈信息，网红直播模式的受众大多为年轻人，他们乐于追求个性，也喜欢尝试新事物。 经调查发现，居民的性别、年龄、收入、职业等对网红经济消费行为有显著影响，如图 11-10 所示。

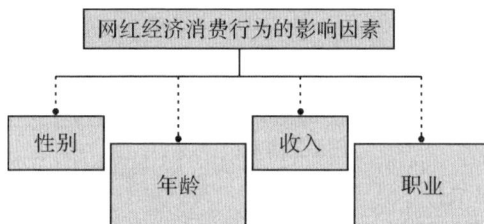

图 11-10　居民个体因素对网红经济消费行为的影响

资料来源：根据访谈信息，作者整理。

而对于部分工作较忙的群体而言，通过观看直播或者视频带货，也有利于他们及时获取所需，节省线下采购的时间和机会成本。 线上宣传采购与线下配送相结合的方式，给人们的生活提供了方便。 观看直播人群年龄层差异分析如表 11-9 所示。

表 11-9　年龄层差异分析

人群	渠道	关注内容
年轻人	直播平台	游戏、购物
中年人	小视频	知识学习、娱乐新闻

资料来源：根据访谈信息，作者整理。

在直播电商中的网络红人与粉丝相互吸引的情况下，消费信息能够以几何级数传播至更广泛的人群。 根据访谈信息发现，杭州网红打卡地也促进了当地实体店铺的消费。 通过网红—粉丝—商店循环，需求信息就能够快速地反馈至市场供应商，实现市场对消费需求的精准把控，杭州网红打卡地分布见表 11-10。

表 11-10　杭州直播电商网红打卡地分布

序号	商圈	打卡地
1	城西商圈	鲍贝书屋
2		木守西溪
3		NIUNIUPARK
4		老杨小黄鱼
5	城北商圈	FATKO 鳗鱼
6		河下咖啡
7		皮皮先生
8		包舍
9		隐食
10	武林商圈	Cycle&Cycle
11		CHOC-A-LOT
12		Home Thai
13		佳怡糖水铺
14		古着杂谈
15	湖滨商圈	那时新疆
16		鮨秋柳营
17		Peets Coffee
18		伏见桃山
19		割烹·红
20	钱江新城商圈	孔雀川菜
21		忆暹罗
22		EP 健身
23		三谷
24		南堤

序号	商圈	打卡地
25	滨江商圈	BY and BY
26		明洞王妃家
27		弥鹿餐厅
28		浅草君
29		D5 季美发
30	钱塘新区商圈	迎南
31		嘭嘭鲜
32		Seeking Pets
33		亚萃

资料来源:根据公开信息,杭州跨境电商协会整理。

11.2.8　杭州直播电商经济衍生产业对提升经济的作用:效用显著

浙江省商务厅数据显示,2020 年一季度,杭州的网络零售额为 1285.0 亿元,占浙江省的 41.0%,同比增长 4.3%。 杭州的跨境网络零售出口额为 43.0 亿元,占浙江省的 24.2%,同比增长 28.0%。①

杭州市统计局数据显示,2020 年一季度,杭州市数字经济核心产业增加值 818 亿元,增长 6.1%,占全市生产总值的 24.2%。 软件与信息服务、数字内容等相关产业逆势发力,分别增长 10.1%和 8.0%。②

因此可预测杭州直播电商衍生产业拉动经济增长情况,见图 11-11。

---

① http://www.zcom.gov.cn/art/2020/4/17/art_1416807_42645756.html。

② http://tjj.hangzhou.gov.cn/art/2020/4/28/art_1653185_42749722.html。

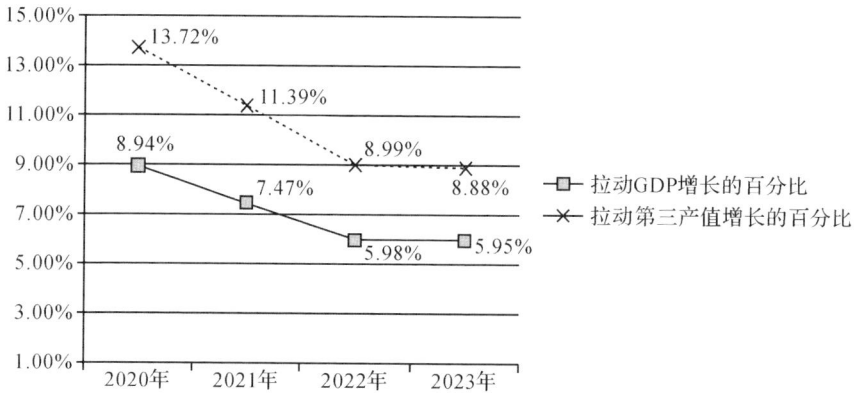

图 11-11　杭州直播电商衍生产业拉动经济增长情况预测图

资料来源:结合统计局、商务部等公开数据预测,作者整理。

11.2.9　杭州产业规划对发展直播电商经济的促进作用:优势明显

尽管尚未有专门针对直播电商网红经济发展的法规文件,但浙江省、杭州市目前已经出台了部分能够促进网红经济发展的政策文件。 如:《浙江省人民政府办公厅关于提振消费促进经济稳定增长的实施意见》(浙政办发〔2020〕12 号)、《杭州市人民政府办公厅关于印发杭向未来·大学生创业创新三年行动计划(2020—2022 年)的通知》(杭政办函〔2020〕11 号)、《杭州市人民政府关于加快推进跨境电子商务发展的实施意见》(杭政函〔2019〕99 号)、《杭州市人民政府办公厅关于印发杭州市新零售发展五年行动计划(2019—2023 年)的通知》(杭政办函〔2019〕98 号)、《杭州市人民政府关于推动创新创业高质量发展打造全国"双创"示范城的实施意见》(杭政〔2019〕55 号)、《杭州市推动批发零售业高质量发展行动方案(2019—2022 年)》(杭政办函〔2019〕54 号)等一系列政策文件,如表 11-11 所示。

表 11-11　相关政策文件主题分析

序号	文件	相关程度	主题
1	浙政办发〔2020〕12 号	高度	消费
2	杭政办函〔2020〕11 号	中度	创业

续 表

序号	文件	相关程度	主题
3	杭政函〔2019〕99 号	高度	电子商务
4	杭政办函〔2019〕98 号	高度	新零售
5	杭政〔2019〕55 号	中度	创新
6	杭政办函〔2019〕54 号	高度	三产融合

资料来源：根据公开信息，作者整理。

这些政策的主要目的是将杭州打造为国际电子商务中心城市和新零售策源地、电商应用示范城市，不断深化线上线下融合，物理范围涵盖以网红经常打卡的武林—湖滨—吴山商圈和钱江新城—钱江世纪城商圈为核心的重点商业街区和大型商业综合体。 计划重点引进网红经济电商战略人才、电商合伙人、新零售复合型人才等。 鼓励发展"农业＋制造业＋直播电商＋网红"全链条产业，加快一、二、三产业融合。 积极引导各类资本投向"网红经济＋直播电商"等数字经济新领域。

11.3 直播电商网红经济现阶段存在的问题

11.3.1 售假与虚假宣传等问题

难以避免地，假货从线下来到了网上。 不少网店被曝存在销售假货问题，但风波过后仍继续经营；同时，一些网络红人为了获取不正当利益，也对产品进行虚假宣传，消费者权益得不到保障。

11.3.2 可持续发展的难题

与其他职业相比，网红的生命周期更短。 然而，随着网红的商业模式日趋成熟，其核心竞争力也将因网红影响力的弱化而丧失。 虽然打造网红个人IP 是延长网络名人经济和商业模式生命周期的一种方法，但也要意识到，一旦网红个人 IP 作为平台实施，网红的个人特征很可能被削弱甚至抹杀。 同时，随着社交媒体流量增长放缓，各类短视频平台瓜分流量，抢占流量的难度越来越大。 当社交平台、直播平台用户数和在线时长增长放缓时，直播电子商务市场规模和 MCN 组织绩效的增长率将低于预期。 如何实现网红经济的长期可持续发展，仍然是一个值得探讨的问题。

11.3.3　不良价值观影响的问题

曾有青少年因羡慕网红所获得的巨大利益而放弃学业。 因此，网红经济对青少年价值观的影响引起了社会各界的高度关注。 同时，也有部分网红为了博取关注和获得粉丝，在社交平台上发布不雅照片视频，或者进行自残、过度恶搞等违背社会主流价值观的活动。

11.3.4　易受资本市场操控的问题

投资者看好网红经济的发展前景，将资本注入网红经济产业，包装培养网红，其目的就是创造更大的利益。 由于大部分"网红"在起步阶段缺乏资金支持，他们需要依靠大资本的力量来实现成长，因此相对容易受到大资本的操纵。

11.3.5　网红自我推广营销能力不足问题

互联网上不乏有创意的原创内容制作者，但很少有人成为顶级网络名人。 原因之一是缺乏自我推销和营销能力。 在提高内容创作能力的同时，还要注意与粉丝进行有效互动，提升专业化管理和推广能力。

11.3.6　网红推广的内容同质化现象严重

网红形象的刻板化，不仅导致受众的审美疲劳，也导致对社会审美的错误引导和片面反思。 网红经济的传播渠道包括电子商务平台、社交平台、直播平台等媒体平台。 但近两年来，由于短视频平台和直播平台收入可观，网红争相搭建短视频平台和直播平台，增加了平台监管难度，造成平台空间过度占用、资源过度利用。 此外，网红经济传播的内容主要是模仿性内容，原创内容较少，缺乏传播价值和意义。 内容同质化还导致网红内部竞争日益激烈，导致恶意诽谤现象严重，不仅损害了网红的良好形象，也在一定程度上阻碍了网红产业的健康发展。

11.4 直播电商网红经济发展趋势展望

11.4.1 杭州直播电商经济未来走势预测：加速成长

根据招商证券的调研测算，2019 年直播电商总 GMV 超 3000 亿元，未来全国总成交额有望冲击万亿体量[①]。 本章结合统计局等公开数据预测未来杭州直播电商经济增速，如图 11-12 所示。

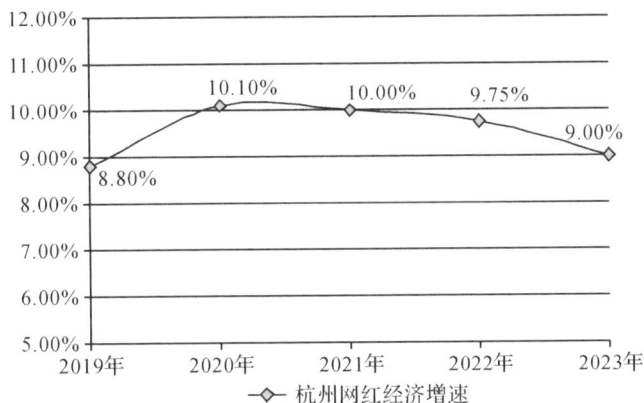

图 11-12 杭州直播电商网红经济增速预测图

资料来源：结合统计局等公开数据预测，作者整理。

目前杭州拥有著名网红公司 20 余个，网红创业基地 20 余个，MCN 机构近 20 个，市场规模近 100 亿元。 本章结合统计局、商务厅等公开数据预测未来杭州网红经济规模、杭州网红经济衍生产业规模等数据，见图 11-13、图 11-14。

---

① http://www.hibor.com.cn/elitelist_1_2.html。

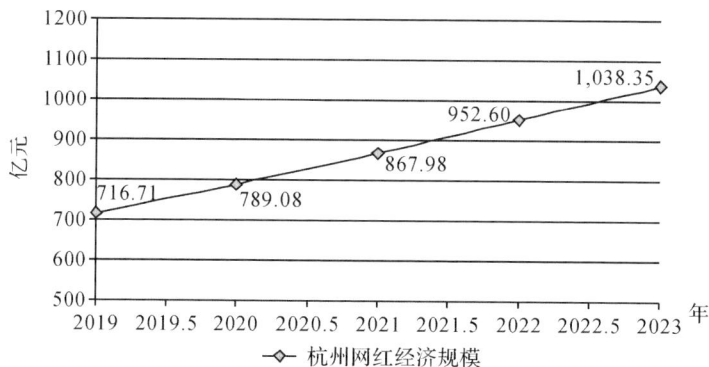

图 11-13　杭州直播电商网红经济规模预测图

资料来源:结合统计局等公开数据预测,作者整理。

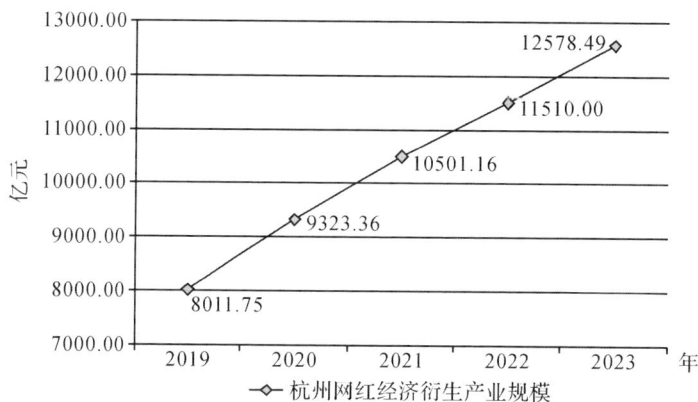

图 11-14　杭州网红经济衍生产业规模预测图

资料来源:结合统计局等公开数据预测,作者整理。

11.4.2　杭州直播电商经济的远景展望:未来可期

(1)直播电商网红经济对产业的促进作用。

①服务升级。

网红经济中,"网红"扮演用户替身的角色,借助互联网将他们使用产品时的体验真实地反馈给用户,以网红的体验和影响力来促使用户消费。

②提升效率。

为得到网络粉丝的长期关注,网红必须不断推出优质内容和个性化产品。 在这样的背景和压力下，网红经济推动各个产业中的网红采取宏观的思维模式，推出更多具有内容价值、知识价值和社会价值的产品。

③延展需求。

互联网化让网红能够更加了解用户需求，可以影响不同阶层的消费者。通过社交媒体、平台，更多商品的细节内容被直接传达给消费者。

（2）直播电商网红经济对产业的拓展作用。

①成本控制。

一般来说，由于网红经济门槛较低，成本相对其他行业低，任何人都有在某一领域成为网红的潜力。 当粉丝达到一定数量时，为了保持与粉丝的黏性及互动，需要维护粉丝关系，保持热度。

②数据支持。

透过大数据搜索分析，清晰了解消费者需求，根据其需求再进行产品设计，并与电商平台结合，形成一套完整产业闭环。

③营销推动。

"网红＋行业"的新商业模式已经悄然出现。 线上营销与线下营销相结合，通过拼团、砍价、限时折扣、优惠券发放等方式，为传统行业注入了新活力。

（3）直播电商网红经济对产业的创造作用。

①产业突破。

在大数据和云计算技术的支撑下，网红经济在电商领域实现了全产业链的协同式高效发展，可以为客户打造融合多条生产供应链的独家定制商品。

②价值创造。

随着互联网技术的发展，网红经济的范围已经远远超过了原有的概念，不仅涵盖传统实物贸易，还拓展到知识服务、数据挖掘、虚拟现实应用等方方面面。

11.5　关于直播电商网红经济的发展建议

打造杭州直播电商经济示范城市，助力网红经济产业发展的建议举措，可用以下 6 个关键词表示，见图 11-15。

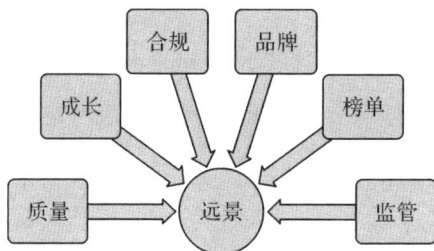

图 11-15　直播电商经济远景关键词

资料来源：作者整理。

11.5.1　坚持网红对推销产品的质量负责制

网红经济依靠生态上下游机构以及庞大的消费者粉丝推进新制造，促进新零售。网红电商经济开创了一种新的销售渠道，其商业模式仍然是电子商务交易，网红的口碑与所推荐商品质量是网红经济可持续发展的核心因素。因此有必要要求网红对所推销产品的质量负责，维持网红经济的健康发展。

11.5.2　行业应关注尾部网红成长路径

网红直播带货是一种简单、可视化的商业模式，在质量可靠的前提下，网红经济相关行业从业者，尤其是腰部网红、尾部网红要多从粉丝的视角考虑，关注消费者细节需求，在产品售前、售中、售后的全服务流程中完善提升自己。

11.5.3　规范网红行为，引导网红经济合规发展

少数网红素质偏低，为了迎合部分粉丝的低级趣味，传播某些负面内

容,背离了社会主流文化价值观。 这就要求网络直播平台、策划公司等坚持正确的价值发展方向,对心智尚未完全成熟的青少年群体合规引导,共同培育健康的网红生态。

11.5.4 依托网红经济,助力电商品牌出海

要意识到网红经济的重要作用,引导地方产业充分利用网红经济的优势,提高国内优质商品品牌美誉度。 以"中国网红＋中国品牌"为主轴,助力中国制造发展中高端外贸价值链。

11.5.5 授权协会智库等独立机构发布各类网红经济指数、排行榜

网红经济入行门槛较低,参与人员素质参差不齐。 建议行业主管部门或相关协会等独立机构发布网红经济排行榜,在各垂直细分领域进一步培育发现网红主播等,不断提升网红主播在本领域的专业性、权威性,让有亮点的网红进入白名单,让有污点的网红进入黑名单。

11.5.6 健全完善监督体系,形成公平的网红营商环境

行业监管部门应积极拥抱网红经济这一新事物,在审慎包容的同时,保护网红经济相关机构的合法权益,积极促进网红经济发展,同时严厉打击网络侵权违法行为,营造公平的网红营商环境。

11.6 小结

网红研究是一个具有现实意义的课题。 互联网的发展、通信直播技术等的提升及进入门槛的降低,使各类网红不断涌现,其"吸睛"和"吸金"能力让人震惊。 不过由于时间和能力的限制,本章内容还需要不断完善,进行更深入的研究。 网红作为一个群体,它具有多面性,通过不同的角度进行研究会得到更好的理解,同时也便于对网红进行监管,以发挥其积极的作用。

12 数字贸易时代网红影响力评价模型测度研究

网红，即网络红人，原指因某个事件在互联网上迅速受到关注而走红的人，现泛指通过微博、微信、贴吧等互联网社交平台等走红并聚集大量粉丝的红人。他们的走红大都因为某种特质通过网络传播被放大，与网民的审美、娱乐等心理相契合，有意或无意间受到虚拟网络世界的追捧。其发展历程可划分为4个阶段，即匿名ID、草根红人、段子手、网红主播。

在内容传播日益分众化的趋势下，人们习惯在价值观相似的社群中寻找存在感和认同感。在细分社群中，网红充当了"关键意见领袖（KOL）"，引导大众的生活方式和消费方式。它们在一个个社群中向受众展示商品，传播内容或者价值观、生活理念、消费方式以及个人魅力，从而让大众能在其中寻到与自己相似的价值理念，满足多元需求，获得存在感和认同感。

新冠肺炎疫情这场突如其来的公共卫生事件，对全国商贸流通行业进行了一次超强压力测试。在这次疫情中，全民居家使国内网络直播等相关行业呈井喷式发展，电商网红现象火爆。但是现有研究大多是对网红现象的解读以及剖析，或分析其商业模式、形成原因，或发现问题，对网红影响力评价缺乏定性与定量研究。本书通过对网红影响力指标体系的构建和评价，试图快速评定网红影响力的大小，从而更好地为互联网舆情管理提供基础，有利于进一步引导网络舆论。

12.1　国内外研究现状

12.1.1　建立意见领袖算法模型

一些文献是通过建立算法模型挖掘出意见领袖或是衡量意见领袖的影响力的。如 Zhai Z（2008）等发现基于兴趣的 PageRank 算法和全局度量算法，不仅考虑到回复网络的结构，还考虑了用户的兴趣空间，以在 BBS 中识别意见领袖及其影响力。Meeyoung C（2010）等人从 3 种不同视角来分析 Twitter 用户的影响力，认为影响力是不断变化的，并非固定不变的。入度代表用户的知名度，转发由推文的内容值驱动，提及则由用户的名称值驱动。Jianshu W（2010）等人用互惠来解释"跟随"同质现象，使用 TwitterRank 算法（PageRank 算法的扩展）来衡量用户对 Twitter 的影响，考虑用户与链接结构之间的主题相似性。但是 TwitterRank 的当前设计考虑了用户发布的推文数量，容易受到操纵，若有人故意发布大量文章，则会影响影响力衡量的准确性。

12.1.2　对网红影响力评价因素的研究

另一些文献则研究了某些群体的影响力评价因素，并对其进行实证分析。Elizabeth D（2014）等人就采用社交网络分析法和内容分析法识别影响力因素，比较了 6 种度量标准，并根据这些标准确定加拿大最大的 2 个政治 Twitter 社区中有影响力的用户的排名顺序，使用节点的局部聚类系数来识别那些既了解传统精英，又嵌入紧密团结的社区中的意见领袖。Nate H（2016）等人使用横断面调查方式，识别出早期采纳者和意见领袖，得出早期采纳者和意见领袖依赖传播口碑的结论，并建议鲜为人知、没有营销预算的作者通过社交渠道接触这两类人，用社交和情感鼓励他们传播口碑。Yoo W（2016）基于网络调查搜集了 219 名本科生的相关数据，研究名人吸烟范例在健康新闻中对大学生带来的影响。通过对协方差进行单独分析，得出名人吸

烟的负面效应对吸烟相关健康风险和吸烟意向的影响因吸烟状况而异的
结论。

12.1.3 对网红发展影响力评价指标的研究

敖鹏（2016）从网红主体、中间推手以及网红受众 3 个层面对网红繁荣现
象进行全方位分析，系统梳理了从网络红人到网红泛化的发展变迁过程。 庄
金鑫（2016）以 Papi 酱为例，指出了新一代网红通过商业模式运作实现变
现，催生出网红经济。 曹晓芳（2016）介绍了粉丝经济下网红的 5 种商业变
现模式。 杨春瑶（2017）认为网红就是网络上拥有一定注意力的人，在网络
信息传播模式的变革中，门户网站重要性减弱，自媒体逐渐成为中心，传播模
式的变革带来传播权利的改变。 张丽静（2017）运用文献分析法、个案研究
法、参与观察法从不同方面对微博网络红人的内容生产进行研究。

贾冲冲 （2015） 等人对微博用户影响力评价进行建模分析，基于
PageRank 和用户行为权值的评价方法，引入美国物理学家 Hirsch 提出的混
合量化指标——H 指数构建 HRank 用户影响力模型。 李雨秋（2015）整合现
有影响力评价体系，采用内容分析法，通过单因素方差分析和皮尔森卡方检
验方法对数据进行处理。 原永福（2012）等人通过连接分析和用户行为分析
对用户影响力进行衡量，结合微博用户的用户活跃度和微博影响力，实现对
微博用户的影响力指数评价。 李军（2012）等人全面论述微博影响力的评价
方法。 安璐（2017）等人将信息计量学领域中的 H 指数扩展应用于微博影响
力评价，选择 10 个有代表性的校园官方微博进行分析，弥补了转发数、评论
数等单一数据作为评价指标的不足。 蔡婷（2014）引入模糊多属性综合评价
方法，构建并验证县域政府政务微博评价指标体系。 张皓月（2017）借助品
牌代言信源特质对受众购买意愿的影响模型，考察网络红人的信源专业性、
可靠性、吸引力 3 个特征。

陈明亮（2014）等人基于媒介影响力形成的 4 个环节（接触、认知、说
服、二次传播）通过理论和实证遴选出微博影响力评价指标，最终形成由微博
使用时间、原创微博率、微博主业内知名度、粉丝质量指数（PR 值）、粉丝
转发次数、粉丝互动率等 8 个指标构成的指标体系，运用层次分析法确立权

重，并对其进行效度检验，但是缺乏对指标体系的实证分析和应用。 杨长春（2014）认为可以从效度因子、广度因子、强度因子、深度因子 4 个方面进行评价。 刘雁妮（2012）从微博内容、粉丝、名人和平台推广 4 个角度建立评价影响力的指标体系。 魏萌（2018）等人从文本特征和主题类型的角度，使用阶层分析和多因子虚拟回归的方法对网红微博内容基于点赞数和转发数的假设，建立由生动性、互动性、知识性、娱乐性 4 个维度组成的研究模型，并选取四大类网红的微博内容进行验证，根据研究结果提出相应的对策。 邹纯龙（2017）依据两级传播理论和社会资本理论，建立由微博规模、微博时间、微博内容、微博方向、微博效果 5 个一级指标和总微博数、粉丝数、主题敏感度等 16 个二级指标构成的影响力评价模型，选取 10 个微博意见领袖为研究样本，从定性和定量相结合的角度对微博意见领袖影响力进行对比分析，内容全面，论证严密，但指标不能反映微博动态的发展变化。

12.2 网红影响力评价模型构建

12.2.1 网红影响力评价体系指标设计

本章选取网红主播作为这一代表进行深入分析，原因有如下几点。

（1）主播样本数据数量大，类型多。 目前直播平台超过 900 多家，主播超过 1022 万。 其中包含游戏主播、才艺主播、泛娱乐主播等，类型多样。

（2）网络直播用户量大。 网络直播用户规模已达 3.25 亿，占网民总量的 45.8%，将近一半，说明用网红主播作为样本，具有代表性。

（3）本章中，基于媒介影响力的形成，从接触、认知、说服、提升 4 个环节中选取评价指标，构成影响力评价模型评估体系的总体框架，该体系也适用于其他类型的网红影响力评价。

a.接触环节。

接触这一环节是媒介影响力形成的基础。 这一环节主要关注媒介能够聚集多少吸引力，吸引多少受众的注意，衡量这一环节的绩效指标就是受众的

175

规模。 在直播中，主播吸引的粉丝数量就能反映受众的广度；同时主播发起的直播和发布的视频、动态也是影响粉丝规模的一个比较重要的指标。 因此，本书把粉丝数量（F1）和发起的直播时长或是发布的视频数量（F2）作为接触环节的 2 个指标。 同时，主播所在城市地域性（F3）和昵称创造力（F4）以及性别（F5）也会存在一定的影响。

b. 认知环节。

在媒介影响力形成的环节，受众会根据自己的需求对媒介传递的信息进行选择性的吸收。 受众接收的信息越多，说明媒介对受众的影响力越大。 在接触环节，受众只是接触一些自己感兴趣的主播的主页，或是仅仅关注自己喜欢的主播，主播想要传递的实际信息并不一定能被粉丝接收。 粉丝只有深入展开交流，才真正有可能吸收主播传递的信息。 而能体现这些行为的就是平均观看人次或者平均转发或评论次数。 综上所述，本章将使用平均观看人次（F6）和平均评论/分享人次（F7）作为认知环节的 2 个指标。

c. 说服环节。

在说服这一环节中，2 个决定性因素分别是媒介品牌对受众的影响和媒介内容本身对受众的影响。 媒介品牌包含品牌形象、品牌体验以及品牌忠诚度。 媒介内容包含媒介满足受众需求的程度和媒介内容质量的优劣。 在网红直播中，主播的品牌影响可以用主播的收入来衡量。 一个主播的收入来源除了流量和礼物，还有广告。 流量和礼物都要依靠粉丝的消费能力，而这些消费都是取决于粉丝对主播的喜爱与忠诚。 除此之外，主播所获得的虚拟币更能直接反映出粉丝对主播的忠诚与做出贡献的意愿。 鉴于以上分析，本章使用主播月均收入（F8）和月均虚拟币数（F9）作为说服环节的 2 个指标。同时还添加总收入（F10）和总虚拟币数（F11）2 个指标。

d. 提升环节。

提升环节中，受众会因为接触到的信息而发生态度上的改变，进而把态度转化为行为，在生活中继续把信息传播出去，因而，媒介受众中具备高决策、高消费力和高二次传播力的主流人群比重越大，其影响力也会更大。 在网红主播中，这主要表现在主播粉丝中的大 V 用户数量，如果粉丝中存在大 V 用户，那么这些粉丝参与直播或者观看视频并进行转发评论分享等行为，会引起更多人的关注，甚至更多人会观看此次直播的回放或者参加下次这个主播的直播。此外，主播自己关注的大 V 用户也会潜在影响其转发的信息质量，该主播对其他主播信息的转发也会影响粉丝。故而，本章在提升环节使用粉丝中大 V 用户数（F12）和关注者中大 V 用户数（F13）2 个指标。

　　综上所述，本书建立如表 12-1 所示的以网红主播为例的网红影响力评价指标体系。

表 12-1　网红影响力评价指标体系

	一级指标	二级指标	指标内容
网红影响力（T）	接触（C1）	粉丝数（F1）	主播的粉丝数量
		视频数/直播时长（F2）	主播发布的视频数量或者直播时长
		地域性（F3）	不同地域影响不同（如互联网发达或不发达地区对主播影响力大小）
		昵称创造力（F4）	昵称的吸引力（主播昵称中是否使用高频词和符号）
		主播性别（F5）	主播性别对主播影响力的重要程度
	认知（C2）	平均观看人次（F6）	平均每个视频或者直播观看的人次
		平均评论/分享人次（F7）	平均每个视频或直播参加评论或分享人数
	说服（C3）	月均收入（F8）	主播月均收入
		月均虚拟币数（F9）	主播月均收获虚拟币值
		总收入（F10）	主播总共获取的收入
		总虚拟币数（F11）	主播总共获取的虚拟币
	提升（C4）	粉丝中大 V 用户数（F12）	主播粉丝中拥有具备粉丝规模的活跃用户
		关注者中大 V 用户数（F13）	主播关注者中拥有具备粉丝规模的活跃用户

资料来源：林花冬整理。

　　参考以网红主播为例的网红影响力评价指标体系，结合层次分析法，绘制网红影响力评价体系的层次结构模型，如图 12-1。

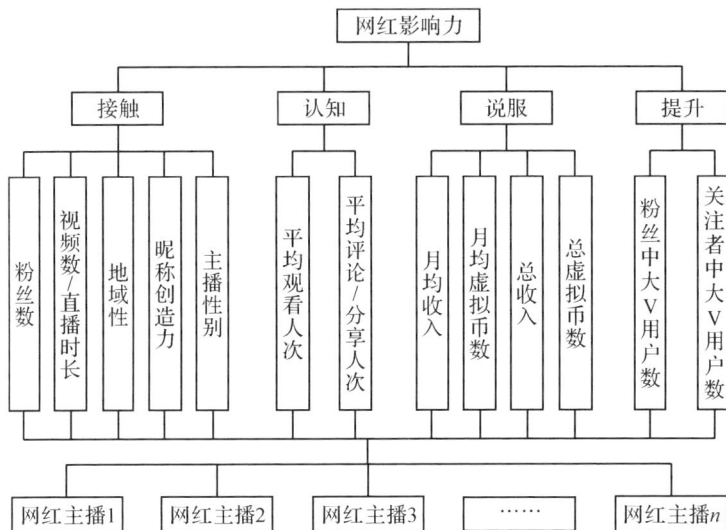

图 12-1　网红影响力评价体系层次结构模型

资料来源:林花冬整理。

12.2.2　构建判断矩阵

本次使用问卷调查法,邀请参与频率较高的网红主播直播受众和对信息传播领域比较有研究的人,将各个指标进行对比,并进行重要性判断。 本次邀请的参与频率较高的网红主播直播受众和对信息传播领域比较有研究的人共 11 人,对他们单独发放问卷,让其对网红主播影响力评价指标重要性进行判断,根据重要程度赋予分值。 然后查看问卷结果,对分数进行统计,计算加权平均分,构造网红影响力评价各层指标的判断矩阵。 赋值 1—9 标度法见表 12-2。

表 12-2　赋值 1—9 标度法

标度	含义
1	两个一样重要
3	前一个比后一个略微重要
5	前一个比后一个明显重要

标度	含义
7	前一个比后一个强烈重要
9	前一个比后一个极端重要
2、4、6、8	介于两个相邻判断的中间值

资料来源:林花冬整理。

基于以上理论,对各矩阵进行一致性检验,结果如表 12-3 所示。

表 12-3　指标检验结果

指标	判断矩阵	λ_{max}	C.I.	C.R.	R.I.	是否通过
影响力 T	C1—C2—C3—C4	4.15	0.05	0.06	0.9	通过
接触 C1	F1—F2—F3—F4—F5	5.24	0.06	0.05	1.12	通过
认知 C2	F6—F7	2	0	0	0	通过
说服 C3	F8—F9—F10—F11	4.16	0.05	0.06	0.9	通过
提升 C4	F12—F13	2	0	0	0	通过

资料来源:林花冬整理。

从表 12-3 中可以得到:每一层指标的平均随机一致性检验全部通过,因此,不用进行循环,得出的权重结果如表 12-4 所示。

表 12-4　网红影响力评价指标体系权重

网红影响力评价体系				
	一级指标	权重	二级指标	权重
网红影响力（T）	接触(C1)	0.06	粉丝数(F1)	0.029
			视频数/直播时长(F2)	0.014
			地域性(F3)	0.004
			昵称创造力(F4)	0.009
			主播性别(F5)	0.004
	认知(C2)	0.24	平均观看人次(F6)	0.180
			平均评论/分享人次(F7)	0.060

网红影响力评价体系				
	一级指标	权重	二级指标	权重
网红影响力（T）	说服（C3）	0.4	月均收入（F8）	0.044
			月均虚拟币数（F9）	0.068
			总收入（F10）	0.144
			总虚拟币数（F11）	0.144
	提升（C4）	0.3	粉丝中大V用户数（F12）	0.225
			关注者中大V用户数（F13）	0.075

资料来源：林花冬整理。

　　本章基于意见领袖，提出网红的概念。　然后从媒介影响力形成理论中选取了网红主播影响力的评价指标，确定了接触、认知、说服、提升4个环节的指标框架。　从构成主体来看，研究主要从网红主播、平台、受众3个主体入手，选取相关的数据。　在此基础上，采用算术加权平均合成网红主播影响力指数，并从横向、纵向分析我国网红经济发展中遇到的问题，见图12-2。

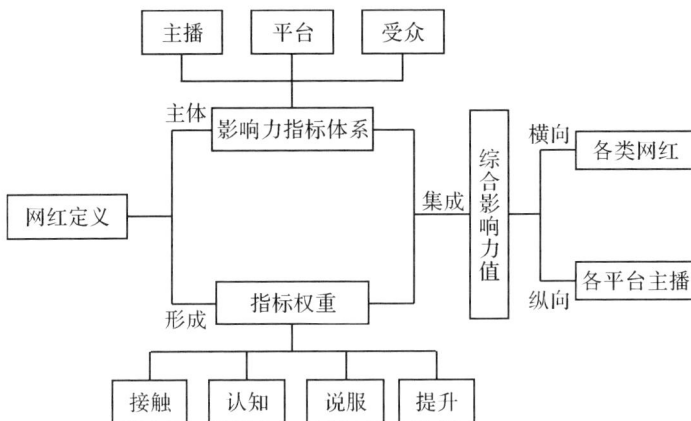

图 12-2　网红影响力评价思路逻辑图

资料来源：林花冬整理。

12.3　实证分析

12.3.1　样本数据选取及处理

（1）数据来源。

本书选取今日网红（http://www.zhaihehe.com/）网站对各位主播所在的直播平台、ID 号、所在城市、性别、粉丝数、月（总）收入、月（总）虚拟币数进行统计。 登录各直播平台的网站或者下载直播 APP 查找各主播所发布的视频数或者直播发起时长，并进行加权平均计算，得到各主播的平均观看人次和平均评论/分享人次指标数值，查看各主播粉丝中的大 V 用户数量和主播所关注的人中的大 V 用户数量。

（2）数据处理。

①文本指标数字化。 在本书的评价体系中，有 3 个指标（地域性、昵称创造力、主播性别）所获得的数据是文本，因此，要对其进行数字化处理。

a.地域性数据数字化处理。 将主播所在城市的统计数据根据当前我国的城市划分进行归类赋值，从空白到一线城市分别计分 1—6 分。

b.昵称创造力数据数字化。 昵称创造力表示主播昵称的魅力值，包含昵称中是否使用符号和网络高频词。

c.主播性别数据数字化。 根据主播的个人主页统计性别进行赋值。

②指标归一化。 由于上述数据单位不统一，所以在计算影响力之前需要对测量的数据进行归一化处理。

（3）指标量化。

$$\text{网红影响力 Influence} = M_a D_1 + M_b D_2 + M_c D_3 + M_d D_4$$

其中，M_a，M_b，M_c，M_d 表示接触（C1）、认知（C2）、说服（C3）、提升（C4）4 个因子的权重，D_1，D_2，D_3，D_4 表示对应因子的数值。

①接触因子。

$$D_1 = M_1 E_{F1} + M_2 E_{F2} + M_3 E_{F3} + M_4 E_{F4} + M_5 E_{F5}$$

其中，M_1，M_2，M_3，M_4，M_5 表示影响接触环节中粉丝数（F1）、视频数/直播时长（F2）、地域性（F3）、昵称创造力（F4）、主播性别（F5）的权重，E_{F1}，E_{F2}，E_{F3}，E_{F4}，E_{F5} 对应因子的数值。

②认知因子。

$$D_2 = M_6 E_{F6} + M_7 E_{F7}$$

其中，M_6，M_7 表示影响认知环节中平均观看人次（F6）、平均评论/分享人次（F7）的权重，E_{F6}，E_{F7} 对应因子的数值。

③说服因子。

$$D_3 = M_8 E_{F8} + M_9 E_{F9} + M_{10} E_{F10} + M_{11} E_{F11}$$

其中，M_8，M_9，M_{10}，M_{11} 表示影响说服环节中月收入（F8）、月虚拟币数（F9）、总收入（F10）、总虚拟币数（F11）的权重，E_{F8}，E_{F9}，E_{F10}，E_{F11} 对应因子的数值。

④提升因子。

$$D_4 = M_{12} E_{F12} + M_{13} E_{F13}$$

其中，M_{12}，M_{13} 表示影响提升环节中粉丝中大 V 用户数（F12）、关注者中大 V 用户数（F13）的权重，E_{F12}，E_{F13} 对应因子的数值。

12.3.2 结果分析

本章通过收集的数据和网红影响力的计算公式，得到对 200 个网红主播的影响力指标评价结果，表 12-5 是前 25 名主播的排序结果。

表 12-5　网红影响力指标评价结果

主播 ID	平台	接触	认知	说服	提升	总分	排名
470266	一直播	0.89	1.40	29.41	9.46	41.16	1
48811382	一直播	1.01	4.97	10.22	22.54	38.74	2
85882548	映客	1.71	0.01	10.34	14.59	26.65	3
86977431	陌陌	1.54	0.20	18.53	3.30	23.57	4

主播 ID	平台	接触	认知	说服	提升	总分	排名
3495818	映客	0.96	0.04	9.55	12.44	22.99	5
61717090	陌陌	2.41	0.10	12.66	6.11	21.28	6
324345073	陌陌	1.81	0.06	15.98	2.32	20.17	7
10369089	映客	1.14	0.01	4.42	12.21	17.77	8
10618503	映客	1.44	0.01	5.67	10.49	17.61	9
40026878	一直播	0.92	2.79	8.88	4.48	17.07	10
384870563	陌陌	1.77	0.11	11.42	3.67	16.97	11
24046460	花椒	0.81	0.03	15.44	0.20	16.48	12
69491624	一直播	0.71	3.12	6.97	5.12	15.91	13
1126082912	全民	0.86	6.00	0.24	8.37	15.47	14
10217405	映客	0.97	0.01	5.95	8.14	15.07	15
55284359	陌陌	1.77	0.14	10.90	1.47	14.28	16
93672908	陌陌	1.77	0.08	10.93	1.21	13.98	17
2628736	映客	1.44	0.02	5.81	6.57	13.83	18
190473142	一直播	0.99	0.21	6.84	5.67	13.72	19
30837417	陌陌	0.21	0.04	2.67	9.91	12.83	20
109979143	一直播	1.80	1.47	7.93	1.60	12.79	21
165078509	陌陌	2.81	0.04	6.98	2.69	12.52	22
204888845	一直播	0.61	0.00	5.19	6.68	12.48	23
186526607	一直播	1.25	0.47	3.87	6.59	12.19	24
41102670	一直播	1.33	0.51	1.97	8.36	12.17	25

资料来源：林花冬整理。

从影响力较大的主播来看，可归纳出如下特点。

（1）社交趋势化。

从排名榜来看，前25名中17名主播来自一直播和陌陌，这两个直播平台都依托于社交，基于社交关系的内容获取和观看黏性，是它们的优势。在它们的用户看来，其看直播是基于一种娱乐和交互的新需要，并非为了美女、游戏。 社交元素的加入，至少让直播业务获得三个机会。 一是扩大覆盖人群。通过明星、网红推广内容，提升粉丝和年轻用户对其的认知，进一步扩展到生态圈中的其他群体。 二是基于社交关系的内容获取和观看黏性。 传统视频直播模式高度依赖关键推广位（置顶、首屏等），基于社交关系的直播拥有更多渠道触达用户。 三是利用广告获取收入。 目前国内视频直播产品的收入主要来自观众打赏、道具售卖带来的收入分成，微博开始尝试广告收入，未来有可能成为视频直播收入的来源补充。

（2）内容多元化。

从各直播平台的主播分类来看，播出内容在逐渐增加。 如斗鱼在游戏、赛事直播之外，还拓展娱乐、颜值、科技板块的直播，不仅为热衷游戏直播的用户提供新的直播服务，同时也吸引了非游戏迷用户。

（3）形式多样化。

直播形式增强了用户与主播的互动性，拉近了主播与用户的距离。 但是单靠直播那点时间来维持与粉丝的互动，是远远不够的。 一些直播受场地等的限制，不能时刻发起。 因而各类直播平台互相竞争时，为了满足用户的需求，就有了短视频和直播的融合。 如陌陌除了直播平台外，还有涉及视频的时刻分享功能，它鼓励用户通过短视频的方式，随时随地在平台上分享自己的生活。 这种短视频与直播相结合的方式促使用户在平台上主动分享展示自己的生活。

12.4 问题与对策

12.4.1 有关网红主播发展的问题

（1）娱乐泛化的负面影响。

直播这一模式旺盛的传播力和盈利能力一直持续。 虽然秀场模式被非主流人群力捧，呈现出良好发展态势，但这一模式属于灰色地带，无法被主流投资者所看重，所以各直播平台都在积极地推出新模式，然而该模式触及法律伦理边界现象依然存在。 尽管现在国家政策频繁出台，但依然能看到负面消息屡禁不止。

（2）引流成本奇高。

直播的主要形式是一个网红主播向无数个用户单向传播，用户再向平台反馈。 这种交互不是有效的社交关系，弹幕模式也不具备客户黏性。 因此，社交关系始终是直播行业在营销方面的短板。 因为主播对用户的多边关系和用户对用户的单边关系自始至终都没有建立起来。 直播不是社交，它仅仅算是一种短暂聚集的娱乐与交流。 因为缺乏社交关系，大部分用户快速流失。这不仅降低了用户的留存率，减弱了用户黏性，而且拉高了引流成本。 所以在缺乏投资补贴时该行业必将加剧亏损。

（3）平台内容生产的无效性。

对于内容平台来说，内容是根本，能留住用户的平台才是有竞争力的平台，直播亦是如此。 在竞争激烈的直播平台中，内容质量参差不齐，无法形成长期用户留存，因而平台开始向电视综艺学习，推出 PGC 内容。 但是电视综艺的形式，因为制作费用高，且直播的实时互动限制了电视综艺模式，不能达到理想的效果。 所以直播平台只能在 PGC 和 UGC 之间寻找合适的平衡点，以控制成本，提高效益。

（4）流量稳定性问题。

随着新鲜感的消失，无法自带流量的平台面临着打造网红成本水涨船高的问题。 各类佣金的高比例，致使大部分直播平台资金链纷纷告急。 在风险资本逐渐撤离的情况下，保持一个平台流量的稳定成为网红直播产业未来健康发展的核心内容。

12.4.2 关于网红行业发展的对策

（1）结合实体产业实现垂直化的发展。

随着粉丝经济、共享经济的出现，传统的产业受到很大冲击，各行业都在想方设法变革。 传统企业很大程度上因为不能实现双向交互，所以无法了解用户的真实需求。 而在移动互联网中，用户能够更多地参与商业活动，使企业能更好地捕捉到用户真实的需求。 因此，传统产业可以尝试引入互联网渠道，寻找属于自己的 IP，融合产品、营销、运营、推广，使之成为线上流量入口。

（2）推进立法，加强监管，提高版权意识。

推进立法，让网络世界在法制的轨道上运行。 各类低俗内容在网络直播中频现，说明网络监管存在缺陷。 如网络直播平台快手发布的伪慈善事件引发热议，引起网友的关注。

为了避免类似的问题出现，可以通过加强对有影响力的网红的监督，防患未然，促使其自觉守法，提高版权意识。 现在很多网红自媒体用户在各种法律完善的过程中，不断增强自己的版权意识，很多网红在自己的微信公众号或者其他平台中，都设置了原创这一标签，明确内容的版权。

（3）加强教育宣传，树立正确三观。

对任何事物，法律的监管都只是外部的约束，只有真正从内心遵循的理念才能散发持久的动力。 所以对于网红发展过程中出现的乱象，我们要从教育宣传抓起，培育正确的三观，作为有影响力的网红，可以在自己的创作和直播中宣传社会主义核心价值观，以身作则，积极传播正确的网络文化。 网络从业人员，要以法律为准绳，以价值观为主导，以主流文化为方向，给广大民众带来更多有价值的信息。 而消费者也要增强自己的辨识力，辨别其优劣，选择符合主流价值观的信息。 同时对于违规行为也要积极监督举报。 不管是网红产业的从业人员，还是产业消费者，都要树立正确的价值观和人生观。

12.5　小结

（1）本章在前人的研究成果基础上，对网红影响力评价选取指标、建立模型、赋予权重，定量评价网红的影响力。 这不仅客观、准确地评价了网红影响力，还拓宽了对网红的研究范围，探索出对网红影响力定性评价的方法。

（2）本章结合以往对意见领袖影响力的研究，构建网红影响力评价指标体系，并用层次分析法赋予权重值，再结合网红实例进行实证分析，系统全面地构建网红影响力评价体系，填补了网红影响力评价领域的空白，为日后进行深入研究提供参考。

（3）对网红影响力指标体系的构建和评价，可以快速评定网红影响力的大小，找出网红影响力存在的问题，进一步引导社会风气；同时也为众多网红树立目标，方便其约束自身行为；另外，也有助于快速寻找出具有较大影响力的网红，便于政府对其进行监督，防止负面言论影响公众。

数字贸易背景下网红竞争力评估模型
构建研究

近年来，互联网的发展催熟了网红经济。网红经济发展日益壮大，并且涉及多种产业。例如近年来比较热门的彩妆行业、电子竞技行业、短视频剪辑等，处处可见网红电商的身影。网红产业的崛起依赖于互联网的发展，离不开众多网民的支持。网红电商是由"网红"和"电商"两部分组成的新电商模式，就是通过各社交平台入驻的一些有一定影响力的行业达人和意见领袖，以自身才艺、技能、颜值等进行推荐引流，增加粉丝数，最后通过电子商务变现的一种商业模式。网红的走红通常与话题度、价值观、审美、粉丝的契合程度等因素相关。

网红与粉丝在社交平台和自媒体平台进行互动，逐渐形成亲密关系，从而能够形成自己的独立 IP，在此过程中，网红不仅提高了自身影响力，而且有利于孵化自有品牌，最终通过电商平台收获购买力、实现商业变现。随着近年来网红营销的火热，对于网红来说，找到自己的核心竞争力就变得尤为重要。网红电商的经济效益突破了传统电商的效益，其营销模式、竞争关键因素、存在问题值得我们研究，这种研究有利于电子商务行业的发展。网红电商开启了基于社交软件和电商平台的营销新模式，提出了一种新营销理念，即"自我营销"的概念。

网红电商巨大的市场空间吸引资本的进入，随着资本的涌入，网红电商的可运作空间更广且产业链得到不断完善。目前，网红电商并未触及行业天花板，仍然有很大的发展空间。 一方面，广大网民的喜好决定了网红电商的发展；另一方面，网红电商也反作用于受众，很大程度上改变了消费者的传统消费习惯，也改变了传统的营销方式。 在我国大力推动"互联网＋"的背景下，网红电商给传统线下企业提供了新思路，线上线下一体化，实现线上业务与线下实体业务的有效接轨。 虽然网红经济存在着"草根经济"自生自灭的问题，但是对于拉动消费、创造就业机会起到了不可否认的积极作用。 网红电商行业给传统零售行业带来了巨大的冲击和深远的影响，因此，充分研究网红电商的竞争力关键因素和长期发展模式，找到网红电商的发展优势及劣势，有助于传统企业融入互联网经济，帮助传统企业向新业态顺利过渡。

13.1 相关研究现状

网红经济在我国发展时间并不长，但势头很好，短短几年就改变了传统的消费习惯，带来了良好的经济效益，虽是一种较新的经济模式，却有着不小的影响力和关注力。 黄维（2016）指出，网红经济具有更好定位粉丝需求的能力，能够更加精准高效地推荐相关产品来满足粉丝的需求，实现精准营销，大幅减少营销成本并且提高粉丝消费水平。 崔津津（2017）认为，网红电商的流量就来自营销。 网红经济中最重要的一环就是营销。 郭艳（2017）提到，网红变现最有价值的模式就是网红电商模式，且网红不仅是单个独立的因素，而是与粉丝、电商平台、社交软件、公关团队、产品等多个要素息息相关的变量，变量之间要相辅相成才能发展得更加长远。 王奕杨（2018）建议网红团队寻求更多社会热点、兴奋点，以提高话题度，延伸主营业务相关产业链，克服网红迅速增长时产生的"营养不良"和"无疾而终"的问题。 张婧媛（2019）指出，网红具有快速吸引大量流量形成规模效益、吸引大量潜在消费者创造新需求、有效获取与分析消费者数据和进行动态精准营销的能力。林婷婷（2018）分析了网红对消费者购买意愿的影响因素，具体分析了网红形象、产品信息、互动程度、个性化服务等因素对消费者的影响，从而更准确地指导网红营销发展方向。 石夫磊（2018）指出，系统动力学可以对网红电商获利影响因素进行中长期的预测。

13.1.1 关于对网红电商的理解

网红，是意见领袖的一种形式。游庶东（2019）认为网红的全称是"网络红人"，是指因为在网络中爆发的某些事件而被大量网友关注从而获取大量关注的人，或是那些长期在网络上分享自己的知识、观点从而吸引大量志同道合的粉丝的人。杜康伊（2019）认为，网红经济是通过网红群体建立的新经济模式。网红们通过创立个人专属潮牌网红店铺或通过社交媒体宣传产品来吸引大量粉丝的注意力，通过促销或"饥饿营销"的手段来引导粉丝狂热购买。网红电商营销模式的研究框架也在逐渐完善。周景霞（2019）表示，网红电商营销模式作为当下研究的热点，在引发社会关注的同时，也将被大量学者研究，从而能够完善和发展其内涵。

在互联网迅速发展的今天，网红电商营销模式是网红经济中最为成熟的发展模式，即在互联网发展的大背景下，依靠迅速发展的电子商务，通过多种平台的引流共享，结合线上的网红营销与线下的供应链，形成稳定的发展模式，即网红电商营销模式，是现今变现量最大、发展最稳定的一种模式。网红电商营销模式实行"网红＋电商"模式，网红通过社交平台进行推荐引流，最终通过电子商务进行变现。网红在模式中充当"意见领袖"，粉丝依赖、信任网红的审美与鉴赏力，网红为他们提供意见指导，将他们引流到店铺中转化为购买力。整个过程节约了消费者的时间成本，提高了购买效率，是一种有效的商业模式。胡文瀚（2018）表示，网红电商能够如此引导消费者进行消费，一大部分可归功于网红们背后的专业团队，尤其是那些善于把控舆论风向和降低网红电商进入门槛的专业团队。叶淇菁（2017）表示，在新型电子商务模式的发展驱动下，方便网红电商发展的平台会越来越多，且不断被完善。

13.1.2 关于网红竞争力的理解

周广澜（2018）表示，决定网红竞争力的因素主要有3个：盈利能力、影响力和用户黏性。盈利能力用来衡量网红创造价值或商业变现的能力，是衡量网红创造商业价值的最有效指标。 盈利能力包括粉丝购买能力和自身盈利能力。 粉丝购买能力，就是网红引导粉丝自愿自发购买推荐产品的能力。 这类粉丝具有独立的购买能力，而且一般是网红精准定位的潜在消费者。 这类粉丝购买力是十分巨大的，会高效低成本地大幅提升营业额。 自身盈利能力，就是网红自身接代言或者广告的能力。 像许多网红拥有自己的独立网店，自身盈利能力表现在直播或者发布原创内容时收到的粉丝礼物、所接受的广告代言或产品推广或者自己创立独立品牌店所获得的收益，网红收到的礼物越多、承接的广告推广越多、品牌店铺营业额越多，证明网红自身盈利能力越强。

评价网红竞争力的又一重要指标是网红的影响力。 网红的影响力涵盖了以下几个方面。 首先是网红坐拥的粉丝数量，也就是流量数，网红的粉丝数越多，说明网红可影响的范围就越广泛。 近几年存在的购买水军、假粉丝美化自己的数据，从而以自己"认证大 V"的身份来吸引部分粉丝的情况，在一定程度上能够说明粉丝数的增加对自身影响力有正反馈作用。 Elmira（2017）认为，个人拥有的追随者越多，他们的社会影响力就越大。 网红需要积累一定的粉丝数才会接到代言或推广，因为资本方明确知道没有大量粉丝的网红没有足够大的影响力，创造不了太大的商业价值。 其次就是点击率、观看数量，倘若只有粉丝数而没有点击率，说明网红所发布的视频没能有效传播到受众，那么自然就产生不了影响力。 这也是当代很多网红存在的问题。 网红发布的内容中可能只有一两个视频能够吸引大众点击，其他视频观看量较少又缺少团队的包装，或是发布内容过于相似无法引起粉丝的兴趣，则网红的粉丝数会随之下降，从而出现"草根网红"自生自灭的现象。 也就是观看量越大，产生的有效影响力就越大。 最后是话题度，近些年的网红通过吸引骂声进行反向营销也是一种自我宣传的手段。

张旻（2016）表示，网络直播具有一般社交媒体的特点，就是粉丝之间的互动以及粉丝与网红之间的互动都相当重要。 若网红与粉丝缺少互动，就不会产生良好的传播效果，也无法让粉丝对网红产生认可感，所以双向的互动必不可少。 用户黏性主要体现在粉丝持续订阅时间、脱粉率、点赞转发数据和关注程度上。 粉丝持续订阅时间越长，说明网红对粉丝的影响时间越久。

而脱粉率越高，网红能留住粉丝的能力越小，也就是用户黏性越弱。脱粉率与用户黏性是一种负反馈关系。与用户黏性相关的还有粉丝的点赞、评论、转发、收藏等的数量，在一定程度上，这些数据表明了粉丝对网红发布内容的认可程度和喜爱程度，浏览、点赞、评论、转发的数量在某些有激励计划的平台上可以直接变现，某些不可直接变现的平台则是通过点赞、评论、转发提高网红的知名度，扩大其影响力，通过广告代言反映商业价值。再有就是粉丝的关注程度，粉丝持续关注并观看内容，或是网红与粉丝亲密互动形成的亲密关系都会使用户黏性增强，使用户对该网红的兴趣更高、依赖性更大。用户黏性越高，说明该网红的粉丝质量越佳，能够更加有效地进行信息交流和传递。

孙震（2016）调查发现，多数人认为网红是"搞粉丝营销、卖低劣品的淘宝卖家"。由此可见，公众对于网红这个行业的整体印象不算太好，网红尽失口碑并且收获的商业信任度不高。网红仅仅依靠自己的名气引导粉丝消费并非长久之计，长此以往只会不断影响网红自身的信誉和良好形象，甚至拉低、败坏整个网红行业的风气。网红的低门槛使整个网红行业的口碑低迷。网红的个人品质主要包括品德素质和专业素养 2 个方面。个人品质对于网红的发展是一个长期影响因素，短期内其受关注度可能由话题度、点击率等因素决定，但网红想要得到持续发展，优良的个人品德素质和正确的价值观不可或缺。

13.2 网红竞争力模型的建立

13.2.1 网红竞争力因果关系图

网红竞争力系统作为一个长期、动态的开放系统，由用户子系统、网红所在电商、社交平台系统进行综合作用的开放性平台构成，而因果关系图作为系统动力学中最常用的表示系统中变量因果关系的图形表示方法，可以用于初步构建网红竞争力因果关系系统。利用系统动力学软件 Venism 初步构建网红竞争力系统因果回路图,见图 13-1。

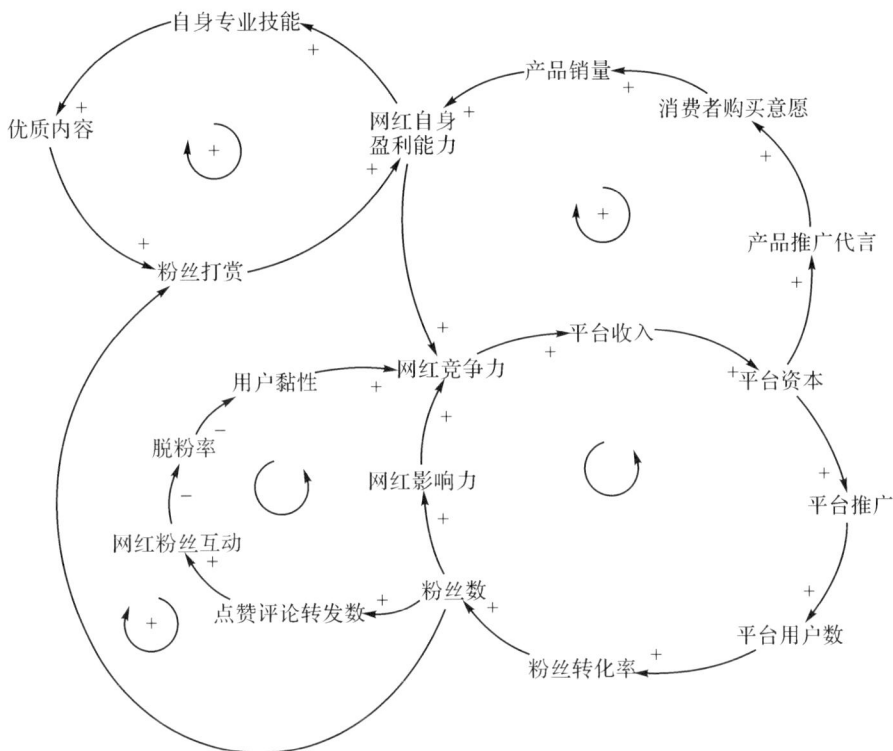

图 13-1 网红竞争力系统因果回路图

资料来源:陈茜整理。

可以发现该系统因果回路图总共有 5 条回路:

回路 1:平台资本→＋平台推广→＋平台用户数→＋粉丝转化率→＋粉丝数→＋网红影响力→＋网红竞争力→＋平台收入→＋平台资本。 这条回路相关的平台包括社交软件平台和电商平台,因为无论是社交软件平台还是电商平台都会拿出一定金额作为推广宣传费用,使平台用户数增多,平台用户数增多后就会保持或提高各个网红的粉丝转化率,从而使网红的粉丝数增加,扩大了该网红的影响力,提高了网红的竞争力。 届时,网红吸引的流量又能为平台带来收益,从而增加平台资本。

回路 2:平台资本→＋产品推广代言→＋消费者购买意愿→＋产品销量→＋网红自身盈利能力→＋网红竞争力→＋平台收入→＋平台资本。 该回路相关的平台多半为电商平台或企业平台，这些平台会拿出部分资本让网红代言、推销产品，越具有影响力的网红就越具有消费引导力，从而提高消费者的购买意愿，此时就达成了平台的销售目的，增加了产品销量。网红获得了广告费或者提成，从而提高了自身盈利能力和竞争力，又给这些电商平台、企业平台增加收入，产生更多资本，循环往复。

回路 3：平台资本→＋平台推广→＋平台用户数→＋粉丝转化率→＋粉丝数→＋粉丝打赏→＋网红自身盈利能力→＋网红竞争力→＋平台收入→＋平台资本。与回路 1 相同，平台资本用作推广，使得平台用户数增加，用户基数变大，提高或保持粉丝转化率，网红增加了粉丝数，就会有更多的粉丝打赏，这也是网红直接盈利的一种手段，从而提高了网红竞争力，为平台创造收入，产生更多资本，形成循环。

回路 4：平台资本→＋平台推广→＋平台用户数→＋粉丝转化率→＋粉丝数→＋点赞评论转发数→＋网红粉丝互动→－脱粉率→－用户黏性→＋网红竞争力→＋平台收入→＋平台资本。与回路 1 相同，平台推广使得粉丝数增多，从而会有更多的浏览量，也会有更多的点赞评论转发数，此时网红与粉丝互动、回应粉丝话题之类的行动更多，会使粉丝脱粉率变低，粉丝脱粉率比较低说明用户黏性较强，用户黏性变强意味着网红可以持续影响粉丝，表明该网红竞争力提升，从而能够得到资本方投资。

回路 5：网红自身盈利能力→＋自身专业技能→＋优质内容→＋粉丝打赏→＋网红自身盈利能力。回路 5 表明，在自身具备盈利能力的时候，网红会花钱买更专业的设备，学习更多更专业的知识，能够优化自己发布的内容、精益求精从而获得粉丝的赞赏，提高自身的盈利能力，获得长期发展。

13.2.2 网红竞争力系统流量存量图

为使模型简化，得出最有研究意义的因素，在构建模型前，先对网红竞争力系统做出如下前提假设：在平台初始资本既定的情况下，后续资本积累只是考虑网红竞争力有关因素带来的平台收入，而不考虑平台其他方面的收入。假设平台的用户来自广大网民，且网民入驻只与平台推广有关系，而网红的粉丝来自平台用户，平台用户是未成为网红粉丝的人，将这些人叫作平台潜在粉丝数。 粉丝脱粉后,则这些粉丝又变成平台潜在粉丝。 假设网红竞争力与粉丝数呈正反馈关系。

网红竞争力系统由用户子系统和网红—平台子系统共同构成,根据因果回路图,我们选取可量化的变量作为水平变量,选取平台潜在粉丝数和粉丝数作为水平变量进行研究。 由此建立网红竞争力系统的用户子系统存量流量图,如图 13-2。

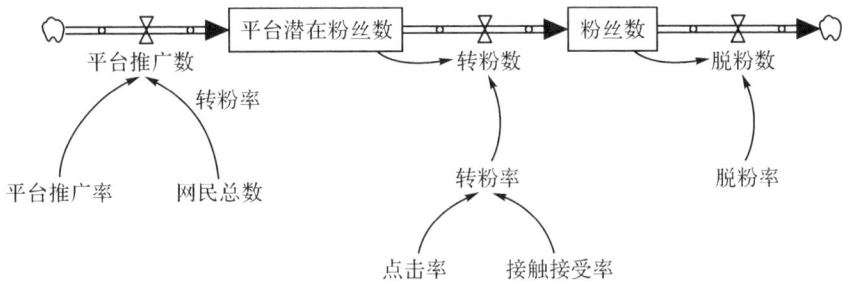

图 13-2 用户子系统存量流量图

资料来源:陈茜整理。

按照子系统,推演出整个系统变量之间的因果关系,构建出整体网红竞争力系统的存量流量图,并且选取平台资本、网红自身盈利、平台潜在粉丝数、粉丝数作为水平变量,也就是存量进行研究。 网红竞争力系统存量流量如图 13-3 所示。

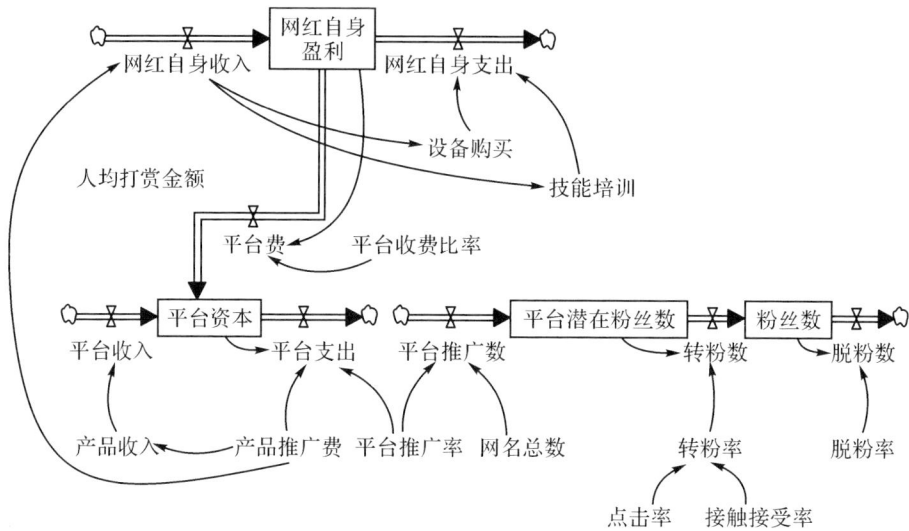

图 13-3　网红竞争力系统存量流量图

资料来源:陈茜整理。

本章探讨关键水平变量的原因结构树,是对前文因果回路图的补充,可以充分认知主要变量的相关因素,从而能够更好地建立水平变量、辅助变量、常量变量之间的动态等式。

研究选取粉丝数作为主变量得到原因结构树,发现造成粉丝数变动的变量有脱粉数和转粉数,脱粉数不仅与脱粉率有关,而且还与粉丝数有关,也就是说粉丝数越多,可能脱粉的人就越多。而脱粉的人多了,粉丝数就可能会减少,这是一种制衡的关系。粉丝数的改变还与平台潜在粉丝数和转粉数有关系,转粉数是由于平台潜在粉丝数和转粉率共同决定的,如图 13-4 所示。

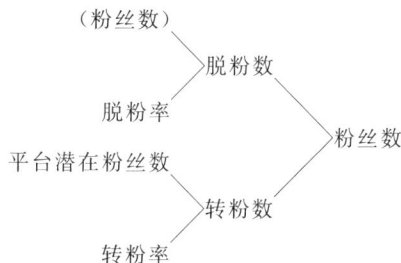

图 13-4　粉丝数的原因结构树

资料来源:陈茜整理。

研究选取平台潜在粉丝数作为主变量得到原因结构树，不难看出，平台潜在粉丝数的变动与平台推广数和转粉数有关，平台推广数是由网民总数这个常量变量和平台推广率这个速率变量共同决定的，如图 13-5 所示。

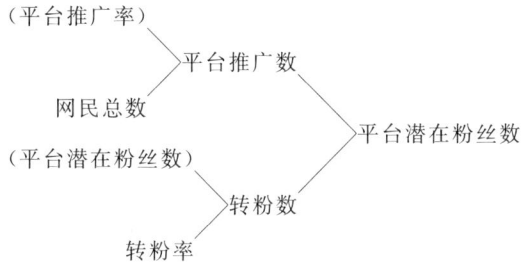

图 13-5 平台潜在粉丝数的原因结构树

资料来源：陈茜整理。

研究选取平台资本作为主变量得到原因结构树，从中可以看出平台资本是由平台支出、平台收入（产品推广所得）、平台费（网红缴纳）三者共同决定的。其中平台支出还会受到平台资本的约束，平台资本决定了平台支出的范围，平台支出改变了平台资本的数量，平台收费来自网红自身盈利情况和平台收费比例，如图 13-6 所示。

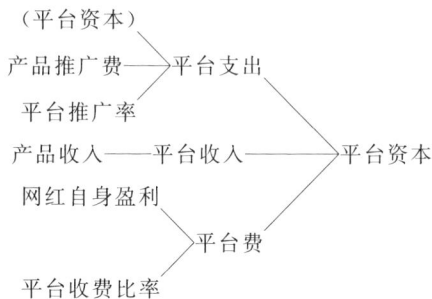

图 13-6 平台资本的原因结构树

资料来源：陈茜整理。

研究选取网红自身盈利作为主变量得到原因结构树，可以看出，网红自身盈利由网红支出的平台费、网红自身支出、网红自身收入共同决定。其中平台费和网红自身盈利也是一种制衡关系，网红自身盈利越多，被收取的平台费就越高，平台费升高时网红自身盈利又会减少。网红自身支出这里设定为与事业有关的支出，包括技能培训和设备购买。 网红自身收入则由粉丝数、产品推广费和人均打赏金额共同决定。 如图 13-7 所示。

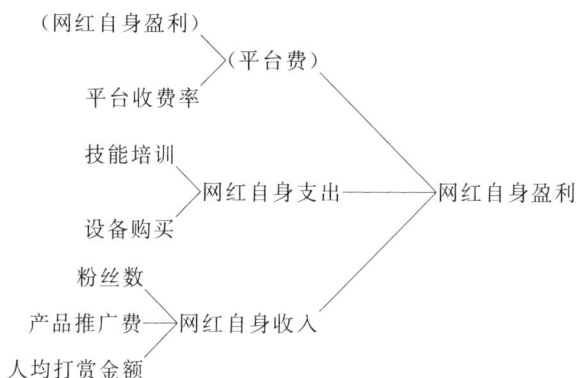

图 13-7 网红自身盈利的原因结构树

资料来源:陈茜整理。

13.3 网红竞争力模型分析

13.3.1 网红竞争力模型主要方程式

在绘制完整个网红竞争力系统存量流量图后，对各个变量进行方程式的定义，对常量变量进行初始赋值，主要方程式如下。

用户粉丝子系统主要公式:

脱粉数＝脱粉率×粉丝数 　　　　　　　　　　　　　　　　（公式 13-1）

转粉率＝点击率×接触接受率 　　　　　　　　　　　　　　（公式 13-2）

转粉数＝平台潜在粉丝数×转粉率 　　　　　　　　　　　　（公式 13-3）

平台推广数＝平台推广率×网民总数 　　　　　　　　　　　（公式 13-4）

平台潜在粉丝数＝INTEG（平台推广数－转粉数，０）　　　（公式 13-5）

粉丝数＝INTEG（转粉数－脱粉数，０）　　　　　　　　　（公式 13-6）

网红子系统主要公式:

网红自身支出＝设备购买＋技能培训 　　　　　　　　　　　（公式 13-7）

设备购买＝网红自身收入×0.2　　　　　　　　　　　　（公式 13-8）

技能培训＝网红自身收入×0.1　　　　　　　　　　　　（公式 13-9）

网红自身收入＝人均打赏金额×粉丝数＋产品广告推销费　（公式 13-10）

平台费＝网红自身盈利×平台收费比率　　　　　　　　　（公式 13-11）

网红自身盈利＝INTEG（网红自身收入－网红自身支出－平台费，0）

（公式 13-12）

平台子系统主要公式：

平台支出＝平台推广率×平台资本＋产品推广费　　　　　（公式 13-13）

平台收入＝产品收入　　　　　　　　　　　　　　　　　（公式 13-14）

产品收入＝产品推广费×2　　　　　　　　　　　　　　　（公式 13-15）

平台资本＝INTEG（平台收入＋平台费－平台支出，1000000）

（公式 13-16）

其中公式 13-8、公式 13-9 的常量系数是暂时做出的假设，假设网红每月设备购买占其自身盈利收入的 0.2，其每月技能培训占到自身收入的 0.1。 其中公式 13-15 的系数为 2，是作为常量假设，假设广告推广费的投入会得到 2 倍的平台收入回报，此处暂时选择常量系数 2。 公式 13-16 中，平台资本的初始值设定为 100 万元，若平台资本为 0，则该系统没有启动资金，无实际意义。 现在规定网红竞争力系统中所有变量的初始值和单位，对各水平变量、常量变量、辅助变量的单位和初始值进行说明，见表 13-1。

表 13-1　各变量初始赋值和单位

类型	名称	初始值	单位
水平变量	网红自身盈利	0	元
	平台资本	1000000	元
	平台潜在粉丝数	0	人
	粉丝数	0	人
常量变量	人均打赏金额	2	元/人
	平台收费比率	0.005	百分比
	产品推广费	10000	元/月

续　表

类型	名称	初始值	单位
常量变量	平台推广率	0.7	百分比
	网民总数	1000000	人
	点击率	0.8	百分比
	接触接受率	0.9	百分比
	脱粉率	0.1	百分比
辅助变量	网红自身收入	/	元/月
	网红自身支出	/	元/月
	平台费	/	元/月
	平台收入	/	元/月
	产品收入	/	元/月
	平台支出	/	元/月
	平台推广数	/	人/月
	转粉数	/	人/月
	转粉率	/	百分比
	脱粉数	/	人/月
	技能培训	/	元/月
	设备购买	/	元/月

资料来源:陈茜整理。

在公式和初始值都建立完成后,对模型和公式进行检测,保证该系统的合理性和单位运算的正确性,至此完成网红竞争力系统模型构建。 模型检测结果和单位检测结果无误。

13.3.2　实验数据与结果分析

此次实验的目的是探究出影响网红竞争力的关键因素,在上述模型中我们将网红竞争力量化为水平变量:粉丝数、平台潜在粉丝数、平台资本和网红自身盈利,观察不同常量参数的改变对这些存量造成的影响。 本章将对点击率、接触接受率、脱粉率、平台收费比率、产品推广费这几个常量变量和其他关键变量进行重点讨论。

（1）点击率对其他变量的影响。

首先对单个常量变量进行分析，控制其他常量变量不变。观察该单个变量对其他关键变量的动态影响。

首先选取点击率进行研究，current、current1—current4 分别设置点击率为 0.9、0.8、0.7、0.6、0.5。

可以发现在 36 个月内，点击率对转粉数的影响在 8 个月后基本趋于饱和，在前 4 个月时，点击率对转粉数造成的影响垂直相差较大，表明在一定的时间内，点击率越高，转粉数越多。如图 13-8 所示。

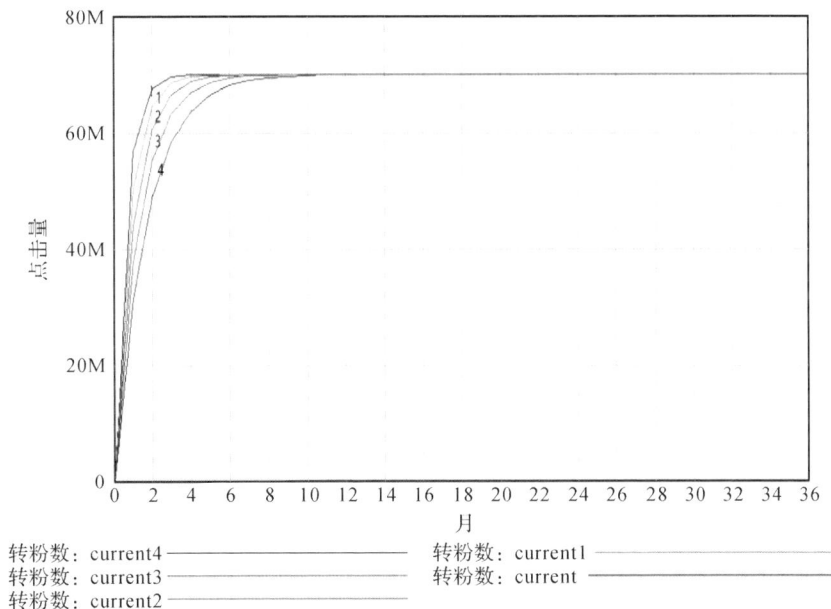

图 13-8　点击率对转粉数的影响图

资料来源：陈茜整理。

随着点击率的提高，粉丝数也会随之增加。但点击率的变化对粉丝数的影响在长时间内不会太大，并且在足够长的时间后会趋于饱和，也就是说点击率设置为 1 时，为信息发布了必定会被点击的极限情况（若点击率超过 1，虽然模型不会出错，但是失去了实际的探讨价值，其他数据也是同理，不再赘述），如图 13-9 所示。

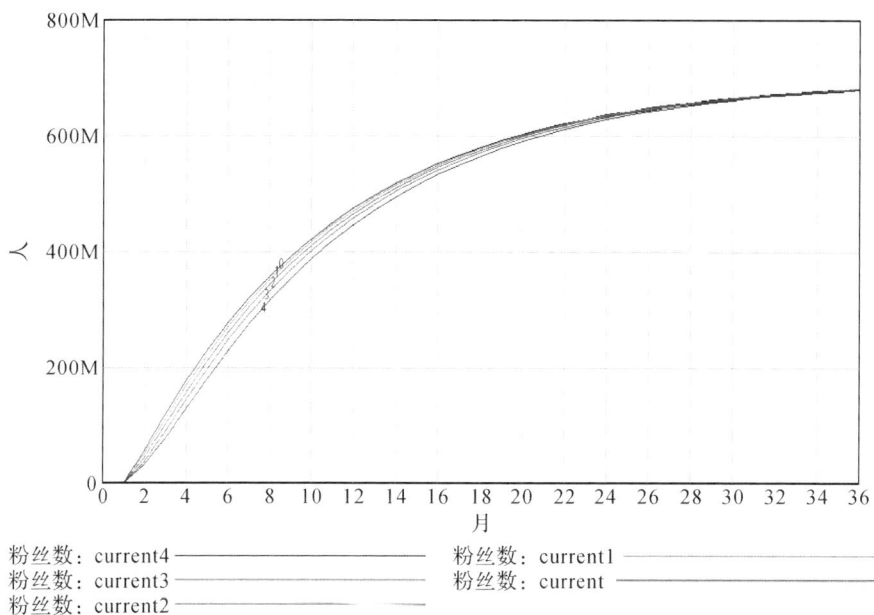

图 13-9　点击率对粉丝数的影响图

资料来源:陈茜整理。

　　研究发现点击率对平台资本变化的影响图象呈凹函数,在前几个月内点击率对平台资本不会产生太大的影响,但随着平台的良好运营,点击率对平台造成的影响呈类似指数函数的上升走势,也就是说点击率越高,平台资本随着时间的运行增加得越多,且在后期增速较快,如图 13-10 所示。

　　点击率对网红自身盈利的影响,类似点击率对平台资本的影响,也是点击率越高,网红自身盈利越高,但差异不明显。 随着时间的增加,网红自身盈利呈上升趋势,如图 13-11 所示。

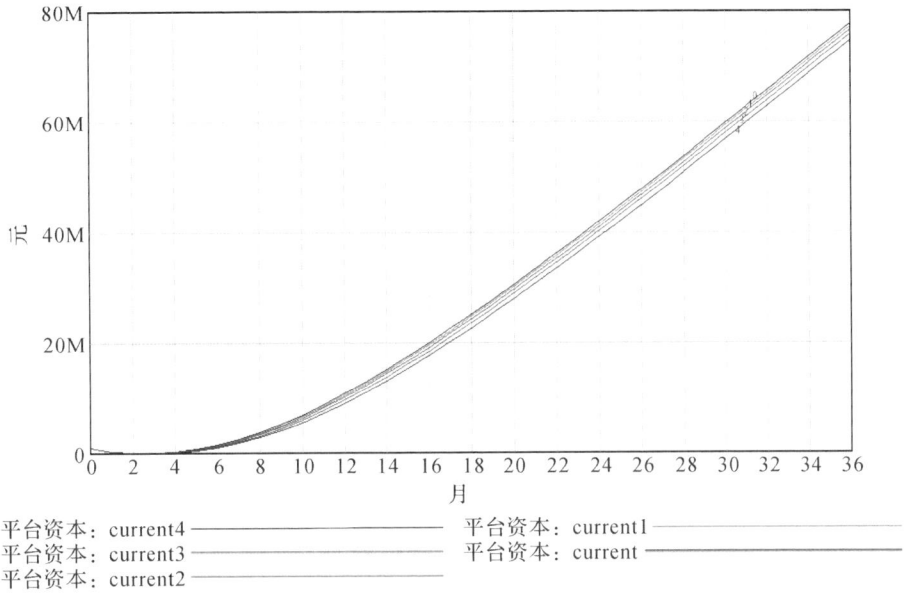

图 13-10 点击率对平台资本的影响图

资料来源:陈茜整理。

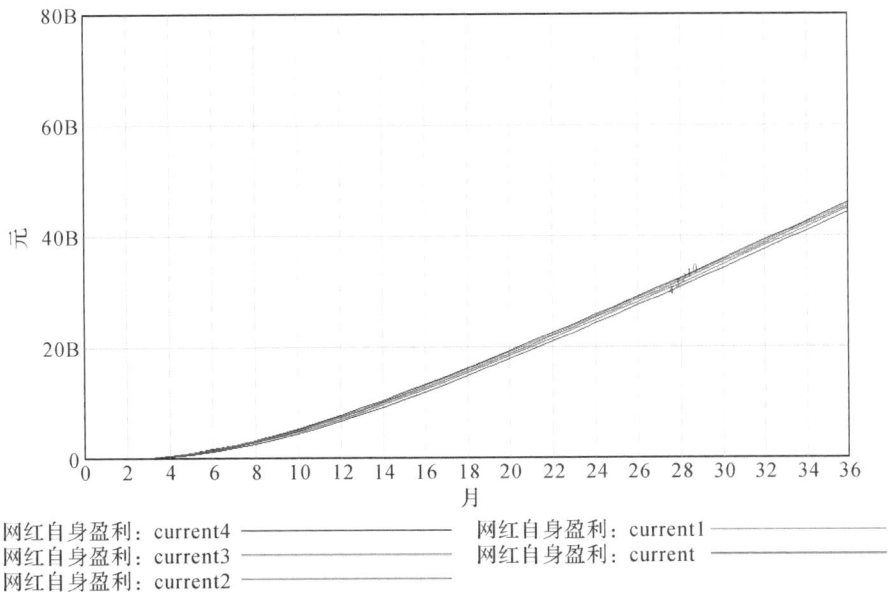

图 13-11 点击率对网红自身盈利的影响图

资料来源:陈茜整理。

由于接触接受率和点击率是处于同等位置的变量,在乘法公式中是可以交换位置的,对各水平变量和转粉数产生的影响是同等的,可参考点击率对各变量的影响。

(2)脱粉率对其他变量的影响

再讨论脱粉率对各变量的影响,将点击率设置回到初值 0.8,再将 current、currrent1—current4 的脱粉率分别设置为 0.1、0.2、0.3、0.5、0.8。

当脱粉率大于转粉率,转粉率初值是 0.72,也就是当脱粉率 0.8 大于转粉率 0.72 时粉丝的流失会超过粉丝的流入。当脱粉率改变时,不难发现,脱粉对粉丝人数造成的影响是巨大的。在前 2 个月假设有一定的粉丝基础,影响可能并不明显,但在 2 个月后,脱粉率对粉丝的影响是巨大的,当脱粉率高达 0.8 时,粉丝数基本长期没有增长。脱粉率对于粉丝数的改变如图 13-12 所示。

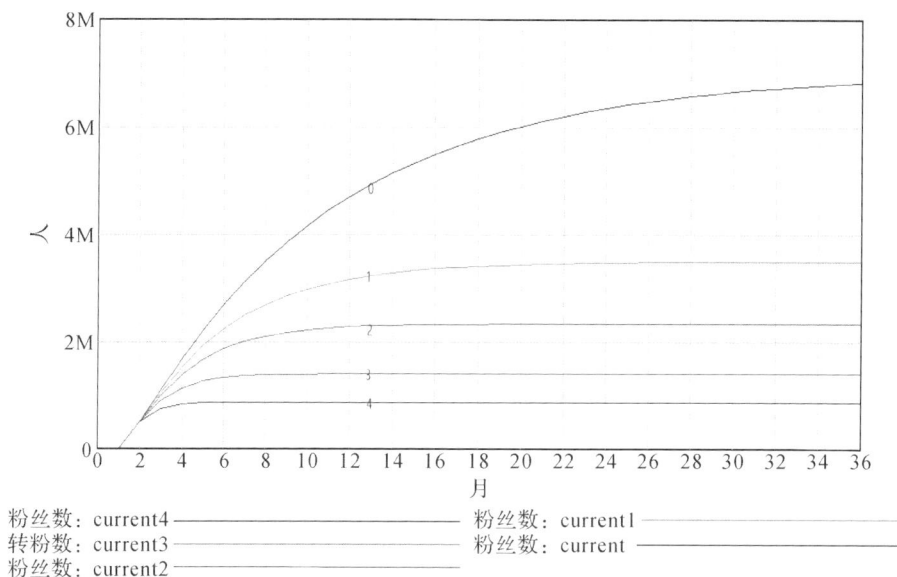

粉丝数:current4 ————　　　　　　　　　粉丝数:current1 ————
转粉数:current3 ————　　　　　　　　　粉丝数:current ————
粉丝数:current2 ————

图 13-12 脱粉率对粉丝数的影响图

资料来源:陈茜整理。

脱粉率对平台潜在粉丝数存在影响,当脱粉率过高造成脱粉数高于转粉数时，会使平台潜在粉丝数增加。 当脱粉率高达 0.8 时，就会造成平台潜在粉丝数增加；而脱粉率没有超过转粉率时，平台潜在粉丝数就不会增加。 如图 13-13 所示。

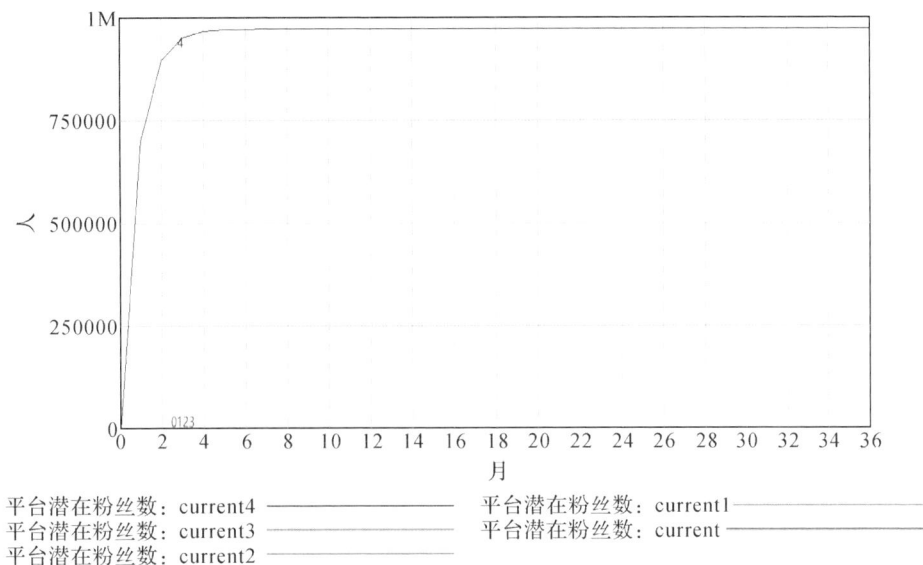

图 13-13　脱粉率对平台潜在粉丝数的影响图

资料来源：陈茜整理。

脱粉率对于平台资本存在影响，脱粉率过高会直接导致平台资本大幅下跌，哪怕有其他方面的收入增加使得情况好转，但是脱粉率过高仍会导致平台损失大量启动资金，勉强维持，所以保留用户、提高用户黏性显得尤为重要。 如图 13-14 所示。

脱粉率对于网红自身盈利存在影响，因为网红自身盈利包括其他产品推广费，但是粉丝数越少，脱粉率越高，网红的自身盈利情况也会有所下降。如图 13-15 所示。

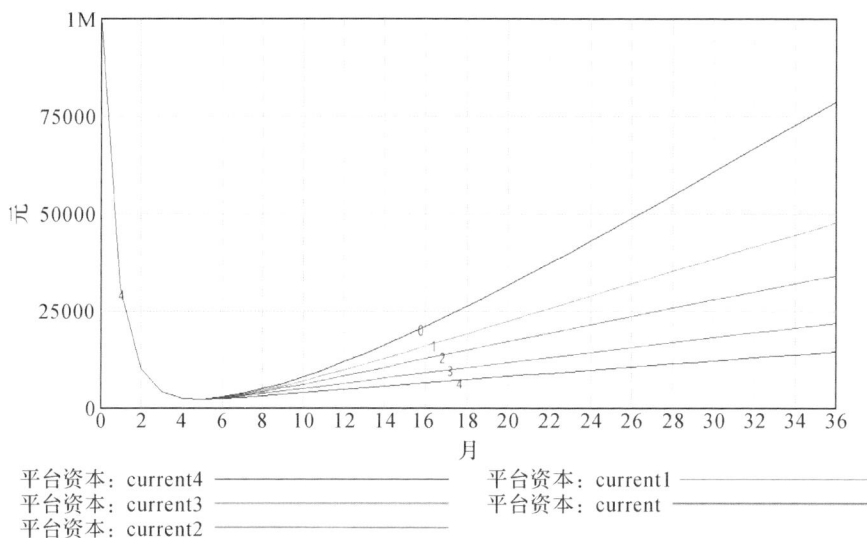

图 13-14　脱粉率对平台资本的影响图

资料来源:陈茜整理。

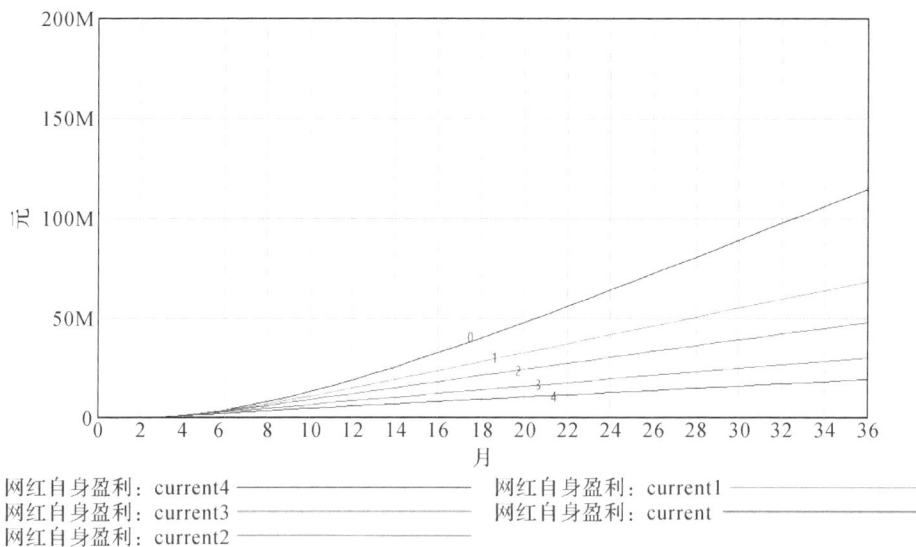

图 13-15　脱粉率对网红自身盈利的影响图

资料来源:陈茜整理。

（3）平台推广率对其他变量的影响。

将脱粉率初始值恢复到 0.1，再分别将 current、current1—current4 的平台推广率设置成 0.1、0.3、0.5、0.7、0.9。

平台推广率对平台支出的影响，在推广初期，平台推广率越高，相应的支出就会越高，但是在第 2—4 个月时，高达 0.9 的平台推广率会使得支出最少，因为此时初始网民基本全部成为平台用户，所以创造了相应的最大利润。后期支出又会随时间增多，受到了规模效应的影响。平台推广率设置为 0.1 时，前期支出较少，后期支出也较少，适合长期平稳发展的平台。如图 13-16 所示。

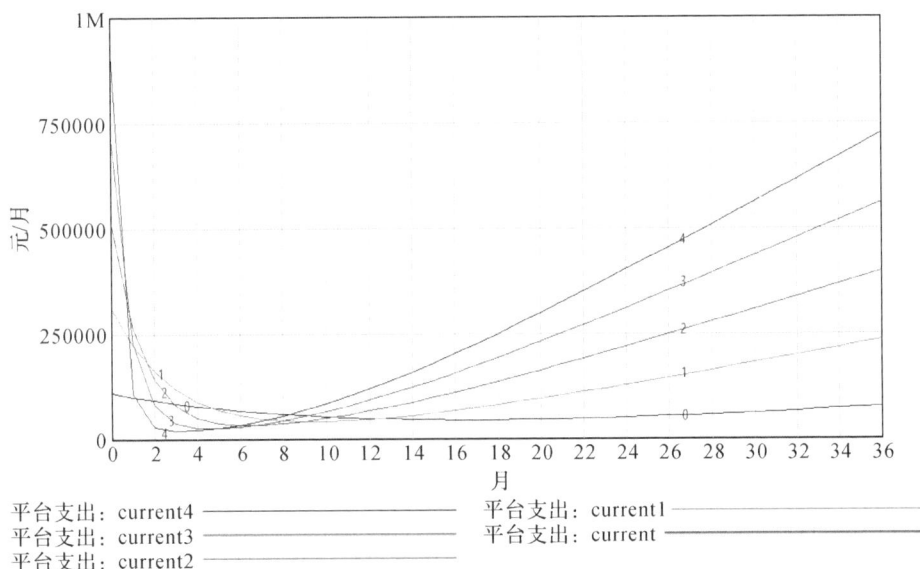

平台支出：current4 ——————————　　平台支出：current1 ——————————
平台支出：current3 ——————————　　平台支出：current ——————————
平台支出：current2 ——————————

图 13-16　平台推广率对平台支出的影响图

资料来源：陈茜整理。

平台推广率对平台资本的影响和对平台支出的影响图形相似。进行推广首先必定会造成平台资本的减少，在达到平台资本的最低值时，随着粉丝数增加、平台费的收取，平台资本会继续增加，如图 13-17 所示。

平台推广率对平台潜在粉丝数存在影响，平台推广率越高就会使越多的网民接触该平台，也就能将网民更快速、更高效地转化为平台用户，也就是平台潜在粉丝，如图 13-18 所示。

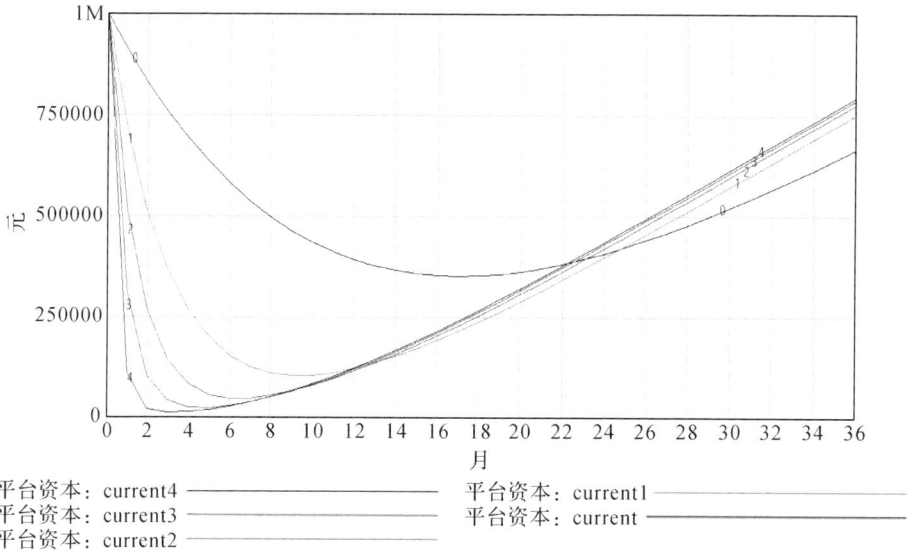

图 13-17　平台推广率对平台资本的影响图

资料来源:陈茜整理。

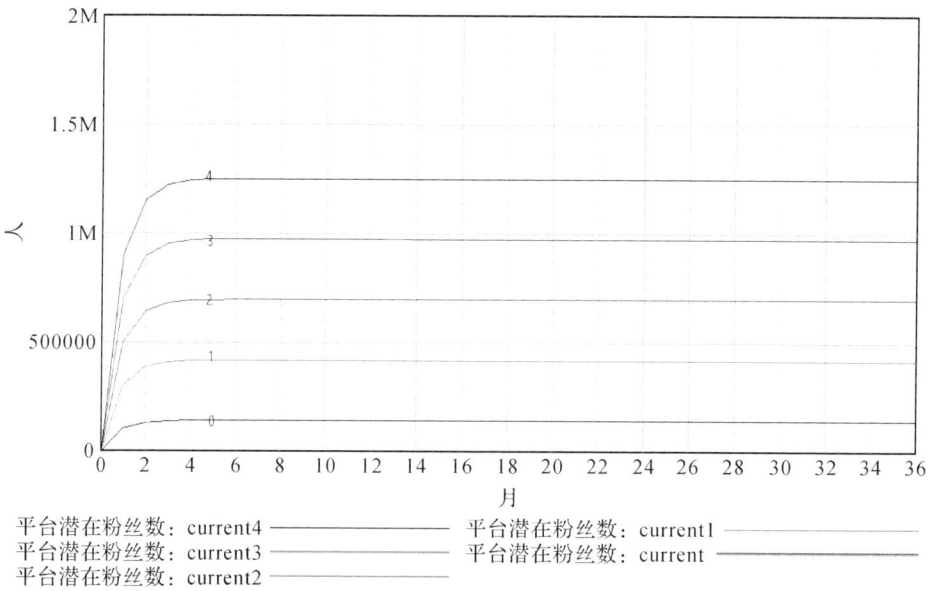

图 13-18　平台推广率对平台潜在粉丝数的影响图

资料来源:陈茜整理。

平台推广率对粉丝数的影响，在网民总数一定的情况下，平台推广率越高，粉丝数增长越快，直至趋向饱和，如图 13-19 所示。

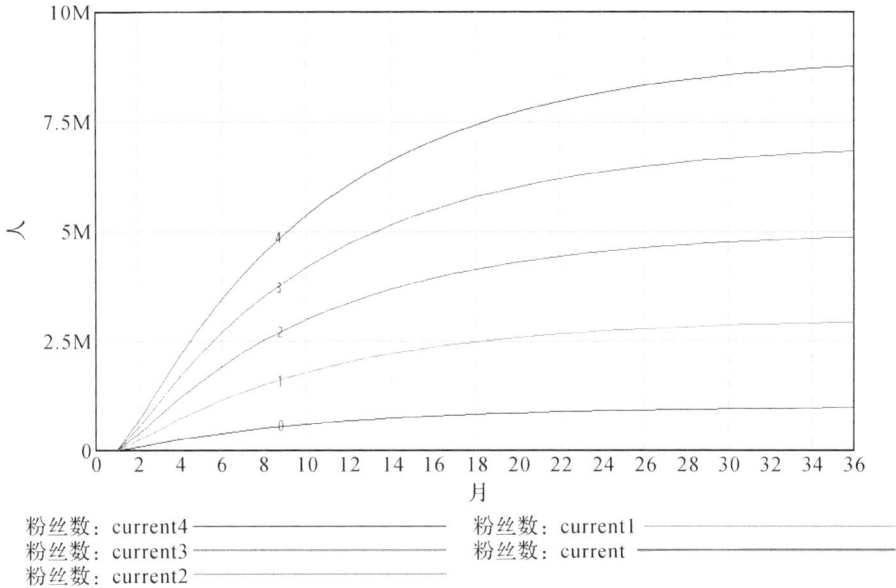

图 13-19 平台推广率对粉丝数的影响图

资料来源：陈茜整理。

随着粉丝数的增加，平台推广率会逐渐造成网红自身盈利增加，且平台推广率越高则网红自身盈利在后期的收入会持续大幅增加，如图 13-20 所示。

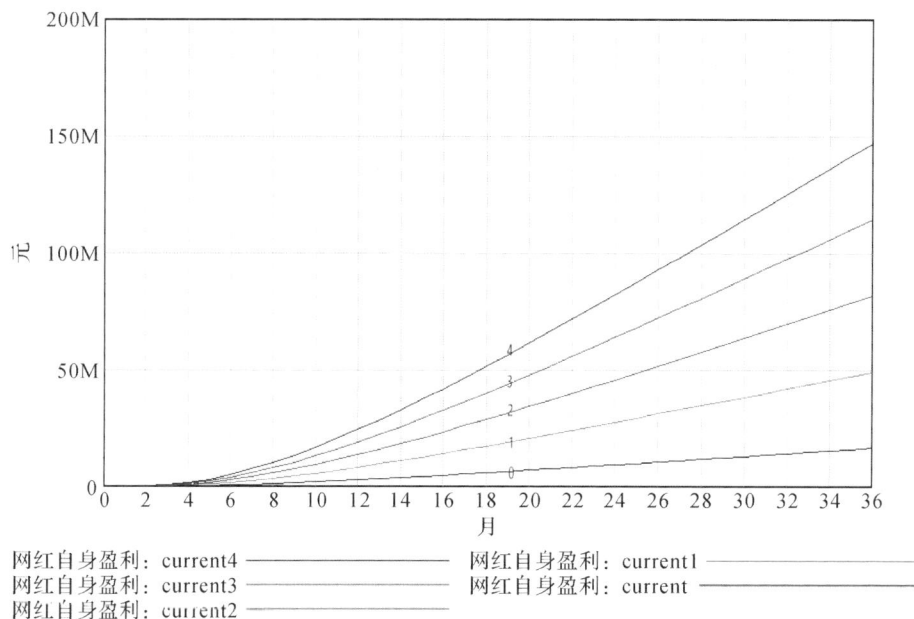

图 13-20　平台推广率对网红自身盈利的影响图

资料来源:陈茜整理。

（4）平台收费比例对其他变量的影响。

将平台推广率恢复到初始值 0.7，再对平台收费比例进行分析，分别将 current、current1—current4 的平台收费比例设置成 0.005、0.01、0.02、0.05、0.1，观察平台收费比例的改变对其他变量造成的影响。

在平台收费比例高达 0.1 时，在前 4 个月的平台资本才能有点击率，其他收费比例会使平台在 4 个月后才有正式支出。如图 13-21 所示。

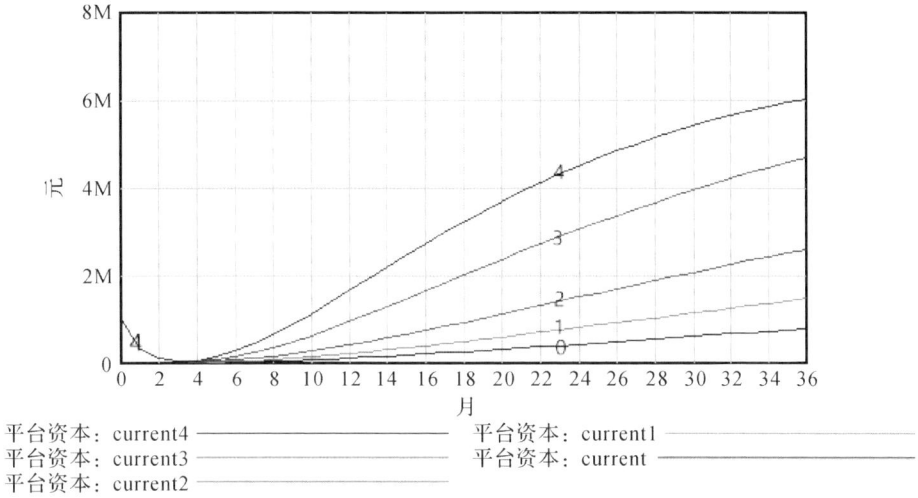

图 13-21 平台收费比例对平台资本的影响图

资料来源:陈茜整理。

平台收费比例只讨论对网红自身盈利的影响,因为平台收费的对象是网红,在前 4 个月网红的自身盈利情况不见起色,可能是因为将网红自身支出设定得过高,所以前 4 个月平台收费基本为 0。 但在 4 个月后,网红有自身盈利后,平台收费比例越高,网红自身盈利越少,如图 13-22 所示。

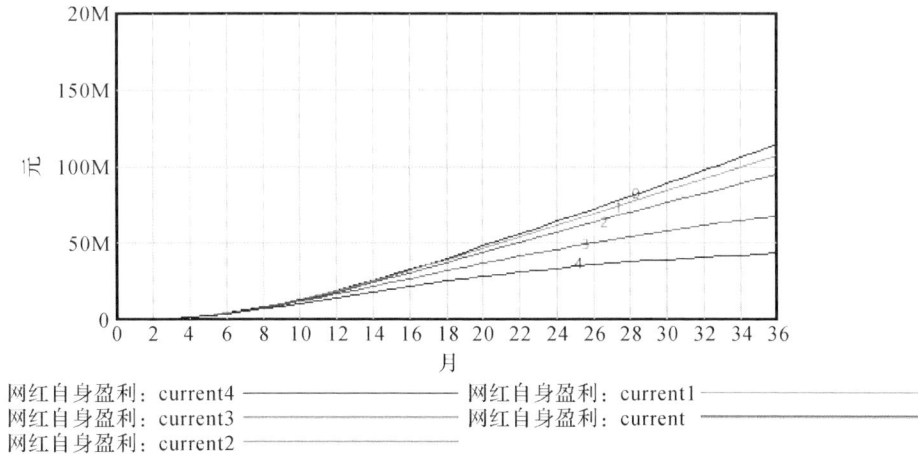

图 13-22 平台收费比例对网红自身盈利的影响图

资料来源:陈茜整理。

13.4　启示与建议

对于网红而言，转粉数和脱粉数会直接造成网红粉丝数量的大幅变化。尤其是脱粉率，当脱粉率大于转粉率时，该网红的粉丝数就会逐步或急剧减少。此时网红即使有粉丝基础，也会随着脱粉率的提高，而失去大量流量。而转粉率在于点击率和接触接受率，一个网红发布的内容只要能被粉丝看到，点击率就有可能上升，所以接触接受是点击率提升的前提。首先，粉丝只有接触到网红发布的内容，并且能够接受它，有兴趣或赞同内容标题等，才会点击内容。其次，保证转粉率高于脱粉率，也就保证了粉丝数的保持或增长，保证了网红持续的影响力，才会有获得后续平台推广、粉丝打赏等盈利的可能。最后，除了粉丝基础，网红的优质内容是另一关键。网红优质内容一般指网红自身特性，但再有个性的网红，长时间一成不变的风格都会使人感到厌倦，所以网红的自身素养应通过技能培训和设备更新加以提升。

Razvan（2019）认为，名人重视他们的权力地位，并且不太可能滥用它，因此他们对某个特定品牌或网站的意见将被认为是可信的。名人是公司的子品牌，因此消费者将某些品牌与某些名人联系起来，这有助于品牌建立信誉。当网红的个人形象和影响力达到很高层次时，这个网红就能为品牌带来消费购买力。对于网红行业发展的意见，首先在制作内容时要保证视频质量，这样就有可能被平台推广到首页，提高接触接受率。在封面标题的选取上，不难发现，近几年，营销号偏爱"标题党"，通过选取吸引人的标题和夸张的封面内容吸引用户点击，提高了点击率。网红只有提升自身技能，拥有过硬的专业素质，才能不断扩大粉丝群体。例如，现今有专门的网红培训机构，通过身体塑形、教学唱跳技艺等帮助网红扩大粉丝群体。提高粉丝的用户黏性同样至关重要，除了优质的内容外，每个视频的时长、关键点也需要仔细考量，比如定位粉丝是爱好快餐文学的，那就应当在尽可能短的时间内叙述清楚视频的重点，这样就避免了部分因为时长而选择放弃继续观看的粉丝的流失。随着道德风气的日益改善，网红的恶劣行为也会导致大量脱粉。网红的个人品行十分重要，对于因特殊事件走红但品行素质欠佳的网红，不仅应该在道德素养上进行提升，更应当提前做好危机公关，以备不时之需。 网红想要持续盈利，除了吸引粉丝、扩大粉丝数、接取代言外，粉丝的打赏力量不可忽视，但强硬要赞要礼物的"网络乞丐"行为并不值得提倡，更不是网红的长久发展之计，把握热点、抓住机遇做出适应当下、符合广大粉丝价值观的优质内容，让粉丝出自真心、自发自愿进行打赏才更加有效。 除此以外，网红和平台之间签订协议时，应该注意近几年频发的平台霸王条款，网红支付不了平台费，若跳槽走人又将背负一大笔违约赔偿款，所以网红在入驻平台时，不仅应该关注平台推广力度和平台的粉丝基础，还应该注意平台协议中收取的平台费。

对于平台而言，平台初期的推广力度可以加大，例如很多平台在初期引流时直接选择注册登录可获现金的方式，用现金流引流，以提高平台的推广成功率。 在平台步入平稳发展阶段时，就应该考虑采用低成本的推广方式，稳定平台现存用户。 不定期向平台用户发布活动，使得平台用户持续使用平台。 平台在进行产品推广时，频繁找同一网红代言可能会令粉丝反感，广告视频会降低平台内容的质量，所以让同一网红推荐产品的频率不能过高。 产品推广费也并非越多越有效果，当通过网红推广获得的经济效益达到饱和值时，平台应该另选方法加强推广，比如搜索引擎广告、写手软文广告等方式。在平台甄选网红方面，林立民（2016）表明粉丝对于来源可信度和吸引力的感知很大程度上是建立在名人和产品之间相互匹配的基础上的，网红值得受众信赖的前提是代言产品和代言人之间的高度契合，粉丝感知的可信度是影响购买决策的重要因素。 所以消费者的信任与满意度才是主导长期消费的核心基础。 周守亮（2019）表明在网红电商营销过程中，要注重网红的销售能力和价值观，以及与所推销商品特征的适配度。 在选择网红进行产品推销时，关注网红粉丝群体的购买力、年龄段、感兴趣内容，再进行精准定位营销可以减少营销成本。 王卫兵（2016）指出，网红和其经济团队都要注重所发布的内容，应当是积极、乐观、有正能量、文明、和谐的内容，从源头上抵制不良行为、净化网络环境，以营造开放繁荣、积极文明的网红经济运行环境。 平台在甄选主播时，不能仅仅关注话题度、点击率带来的经济效益，更要注意网红素质。 对网红内容的合法合理性，要严格审核，避免不必要的道德法律风险。 互联网行业也需要加强行业自律，遵循商业伦理精神。

13.5 小结

"网红电商"作为电商营销的一种新模式，对电商发展具有深远的意义。它不仅为线上交易电商平台提供了客源，而且又让自媒体运营账号增加粉丝，是一个典型的双赢模式。 具体而言，网红电商营销模式是指通过各类社交平台对个体进行营销使其成为拥有大流量的网红，之后凭借网红的影响力对产品进行营销，将网红的流量转化为购买力，从而实现获利的一种营销模式。 本章通过系统动力学原理建立网红竞争力模型，观察不同常量参数的改变对其他各变量的影响，探索出影响网红竞争力的关键因素。

数字贸易背景下网红意见领袖影响力评估仿真研究

随着网络自媒体的兴起，在线短视频环境的成熟，各色网红长期占有广大民众的社交话题流量。 他们往往拥有数以百万计的粉丝资源，对于网络市场、媒体途径有着强大的再分配作用。 网红与商家合作改变了传统电商模式，转而形成一个有效的系统，即意见领袖直播电商营销策略。

随着网红经济的大规模发展，网红元素成为市场主流，并给各个行业带来了机遇与挑战。 如何把握意见领袖发布的网络内容、引导舆论发展、配合行业宣传是一个值得深入探讨的话题，具有十分重要的现实意义。

14.1　研究现状

单汨源等（2017）在对消费者意见领袖及消费者行为意愿进行研究的基础上，结合 ABC 态度模型及理性行为理论，并以新浪名人微博为例构建了消费者意见领袖对消费者态度影响模型，可为社交网络环境下企业提高消费者消费意愿提供策略借鉴。 龚艳萍等（2015）构建了群体视角下新技术产品团购观点涌现的仿真模型，表明意见领袖与团友的互动次数多一定程度上导致正向群体极化，并探讨了利用团购中的群体极化推广新技术产品的实践应用。 井绍平等（2010）认为，激发消费者对绿色品牌口碑传播的共鸣，倡导基于消费者满意的主动口碑传播，控制不良口碑传播的负面效应，关注传播者的媒体使用模式，注意培养意见领袖有助于提升口碑。

寇紫遐（2014）重点搜集了 2005 年以后国内外具有代表性的网络社区营销传播案例，发现当下利用网络社区进行营销传播的案例几乎都会将议程设置、意见领袖与口碑传播作为 3 个关键点。李东进等（2016）认为，意见领袖对过量需求和有限供给产品的购买意向差异不明显，而舆论追求者则相反，对过量需求产品呈现出的购买意向远远大于有限供给产品。因此，针对意见领袖和舆论追求者，强调稀缺来源时应做到有的放矢，应更加重视针对舆论追求者的营销策略。李金海等（2015）提出了基于在线评论挖掘的口碑危机预警模型，并从模型框架、功能、模块设计等方面进行了探索；研究了基于大数据处理引擎 MapReduce 判断网络口碑现状与走势的方法，运用智能信息处理方法进行口碑危机的评估诊断，实现企业网络口碑危机智能化预警功能。

李怡（2005）结合当前网络传播时代的相关背景，探讨人际传播在营销传播中所起的作用，从而明确人际传播在营销中的地位，并为国内的营销者提出切实可行的建议。刘莉等（2010）通过问卷调查，研究网络评论对女性护肤品消费行为的影响。研究发现，网络评论会对其消费行为产生重要的影响，生产企业应针对女性护肤品消费行为特征，应加大网络评论宣传力度；鼓励消费者发表网络评论；注重意见领袖的营销价值；激发信息接收者的信赖心理并对网络评论信息进行整合。罗彪等（2015）将网络口碑的使用方式归纳为评价分享和决策参考 2 种，并借助消费者行为的 AISAS 模型和网络传播理论进一步将网络口碑的使用细分为留、传、搜、用 4 个阶段，进而基于这 4 个阶段对近期的研究成果进行了综述。

舒心（2017）以微博内容传播的意见领袖所发微博的内容为切入点，以真实的微博数据为支撑，同时运用文本挖掘的 LDA 模型（Latent Dirichlet Allocation，LDA），得到意见领袖所发微博的主题和内容。从而为利用意见领袖进行电子口碑营销（Electronic Word of Mouth，eWOM）主题的选取提供理论支持和实际建议。万君等（2015）通过实证分析表明网络谣言的内容特性、交互性和传播介质正向影响认知信任，信息环境负向影响情感信任，交互性、意见领袖和传播介质正向影响情感信任，认知信任和情感信任直接制约着消费者电商平台的使用意愿。 王长征等（2016）的实证分析结果表明，在企业微博的保持关注阶段，存在内容营销、意见领袖营销和活动营销3种维持粉丝关注的营销方式，其中意见领袖的影响作用更大。

赵姗（2020）认为应发挥主流话语的引领功能，维护意识形态安全，加快媒体人与网络意见领袖的协同合作，加强互联网舆论场视角下主流话语引导力提升的精准化设计。 周延风等（2018）以网红餐饮品牌"喜茶"为例，运用爬虫技术搜集来自新浪微博、微信等媒体平台上的有效文本数据46892条，通过数据清洗、文本挖掘及可视化分析，对网红消费者进行了画像分析，同时发现关键意见领袖的关注、转发对网红社交媒体上的信息传播具有重要作用，并且消费者在社交媒体上讨论网红时具有不同的情感倾向，根据消费者态度、行为及情感倾向，文章将消费者分为5类，基于此，文章提出网红品牌营销管理建议。

14.2 模型构建

由于网络意见领袖与普通信息受众之间的信息传播是存在着交互反馈的，是由多个因素共同作用的，并且具有明确的边界，因此，对网络意见领袖影响力的研究符合系统动力学的建模要求。 对网络意见领袖影响力因素进行分析，把造成影响的因素拆分为三大部分，即网络意见领袖特征要素、社会网络要素以及普通信息受众特征要素，对这三大部分继续进行拆分并分析，绘制模型图（见图14-1）。

网络意见领袖影响力分析的核心是"网络意见领袖"本身，在现在的社交网络中充斥着大量信息，要想引起那些普通信息受众的注意并对其造成影响，就得具备一定的特征要素。 在传播的过程中，除了网络意见领袖自身直接对信息进行的整合、加工、发布以外，普通信息受众之间的讨论，也会对信息的传播造成影响，间接对网络意见领袖的影响力造成影响。 专业程度，是指网络意见领袖在信息发布、内容质量、文字表达等方面的专业能力，平台官

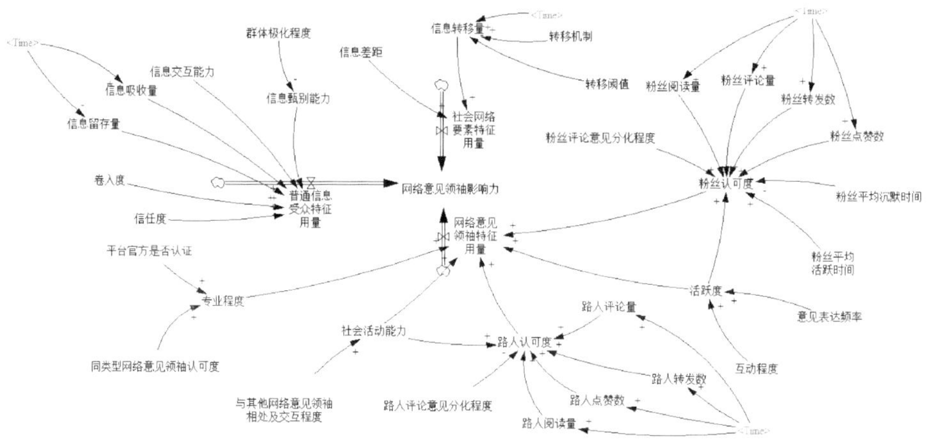

图 14-1 网络意见领袖影响力模型图

资料来源：朱逍遥整理。

方是否认证、与其他同类网络意见领袖的沟通能力和互动程度也会对其造成影响。专业程度对网络意见领袖的影响力起正向作用。社会活动能力，是指其他网络意见领袖、官方以及平台等对该网络意见领袖的认同程度，社会活动能力对网络意见领袖的影响力起着正向作用。粉丝认可度，包括粉丝的点赞数、粉丝阅读量、粉丝评论量、粉丝转发数、粉丝评论意见分化程度、粉丝平均沉默时间、粉丝平均活跃时间。粉丝评论意见分化程度是指粉丝在评论中对这次信息传递正面态度和负面态度的分化程度。粉丝平均沉默时间是指在转发消息之后，从无人关注到粉丝转发评论数量最多的平均时间，用以表示粉丝对网络意见领袖的认可、关注，进而体现该网络意见领袖的影响力。路人认可度，包括路人点赞数、路人阅读量、路人评论量、路人转发数、路人评论意见分化程度。路人评论意见分化程度与粉丝评论意见分化程度概念相同，表明路人在评论中对这次信息传递的态度，即积极和消极两种态度的分化程度。

　　普通信息受众是信息传播行为的主体，也是网络意见领袖信息传播的对象。普通信息受众从互联网中接收到信息，并对信息进行甄别、评论、转发等，最后与他人形成了统一的意见流，并不断趋同。一方面，普通信息受众自身的信息甄别能力，包括自己的专业知识、常识、价值观、人生观等个人特征，会影响对网络意见领袖的认可度、信任度，进而影响其影响力。 普通信息受众的信息甄别能力越强，普通信息受众对信息的依赖性就会越小，网络意见领袖的影响力就越小。 另一方面，普通信息受众通过与网络意见领袖的互动来发挥他们的影响力。 普通信息受众的信息吸收量，是指网络意见领袖发布信息后，普通信息受众从这些信息中获得并且吸收的信息量，它与普通信息受众个人的信息吸收能力强弱以及网络意见领袖的个人特征有关，包括其专业水平、文字表达能力等。 普通信息受众从网络意见领袖这边获取、信任和吸收的信息越多，网络意见领袖对他们造成的影响就越大。 普通信息受众的遗忘程度，是指普通信息受众在接受网络意见领袖的信息传递后，对部分或全部信息的遗忘程度。 保留得越多，信息遗忘量就越小，代表网络意见领袖的信息对其实际产生的作用越大，网络意见领袖的影响力就越大。 普通信息受众参与度，是指普通信息受众对网络意见领袖所发布的信息的关注度以及参与程度，其参与程度越高，网络意见领袖的影响力就越大。 普通信息受众的信任度是指普通信息受众对网络意见领袖的信任度，它是由网络意见领袖的日常行为、价值观念和人生观所决定的。 信任度越高，网络意见领袖的影响力就越大。

社会网络要素在网络意见领袖传播消息的整个过程中都起着作用，同时也是信息传播的动力来源。 除了普通信息受众会存在的羊群效应以及群体极化等现象外，还有网络意见领袖和普通信息受众两者间的相互作用。 信息差距，是指网络意见领袖所发布的信息与普通信息受众的信息存量存在着差值。 信息从信息势能高的地方移向势能低的地方，信息存量差值越大，其作用的效果就越明显。 信息转移量，顾名思义，就是从高势能处向低势能处发生信息转移时转移量的大小。 信息转移量越大，影响力就会越大，其大小由转移机制以及转移阈值共同决定。 转移阈值，是指当一件事发生时，人们愿意进行观点交流，从而产生互相影响的观点差异的最大值。 转移阈值对信息转移量起负向作用，转移机制起正向作用。 群体极化程度，是指普通信息受众对于网络意见领袖所发表的观点的评价极性以及倾向性。 部分普通信息受众由于种种个人因素，例如知识储备、人生阅历等，容易受到其他网民，尤其是有信任基础的网络意见领袖的影响。 当群体极化作用发生时，普通信息受众的信息甄别能力开始下降，更加容易受他人的影响产生类似的观点，从而使得他们的风险偏好也随之增加。 此外，网络评价的匿名性，使得评论极化、异质观点更容易倾向对立，而异质观点流之间的观点碰撞、互动，也会加速信息的传播和扩散。

14.3 网红意见领袖影响力分析

为避免模型复杂化，需要有一定条件约束：第一，网络意见领袖传播信息的过程是一个连续、有反馈的过程；第二，信息传播进行时，网络意见领袖所发布的信息所拥有的信息存量要大于普通信息受众，以及信息要从高势能处流向低势能处；第三，普通信息受众对于网络意见领袖所传播的信息是有选择性地进行接收以及传播；第四，突发事件导致网络意见领袖和普通信息受众之间信任的系统崩溃，这一点不予考虑。

接下去对网络意见领袖影响力的因果关系变量进行分析，区分各个变量的性质，划分存量、流量等。 其中，网络意见领袖影响力是存量，网络意见领袖特征用量和普通信息受众特征用量以及社会网络要素特征用量是流量，分别用来表示系统的状态以及随着时间变化系统的演进情况。 同时还包括专业程度、平台官方是否认证、同类型网络意见领袖认可度、社会活动能力、与其他网络意见领袖相处情况及交互能力、意见表达频率、与粉丝互动程度、粉丝点赞数、粉丝阅读量、粉丝评论量、粉丝转发数、粉丝评论意见分化程度、粉丝平均沉默时间、粉丝平均活跃时间、路人点赞数、路人阅读量、路人评论量、路人转发数、路人评论意见分化程度、信息交互能力、信息吸收量、信息遗忘量、信息留存量、信息甄别能力、卷入度、信任度、信息差距、信息转移量、群体极化程度，共 33 个变量。

考虑到现实中微博发出后的演变过程，把信息传播的总体时间设置为10，而由舆情演进的一般机理可以得出，网络舆论从产生到爆发所需时间约为总体时间的 20%，舆情热度从下降到消散所需时间约为 80%，网络意见领袖影响力发展与其相似，因此采用对数函数来表现升温前期快、后期慢的特点。　根据微博榜单，一个热门话题从上榜到结束，阅读量基本为千万级别以上，点赞数基本为百万级别以上，评论量与转发数基本为十万级别以上。　因此，设计主要方程式以及参数见表 14-1、表 14-2、表 14-3、表 14-4（常数设置使用 0—10）：

网络意见领袖特征用量方程见表 14-1。　方程中对变量加上一个常数 1 保证变量大于等于 1，以下同理。

表 14-1　网络意见领袖特征用量方程

网络意见领袖特征用量方程	备注
粉丝阅读量＝ln(Time＋1)×500	单位：万
粉丝评论量＝ln(Time＋1)×5	单位：万
粉丝转发数＝ln(Time＋1)×5	单位：万
粉丝点赞数＝ln(Time＋1)×50	单位：万
粉丝认可度＝[ln(粉丝点赞数＋1)＋ln(粉丝评论量＋1)＋ln(粉丝转发数＋1)＋ln(粉丝阅读量＋1)－粉丝平均沉默时间＋粉丝平均活跃时间＋活跃度]×(1－粉丝评论意见分化程度)	—

资料来源：朱逍遥整理。

路人相关方程见表 14-2。　假设该网络意见领袖的粉丝认可度良好，设置粉丝平均沉默时间为 2 天，粉丝平均活跃时间为 3 天，粉丝意见分化程度设置为 0.2。　相对于对网络意见领袖有信任基础的粉丝来说，路人对该网络意见领袖的认可更能代表其影响力大小，并且粉丝数相对于整个网民数量来说，终究只占一小部分，因此赋予路人认可度以更高的权重。

表 14-2　路人相关方程

路人相关方程	备注
路人阅读量＝ln(Time＋1)×500	单位：万
路人评论量＝ln(Time＋1)×5 路人评论意见分化程度设置为 0.5，与其他网络意见领袖相处及交互程度设置为 8。	单位：万
路人转发数＝ln(Time＋1)×5	单位：万

路人相关方程	备注
路人点赞数＝ln(Time＋1)×50	单位:万
社会活动能力＝0.5×其他网络意见领袖相处及交互程度 设置活动程度为8,意见表达频率为7(表示一周内发表意见次数)	—
活跃度＝0.6×互动程度＋0.4×意见表达频率(用0.6和0.4分别表示互动程度的权重和意见表达频率的权重)	—
网络意见领袖特征用量＝{3×[ln(专业程度×0.1＋1)＋ln(活跃度×0.1＋1)＋ln(社会活动能力×0.1＋1)]＋3×ln(路人认可度×0.1＋1)＋2×ln(粉丝认可度×0.1＋1)}×10	—

资料来源:朱逍遥整理。

普通信息受众特征用量见表 14-3。 当普通信息受众的信息交互能力较低，而卷入度与信任度较高时，普通信息受众特征用量较大，也就是说对网络意见领袖的影响力较大。 因此设置卷入度和信任度分别为 7 和 8，设定信息交互能力为 4。 当普通信息受众的群体极化程度越高时，他们的信息甄别能力就越差，设定群体极化程度为 0.5。

表 14-3　普通信息受众特征用量表

普通信息受众特征用量	备注
信息留存量＝10－ln(Time＋1)×3	—
信息吸收量＝ln(Time＋1)×5	—
信息甄别能力＝10×(1－群体极化程度)	—
普通信息受众特征用量＝{[LN(信任度×0.1＋1)＋LN(卷入度×0.1＋1)＋LN(信息留存量×0.1＋1)＋LN(信息吸收量×0.1＋1)＋LN(信息交互能力×0.1＋1)－LN(信息甄别能力×0.1＋1)]×2.5}×10	—
粉丝认可度＝[ln(粉丝点赞数＋1)＋ln(粉丝评论量＋1)＋ln(粉丝转发数＋1)＋ln(粉丝阅读量＋1)－粉丝平均沉默时间＋粉丝平均活跃时间＋活跃度]×(1－粉丝评论意见分化程度)	—

资料来源:朱逍遥整理。

社会网络要素特征用量见表 14-4。 使用 IF THEN ELSE 函数来表示，当转移阈值不同的时候，信息转移量会发生变化，而之后的社会网络要素特征用量同理。 为突出信息差距的权重，设定当信息差距小于某一个值的时候，网络意见领袖发布的信息对普通信息受众的影响力可忽略不计，以常数 1 表示。 信息差距越大，网络意见领袖的影响力越大，初始设定信息差距为 6，设定转移机制为 0.7、转移阈值为 4。

表 14-4　社会网络要素特征用量

社会网络要素特征用量	备注
信息转移量＝IF THEN ELSE(转移阈值＜5，ln(Time＋1)×5×转移机制，ln(Time＋1)×转移机制)	—
社会网络要素特征用量＝IF THEN ELSE(信息差距≥3，信息转移量×信息差距×0.5，0.1)	—
网络意见领袖影响力＝普通信息受众特征用量＋社会网络要素特征用量＋网络意见领袖特征用量	—

资料来源:朱逍遥整理。

14.4　网络意见领袖影响力的模型仿真与实证分析

14.4.1　模型仿真结果

通过模拟运行来验证判断模拟结果的正确性和有效性。 我们使用 Vensim PLE 来进行模型的仿真以及模拟，并且在已有的基础上更改相关元素值进行模拟和结果分析。

如图 14-2 所示，由于初始值为 8，为使表有差异且不悬殊，设定 Current1、Current2 、Current3、 Current、Current4 中互动程度分别为 2、4、6、8、10。 Current 为互动程度对网络意见领袖影响力作用的初始状态曲线，互动程度对网络意见领袖影响力起正向作用，灵敏度较一般。

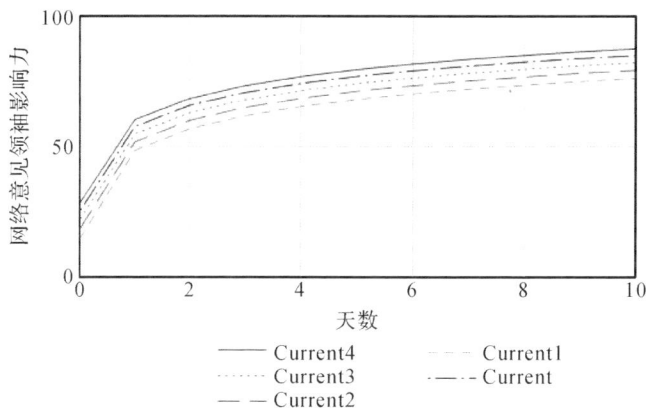

图 14-2 互动程度灵敏度分析

资料来源：朱逍遥整理。

如图 14-3 所示，由于初始值为 0.5，为使表有差异且不悬殊，设定 Current1、Current2 、Current、 Current3、Current4 中路人评论意见分化程度分别为 0.1、0.3、0.5、0.7、0.9。 Current 为路人评论意见分化程度对网络意见领袖影响力作用的初始状态曲线，路人评论意见分化程度对网络意见领袖影响力起负向作用，且灵敏度较高。

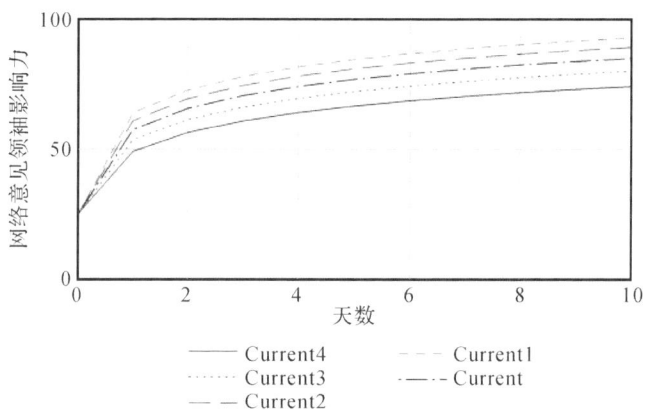

图 14-3 路人评论意见分化程度灵敏度分析

资料来源：朱逍遥整理。

如图 14-4 所示，由于初始值为 0.6，为使表有差异且不悬殊，设定 Current1、Current2 、Current、 Current3、Current4 中粉丝评论意见分化程度分别为 0.2、0.4、0.6、0.8、1。 Current 为粉丝评论意见分化程度对网络意见领袖影响力作用的初始状态曲线，粉丝评论意见分化程度对网络意见领袖影响力起负向作用，且灵敏度较高。

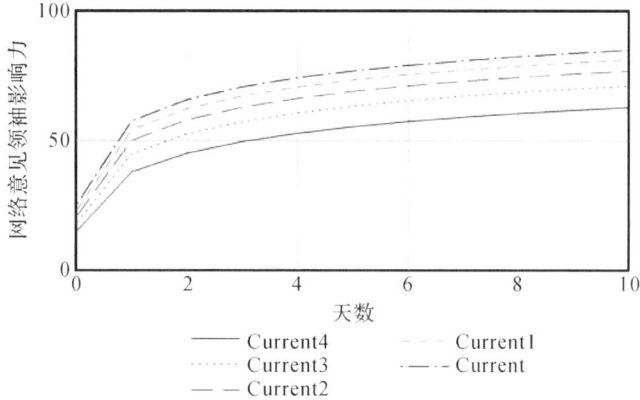

图 14-4　粉丝评论意见分化程度灵敏度分析

资料来源:朱逍遥整理。

14.4.2　实证对比分析

为了测试网络意见领袖影响力评估模型在实际生活中的应用效果，对模型进行实际评估操作。 依旧以微博为例，选取微博用户中 26 位明星用户，根据其在一周内发表微博的频率、路人与粉丝各自的平均阅读量和平均点赞数以及平均评论量和平均转发数等相关变量数据，根据网络意见领袖影响力评估模型以及所采用的公式，对其影响力进行计算评估与排名。

由于无法准确获得点赞数、评论量、转发数中路人与粉丝分别的占有数量，本书采取将全体粉丝数中，近日均有登录的活跃粉丝数作为真实活跃粉丝数，将其他的粉丝作为路人粉、假粉、反对者等，以此来区分路人与粉丝。近日均有登录的粉丝数量可通过微博的博文头条功能来查看，由于使用该功能需要一定的公司背景，所以本章在相关博文中选取部分已发布内容的明星作为样本，以博文发布时间的比例为基准，再根据最新粉丝总数以及其最近一周发布微博数、每条微博粉丝平均点赞数、粉丝平均转发数、粉丝平均评论数，计算出路人与粉丝的占比。 由于微博阅读量大多为粉丝所贡献，所以设定路人占比＝真实活跃粉丝占比，粉丝占比＝1－真实活跃粉丝占比。 得出结果如表 14-5。

表 14-5 模型结果信息表

排名	名称	发博数周/条	单条粉丝平均点赞数/万	单条路人平均点赞数/万	单条粉丝平均评论数/万条	单条路人平均评论数/万条	单条粉丝平均转发数/万
1	努力努力再努力 x	3.00	81.14	18.21	81.68	18.32	81.68
2	UNIQ-王一博	3.00	114.82	32.95	31.76	9.11	69.43
3	李现 ing	2.00	87.86	53.54	13.52	8.24	58.65
4	蔡徐坤	3.00	112.60	16.14	57.51	8.25	66.09
5	TEBOYS-易烊千玺	1.00	96.19	13.86	43.98	6.33	87.41
6	Dear-迪丽热巴	2.00	43.56	9.70	11.73	2.61	81.79
7	杨紫	2.00	42.34	9.82	6.45	1.49	80.25
8	TEBOYS-王源	2.00	64.80	5.56	19.51	1.67	72.29
9	火箭少女 101_孟美岐	5.00	32.45	2.48	15.60	1.19	48.37
10	火箭少女 102_吴宣仪	4.00	30.72	2.37	15.64	1.21	64.65
11	火箭少女 107_Sunnee	5.00	37.03	2.14	3.28	0.19	33.55
12	杨幂	2.00	27.07	3.88	11.08	1.59	24.39
13	刘亦菲	1.00	45.61	6.53	10.86	1.55	13.09
14	火箭少女 101_杨超越	4.00	16.83	4.14	1.28	0.32	24.93
15	Mr_凡先生	3.00	20.79	4.57	2.31	0.51	15.14
16	火箭少女 105_赖美云	11.00	12.47	1.11	1.95	0.17	14.92
17	Angelababy	2.00	16.61	2.16	3.50	0.46	12.55
18	火箭少女 109_傅菁	6.00	9.51	1.22	1.64	0.21	7.79
19	火箭少女 106_紫宁	3.00	8.40	1.32	1.55	0.24	9.55
20	火箭少女 110_徐梦洁	3.00	1.46	0.27	0.84	0.16	3.30
21	火箭少女 103_段奥娟	5.00	2.11	0.34	0.99	0.16	2.40
22	火箭少女 104_Yamy	5.00	1.80	0.18	1.03	0.10	1.12
23	火箭少女 108_李紫婷	4.00	1.50	0.13	0.69	0.06	0.73
24	TFBOYS-王俊凯	0.00	0.00	0.00	0.00	0.00	0.00

续　表

排名	名称	发博数 周/条	单条粉丝 平均点赞 数/万	单条路人 平均点赞 数/万	单条粉丝 平均评论 数/万条	单条路人 平均评论 数/万条	单条粉丝 平均转发 数/万
25	赵丽颖	0.00	0.00	0.00	0.00	0.00	0.00
26	X 玖少年团肖战 DAYTOY	0.00	0.00	0.00	0.00	0.00	0.00

资料来源:朱道遥整理。采样时间为 2020 年 3 月—4 月。

其他变量设置为:普通受众特征用量与社会网络要素特征用量相同,分别为 52.12 和 25.12,专业程度为 6、社会活动能力为 4,路人评论意见分化程度和粉丝评论意见分化程度分别为 0.5 和 0.2,互动程度为 8,粉丝平均沉默时间为 2,粉丝平均活跃时间为 3。 具体评估结果如表 14-6。

表 14-6　现实指数排名

排名	名称	发博数 周/条	西瓜指数	活跃度	网络意见 领袖特征 用量	网络意见 领袖 影响力
1	火箭少女 101_孟美岐	5.00	2401.56	6.80	53.40	50.64
2	Dear-迪丽热巴	2.00	1992.33	5.60	56.04	53.28
3	杨紫	2.00	1965.65	5.60	55.36	52.60
4	努力努力再努力 x	3.00	1944.67	6.00	59.78	57.02
5	蔡徐坤	3.00	1943.98	6.00	58.17	55.41
6	TEBOYS-王源	2.00	1943.62	5.60	54.95	52.19
7	TEBOYS-易烊千玺	1.00	1942.64	5.20	57.72	54.96
8	UNIQ-王一博	3.00	1940.58	6.00	59.07	56.31
9	李现 ing	2.00	1939.55	5.60	58.77	56.01
10	杨幂	2.00	1936.45	5.60	52.85	50.09
11	火箭少女 102_吴宣仪	4.00	1936.27	6.40	54.06	51.30
12	Angelababy	2.00	1933.28	5.60	49.58	46.82
13	刘亦菲	1.00	1933.11	5.20	52.22	49.46
14	Mr_凡先生	3.00	1702.02	6.00	51.26	48.50

排名	名称	发博数周/条	西瓜指数	活跃度	网络意见领袖特征用量	网络意见领袖影响力
15	火箭少女107_Sunnee	5.00	1483.12	6.80	51.44	48.68
16	火箭少女101_杨超越	4.00	1381.38	6.40	50.78	48.02
17	火箭少女109_傅菁	6.00	989.83	7.20	48.59	45.83
18	火箭少女105_赖美云	11.00	921.28	9.20	50.51	47.75
19	火箭少女106_紫宁	3.00	803.39	6.00	50.59	47.83
20	火箭少女110_徐梦洁	3.00	658.78	6.00	45.59	42.83
21	火箭少女103_段奥娟	5.00	641.44	6.80	45.36	42.60
22	火箭少女104_Yamy	5.00	603.16	6.80	44.80	42.04
23	火箭少女108_李紫婷	4.00	594.24	6.40	42.45	39.69
24	TFBOYS-王俊凯	0.00	1940.80	4.80	39.10	36.34
25	赵丽颖	0.00	1938.84	4.80	39.10	36.34
26	X玖少年团肖战DAYTOY	0.00	1944.83	4.80	33.02	30.26

资料来源：朱逍遥整理。采样时间为2020年3月—4月。

　　将由评估模型计算得出的排名结果与从西瓜数据微博版中得出的西瓜指数排名结果相对比，可以发现，前9名的在榜人是相同的，倒数5名的人以及名次是完全相同的。由此我们可以初步认定，尽管排名结果不尽相同，但是在一定的误差允许范围内，评估模型是有一定准确性的，可以对网络意见领袖影响力做出预测。

14.5　小结

　　各类"网红"往往拥有数以百万计的粉丝资源，对于网络市场，媒体途径有着强大的再分配作用。网红与商家合作改变了传统电商模式，运用其强大的话语权来影响该受众的行为。网红意见领袖对舆论引导、公共传播、商业传播都有着不可忽视的巨大作用。本章通过构建网红意见领袖评估模型，有助于快速识别、培养网红意见领袖，并且放大其正向影响，培育良好的网络市场生态。 一个拥有巨大影响力的网红意见领袖，可利用来更好地服务网络生态与现实生态。

当然本章研究中仍有不足之处，对于各级要素均有所简化，而实际网红意见领袖作用过程较为复杂且周期存在反复，各方面要素的相互影响、反馈机制都会更加复杂。 这些都是未来需要进一步研究的内容。

数字贸易发展趋势与举措研究

15.1　浙江省数字贸易发展背景

浙江省凭借着自身独特的电商氛围和历史沿革，以及稳定的营商环境，早已成为全国电子商务产业的发展高地和优势省份。

在省委、省政府实施"数字经济一号工程"的大背景下，电子商务作为新型贸易中心的重要组成部分蓬勃发展。伴随着互联网经济新业态、新模式的涌现，电子商务已经成为浙江"大众创业，万众创新"的主平台。

在当前国际贸易保护主义抬头、贸易摩擦频发的形势下，积极应对国内外各种挑战，依托《电子商务法》实施的契机，领会"电商高质量发展"的脉络，进一步完善电子商务发展的环境要素和政策体系，提升电子商务在消费、产业、标准、投资、人才、扶贫等领域的水平，具有重要意义。

15.2　浙江省发展现状与问题概述

浙江省凭借着自身难得的先发优势与经济良好的市场环境，在国内率先发展电子商务产业，全面推进"电商换市"发展战略，并取得了不俗的成绩。

15.2.1　浙江数字贸易发展现状

浙江省商务厅公布的浙江省 2019 年 1—10 月网络零售统计数据①显示：2019 年 1—10 月，我省实现网络零售额 14563.1 亿元，同比增长 16.9％；省内居民网络消费额 7529.7 亿元，同比增长 17.3％；网络零售顺差达到 7033.4 亿元。

表 15-1　浙江省 2019 年 1—10 月各地市网络零售和居民网络消费基本情况

地市	网络零售/亿元	占比/%	同比增长/%	居民网络消费/亿元	占比/%	同比增长/%	顺差/亿元
全省	14563.1	100.0	16.9	7529.7	100.0	17.3	7033.4
杭州	5149.2	35.4	14.5	2089.9	27.8	16.2	3059.3
宁波	1421.4	9.8	18.3	1115.2	14.8	17.0	306.2
温州	1654.1	11.4	16.6	1016.5	13.5	18.6	637.6
湖州	530.5	3.6	22.5	322.1	4.3	16.6	208.3
嘉兴	1422.0	9.8	19.5	588.7	7.8	16.4	833.3
绍兴	480.0	3.3	18.2	524.2	7.0	17.3	−44.2
金华	2435.0	16.7	16.1	784.6	10.4	20.3	1650.5
衢州	181.4	1.2	36.1	154.8	2.1	23.4	26.7
舟山	54.1	0.4	31.6	142.7	1.9	15.5	−88.6
台州	969.7	6.7	17.1	599.3	8.0	15.3	370.4
丽水	265.8	1.8	26.7	192.0	2.5	19.8	73.9

数据来源：浙江省商务厅。

2019 年 1—10 月，全省跨境网络零售基本情况如表 15-2。2019 年 1—10 月，我省跨境网络零售出口额 607.0 亿元，同比增长 36.9％；其中，金华市、杭州市、温州市 3 地居全省前三名，占比分别为 52.1％、21.4％、9.5％，占全省跨境网络零售出口额的 83.0％。

① http://www.zcom.gov.cn/art/2019/11/19/art_1384591_40341998.html.

表 15-2　浙江省 2019 年 1—10 月各地市跨境网络零售出口基本情况

地市	跨境网络零售出口额/亿元	占比/%	同比增长/%
全省	607.0	100.0	36.9
杭州	129.8	21.4	46.1
宁波	57.5	9.5	37.4
温州	57.9	9.5	38.0
湖州	2.9	0.5	33.7
嘉兴	10.0	1.7	36.4
绍兴	10.3	1.7	46.3
金华	316.6	52.1	33.5
衢州	3.7	0.6	21.2
舟山	0.9	0.2	20.1
台州	11.9	2.0	36.0
丽水	5.5	0.9	24.7

数据来源:浙江省商务厅。

15.2.2　浙江数字贸易发展存在的主要问题

（1）我省电子商务的发展存在地区不平衡现象。

2019 年全省 1—10 月各地市网络零售和居民网络消费基本情况数据显示,我省电子商务发展呈现典型的块状经济特征,全省网络零售方面,杭州、金华、温州属于较为发达地区,其余地区则相对落后。在跨境网络零售出口方面,金华、杭州属于较为发达地区,其余地区则相对落后。

在杭州、金华等城市中,由于人才资源、交通设施、电商生态环境问题得到了很好的解决,所以其电子商务发展水平超过其他地区,且差距有进一步扩大的趋势。

在全省电子商务销售量激增的趋势下,电子商务主管部门应尽力采取协调一致的发展方式,通过推出一系列相关网络基础设施和电商人才培训等方面的政策加以扶持,帮助落后地区加快发展,跟上电商经济快速前进的步伐。

（2）传统电商的外部发展环境正在发生变化。

从 2019 年 1 月 1 日起实施的《电子商务法》，使得整个电子商务行业的发展有了法律依据。《电子商务法》的问世表明了国家高度支持和鼓励电子商务行业的成长与发展。在这个大背景下，电子商务行业是个体工商户孵化的沃土，但推动网络个体工商户转为电商小微企业也确实需要做大量工作。

由此可见，整个传统电商的发展环境正在慢慢发生变化，即目前遍布淘宝等电商平台中多数的中小店铺如需继续营业，基本的要求就是办理登记、获得营业许可证。这对习惯了传统自由宽松市场环境的经营者而言，由个体散户转变为持证经营者，意味着管理成本和税务成本的直接上升。

如何规范经营，从而打造核心竞争力，实现产品升级与加强品牌建设是未来电商小微企业需要思考的问题。

（3）跨境电商政策文件以及标准体系中的效力问题。

在跨境电商平台执法与监督权问题上，商财发〔2018〕486 号文件的颁布，虽然对于规范跨境电商具有较大指导意义，但是对于文中提到平台主体依然在境外的平台经营者，市场监督局没有相应的处理手段。

在跨境商品质量溯源体系标准问题上，除部分大型跨境电商企业自建网购保税进口商品质量溯源体系外，部分试点城市也已经制定或正在制定各自的溯源方案。这使得各地的商品质量溯源方案标准不一，呈现方式与内容不一。消费者从同一平台上购买从全国各个口岸发货的跨境电商商品，而各地跨境电商商品贴有不同的溯源码。在此情况下，消费者可能对跨境电商商品质量产生更大的困惑和疑虑。这不但降低了商业效率，也加大了企业开展各地口岸调拨等业务运营的成本。

（4）农村电商配套以及基础设施尚存在一定问题。

部分农村的物流、网络等基础设施建设尚不是很完善，农业电商网点布局规划尚有一定不足，主要是因为农村地区地域广大，部分农村电商服务站设置的投入成本高、运营成本高，这在一定程度上造成商品配送不够及时、快捷。

另外，农村电商产业链中所涉及的产品，一般由农户或小微农业企业生产，大多为自制农副产品。同时农村电商的产品品类款式比较少，产品的附加值也比较低，大多没有经过各类质量或资格认证，产品核心竞争力不高。

相对于电商平台上的同类商品，农村电商产业链中所涉及的产品在品牌塑造、产品设计、营销推广、客户管理、使用体验等方面都有相当大的差距。在这种情况下，加之农村电商基础薄弱，农村电商的发展自然受到了限制。

15.3 浙江省数字贸易发展对策与建议

15.3.1 国内电子商务方面

（1）优化电商经济发展方式，推动虚拟经济与实体经济融合发展。

推动电子商务与传统制造业融合发展，加快推进"企业上云"等工业互联网进程。联合经信、发改等部门大力推进"数字经济一号工程"。以互联网技术推进传统制造业数字化发展，促进工业技术软件化，助推"数字产业化、产业数字化"进程。

充分挖掘"工业物联网"体系建设价值，利用国内外高校人才资源，在这一领域进行有效的探索与总结，为数字经济确立质量标准。建议引导更多的制造业企业和互联网机构参与其中，定期发布全国性数字经济影响力指数。

坚持电子商务"货物＋服务"双轮驱动，鼓励行业性服务提供商、服务中介通过互联网应用创新服务模式。联合省内其他部门打造一批教育、医疗、文旅、环保设计、科技转移等行业性电商服务示范平台，为省内外初创企业提供便利服务，以此加快全省涉及人工智能、智慧医疗、工业 4.0、环保规划、科技设备、高端制造、教育咨询等多个行业领域的拓展步伐。

（2）探索制定智慧商贸新规则，展示电商新零售示范经验。

作为全国新零售策源地，不断谋划新零售业态建设，以"高品质步行街"等为抓手助推"新零售之城"O2O 商业双向融合，实现商业消费转型升级发展。积极与阿里、网易等在浙新零售头部企业对接，优化各地区智慧特色街店、社区商超新零售业态的布局。整合各地"商会网络"资源，联合各地商会组织企业去其他电商发达地区考察学习，了解电商品牌运营的先进经验，为新零售业发展奠定坚实的品质基础。

在互联网经济背景下，电商品牌的创建形式和传播方式有了新的特征，建议鼓励电商企业积极参与世界知识产权组织（WIPO）的有关活动，探索构建立体化电商品牌的保护规则。这样有利于更多的中小微电商企业品牌的成长，合理有序地参与国内外竞争。

在"新业态、新模式、新零售"机遇的大背景下，与各级部门积极探索制定智慧商贸生态体系新规则。在充分满足国内用户的消费体验需求的同时，面向全国宣传输出新零售的浙江模式和经验。

（3）预判未来电商发展趋势，做好合规运营政策基础。

随着"网红直播＋微商"经济的迅速崛起，包括各类直播、社区、视频APP快速发展都显示了电商社交化这一趋势。但社交电商行业在快速发展的同时，在招募用户、会员的过程中存在"拉人头"等问题，违反了有关主管部门的规定。这主要是由于缺乏监管体系，需要社交电商行业合规运营。

因此建议社交电商行业主管部门以包容审慎的态度，联合其他相关部门，积极探索新制度、新标准，培育良好的营商环境，帮助企业解决痛点和难点，促进行业规范化发展。

进一步运用数字技术建立社交电商产品质量控制、售后服务等品牌塑造体系，结合产品、环境等多种赋能方式来提供社交电商增长动力。丰富互联网数字经济内涵，积极应对社交电商交易规则中所隐含的风险，保障社交电商自主品牌长远发展，使之成为一种可持续的商业模式。

15.3.2 跨境电商方面

（1）加快推动省内跨境电商综试区协同发展。

目前，我省已有多个城市获批跨境电商综试区。预计未来还会有其他城市获批。因此有必要梳理现有跨境电商综试区的成功经验，有针对性地复制推广至其他地区。在此基础上，进一步探索多地跨境电商综试区协同监管机制，联合海关、税务、外汇等监管部门和地方相关部门，创新跨境电商扶持政策。

同时完善跨境电商区域品牌的设计与推广。进一步推动各地跨境电商综

试区发挥自身产业特色，融合集群企业产品优点。 鼓励企业充分利用政府打
造的区域品牌整体形象，发挥资本、技术、人才等要素的集群效应，带动跨境
电商综试区中各企业自主品牌的推广与宣传。

（2）完善跨境电商企业进出口风险预警和通关机制。

在中美经贸问题频现的大背景下，培育支持传统制造业，积极拓展海外
市场。 以此推进外贸企业开拓跨境电商渠道，加快数字化转型。 联合国家有
关部委探索跨境电商风险防控机制，并通过定期发布国际政治、经济环境风
险预警等方式，向企业介绍最新国际营商环境，同时向跨境电商企业介绍各
国的进出口政策，满足不同企业群体的政策需求。

参照出口保险等模式，鼓励金融机构设立跨境电商风险基金，以应对国
际贸易摩擦给企业带来的冲击。 引导鼓励社会资本参与跨境电商服务市场建
设，为跨境电商企业优化营商环境。

借助中国国际进口博览会机遇，联合财政、海关、税务、外汇等监管部门
进一步调整关税方案，完善"正面清单制度"，提升通关便利化水平，进一步
加快发展跨境电商进口业务，以更丰富的进口商品资源满足中国消费升级的
趋势。

（3）改进现行跨境电商统计方法，避免各部门数据不统一问题。

针对跨境电商行业内各个商业研究机构数据门类多，且格式内容不规范
的现象，建议监管部门（商务、海关部门）尽早出台建立权威的统计定义范围
和明确的统计口径，增强数据统计的严肃性。 这主要是国家各监管部门、各
地方跨境电商综合试验区对跨境电商这种新业态的统计对象、统计标准在认
识上不完全统一，还各有偏差。

同时在国际层面上，由于跨境电商在各个国家均为新兴事物，各国监管
部门，正处于对其观察、接纳的过程中。 其中对跨境电商业务比较熟悉、与
各国跨境电商监管部门关系较为密切的国际组织仅为世界海关组织。 尽管世
界海关组织也正在着手建立跨境电商标准框架，但目前对跨境电商的研究尚
停留在探索阶段，跨境电商统计更是全新的挑战，尚无明确的标准和公认的
操作流程。 目前，商务部在全国范围内设立了大量跨境电商综合试验区，对
跨境电商数据统计做出了全面的探索。 因此，中国作为跨境电商全球领先的

国家，很有必要在跨境电商数据统计领域率先制定出全球监管框架和行业领先的标准。

15.3.3 农村电商方面

（1）指导省内各地方完善农村电商公共基础设施。

着力完善农村电商公共基础服务设施，加快乡村电商综合服务点建设工作。加强农村电商网点规划，优化农村电商网点布局，降低农村电商网点运行和维护成本。

搭建相关部门乡村新零售联动工作机制。联合农业农村、交通、市场监管等部门共同推进农村电商公共基础服务设施建设，保证农村电商市场规模持续增长，产品运营专业供应丰富，物流快递线路齐全，商品配送及时，客户服务优良。

持续提升农村电商服务站点、服务内容，继续培育认定一批农村电商示范工程、示范基地，进一步提升我省农村电商公共基础设施智慧化水平。

（2）提升农村电商软环境服务体系。

在"大众创业、万众创新"背景下，根据现有农村电商扶持政策，充分发挥市场资源配置的调节作用，以市场化激活现有农村电商热情、资源和设施。鼓励社会资本等参与投资各类农村电商平台的主体建设，鼓励企业机构创新产品项目，加大对农村电商领域创业的支持力度。要积极引导整合优化多种资源要素，让"双创"新活力覆盖广大农村地区。

针对电商企业中多小微企业的情况，建议配合国家"普惠金融"政策，设立电商企业白名单制度。利用国家"普惠金融"相关政策，为优质电商企业培育过程中市场推广、设计研发、形象维护等活动提供支持。

（3）开拓农村电商市场渠道与发展模式。

加快农村电商发展，把实体店与电商有机结合，使实体经济与互联网产生叠加效应。例如：可以依托当地文旅资源，通过"互联网＋文旅融合"为当地的文化产品、旅游景点提供线上展示的渠道，以宣传推介来扩大当地的知名度和影响力。运用虚拟现实等信息技术，制作当地文旅产品分布情况的电子地图，以深度互动加深体验，从而全面介绍当地文旅融合特色产品等信息。

在游客参与体验式旅游的过程中，当地的特色产业和相关的名优企业、产品等可以通过精准营销介绍给游客，从而增加产品销售额。因此，"互联网＋文旅融合"在方便城市游客出行选择的同时，也帮助当地进行潜在客源引流，在此基础上发展当地农村电商经济。

（4）诠释农村电商新内涵，助力精准扶贫发展。

根据中央有关精神，继续深化电商扶贫行动，帮助贫困地区通过电商脱贫致富，优化整合省内各地电商资源，在乡村振兴战略的背景下联合省扶贫办、农业农村、经信、民政、残联、妇联、共青团等部门开展电商扶贫系列活动。

深入新疆、西藏、青海、湖北、贵州、四川、吉林等对口支援帮扶地，了解当地帮扶需求和存在的困难，挖掘当地产业资源、产品特色和优势，推进电商扶贫项目资源对接活动。基于各地电商人才紧缺的现实，帮助各地开展电商人才培训，将政府的电商工作方案和电商企业的业务服务模式，总结成经验、案例持续输出到对口支援帮扶地，培养出一支"懂理论，强操作"的电商扶贫人才队伍。

利用对口支援帮扶地招商引资的契机，双方共同推进电商产业园区建设工作，积极介绍浙江省内电商企业在对口支援帮扶地布局上下游产业，为企业控制完整产业链奠定基础，同时促进当地经济发展。鼓励省内电商企业采购对口支援帮扶地的农产品、日用品等各类产品，以O2O线上平台、线下展会等推介活动拓展销售渠道。引导更多的对口支援帮扶地的商家自建网站或者在电商平台上开网店，逐步构建当地的电子商务生态圈，逐步打造当地的电子商务产业链，逐步完善当地的电子商务客户服务功能。

15.4　小结

在国际贸易摩擦日益严峻的大环境下，数字贸易跨境电商在全球范围内越来越普及，也受到越来越多的重视。部分国家政府眼看中国数字贸易跨境电商正在蚕食传统贸易的份额,因此对数字贸易跨境电商设置了壁垒。 各国头部数字贸易跨境电商企业也逐渐形成,具有优势的平台或大卖家企业对小企业的压力也逐渐加大。 中国企业要想在全球贸易中占据一席之地,从国际贸易产业链的下游向国际贸易价值链的上游迈进,就不得不重视数字贸易的建设。 部分主管部门意识,要加大从产品研发创新投入,拓宽跨境电商平台渠道,方能提升中国产品的核心竞争力。 无论是否存在国际贸易的关税、技术壁垒,国际国内消费者都青睐具有核心竞争力的产品。 数字贸易、跨境电商等新模式新业态,为中国企业绕开国际中间商、直面全球消费者提供了绝佳的机遇,提供了树立国际化自主形象的最好工具,对国内工厂型企业从初级的 OEM 模式走向国际贸易的舞台中心有着关键性作用。

参考文献

［1］ PARK C. Does Twitter Motivate Involvement in Politics？ Tweeting, Opinion Leadership, and Political Engagement［J］. Computers in Human Behavior, 2013（29）:1641-1648.

［2］ LI Y, MA S, ZHANG Y, et al. An Improved Mix Framework for Opinion Leader Identification in Online Learning Communities［J］. Knowledge-Based Systems, 2013（43）:43-51.

［3］ 邵柏，魏珊，刘明杰，等.国际突发公共卫生事件应对措施对国际贸易的影响及对策研究［J］.口岸卫生控制，2019，24（4）:1-3.

［4］ 石长华，龚晗英.完善我国突发公共卫生事件应对技术性贸易措施体系初探［J］.口岸卫生控制，2013，18（3）:1-4.

［5］ 崔鹏，张巍，何毅，等.突发公共事件网络舆情演化及政府应对能力研究［J］.现代情报，2018，38（2）:75-83，95.

［6］ 宗芳宇.全球跨境投资政策变化、影响及中国的对策［J］.国际贸易，2019（3）:50-56.

［7］ 谈毅，唐霖露.跨境风险资本在华投资绩效影响因素的研究［J］.科研管理，2016，37（10）:1-8.

［8］ 王开，靳玉英.美国产业补贴政策主要特征、对我国的影响及应对措施［J］.国际贸易，2019（8）:54-59.

［9］ 邓富华，霍伟东.自由贸易协定、制度环境与跨境贸易人民币结算［J］.

中国工业经济，2017（5）:75-93.

[10] YAO DQ，WHALLEY J. The China（Shanghai）Pilot Free Trade Zone：Background，Developments and Preliminary Assessment of Initial Impacts [J]．WORLD ECONOMY，2016，39（1）:2-15.

[11] 郭四维，张明昂，王庆，等.新常态下的"外贸新引擎":我国跨境电子商务发展与传统外贸转型升级 [J].经济学家，2018（8）:42-49.

[12] 石良平，王素云.互联网促进我国对外贸易发展的机理分析:基于31个省市的面板数据实证 [J].世界经济研究，2018（12）:48-59，132-133.

[13] 来有为，王开前.中国跨境电子商务发展形态、障碍性因素及其下一步 [J]．改革，2014（5）:68-74.

[14] 马述忠，张洪胜，王笑笑.融资约束与全球价值链地位提升——来自中国加工贸易企业的理论与证据 [J].中国社会科学，2017（1）:83-107.

[15] SHAO J，YANG H，XING X，et al. E-commerce and Traffic Congestion：An Economic and Policy Analysis [J]．Transportation Research：Part B，2016，（83）:91-103.

[16] GIUFFRIDA M，MANGIARACINA R，PEREGO A，et al. Cross-border B2C E-commerce to Greater China and the Role of Logistics：A Literature Review [J]．International Journal of Physical Distribution & Logistics Management，2017，47（9）:772-795.

[17] HSIAO Y，CHEN M，LIAO W. Logistics Service Design for Cross-border E-commerce Using Kansei Engineering with Text-mining-based Online Content Analysis [J]．Telematics and Informatics，2017，34（4）:284-302.

[18] 魏悦羚，张洪胜.进口自由化会提升中国出口国内增加值率吗——基于总出口核算框架的重新估计 [J].中国工业经济，2019（3）:24-42.

[19] 李晓龙，王健.eWTP 倡议下构建国际贸易新规则的探索 [J].国际经贸探索，2018，34（11）:102-114.

［20］荆林波，奚祺海.国外政府制定公共政策的对比分析及其对中国的启示［J］.国外社会科学，2017（6）:38-46.

［21］孙宝文，褚天舒，赵宣凯.跨境电商模式下地理距离对中国国际贸易影响的实证研究［J］.新金融，2018（3）:39-44.

［22］荆文君，孙宝文.数字经济促进经济高质量发展:一个理论分析框架［J］.经济学家，2019（2）:66-73.

［23］高振娟."一带一路"框架下数字贸易合作机制研究［J］.华北水利水电大学学报（社会科学版），2020，36（3）:21-25.

［24］MCADAM M，CROWLEY C，HARRISON RT. Digital Girl:Cyberfeminism and the Emancipatory Potential of Digital Entrepreneurship in Emerging Economies［J］. Small Business Economics，2020（55）:349-362.

［25］MICALLEF J A. Digital Trade in EU FTAs:Are EU FTAs Allowing Cross Border Digital Trade to Reach Its Full Potential［J］.Journal of World Trade，2019，53（5）:855.

［26］钞小静，薛志欣，孙艺鸣.新型数字基础设施如何影响对外贸易升级——来自中国地级及以上城市的经验证据［J］.经济科学，2020（3）:46-59.

［27］乔晓楠，陈云，郜艳.数字经济视域下的国际贸易格局与贸易规则新动向［J］.中共杭州市委党校学报，2020（4）:56-69.

［28］JANOW M E，MAVROIDIS P C. Digital Trade，E-Commerce，the WTO and Regional Frameworks［J］. World Trade Review，2019（18）:S1-S7.

［29］JAMES D. Anti-development Impacts of Tax-Related Provisions in Proposed Rules on Digital Trade in the WTO［J］. Development，2019，62（1-4）:58-65.

［30］FERRACANE M F，LEE-MAKIYAMA H. Diverging Incentives for Reforming China's Restrictions on Digital Innovations［J］. Journal of Chinese Economic and Foreign Trade Studies，2017，10（3）:

259-280.

[31] LI J, CHEN L, YI J, et al. Ecosystem-specific Advantages in International Digital Commerce [J]. Journal of International Business Studies, 2019, 50 (9): 1448-1463.

[32] 陈健, 陈志. 数字技术重塑全球贸易: 我国的机遇与挑战 [J]. 科技中国, 2020 (5): 57-59.

[33] 徐金海, 夏杰长. 全球价值链视角的数字贸易发展: 战略定位与中国路径 [J]. 改革, 2020 (5): 58-67.

[34] 孙杰. 从数字经济到数字贸易: 内涵、特征、规则与影响 [J]. 国际经贸探索, 2020, 36 (5): 87-98.

[35] 章迪平, 郑小渝. 数字贸易发展水平测度及影响因素分析——以浙江省为例 [J]. 浙江科技学院学报, 2020, 32 (4): 249-256, 271.

[36] 黄先海, 王煌, 刘堃. 新全球化背景下中国外贸战略重构 —— 基于要素跨国自由流动视角 [J]. 社会科学战线, 2019 (12): 67-75.

[37] 蒋国银, 张美娟, 贾开, 等. 世界电子贸易平台的背景、内容及面临的挑战 [J]. 电子科技大学学报 (社会科学版), 2019, 21 (2): 85-91.

[38] 田静. 构建 eWTP 的功能定位与战略思路 [D]. 杭州: 浙江大学, 2018.

[39] 龚柏华. 论跨境电子商务/数字贸易的 "e WTO" 规制构建 [J]. 上海对外经贸大学学报, 2016, 23 (6): 18-28.

[40] MA S, WANG J, CHAI Y, et al. New Digital Infrastructure, Cross-Border E-Commerce and Global Vision of Creating Electronic World Trade Platform [J]. Global Trade and Customs Journal, 2018, 13 (4): 157-167.

[41] 谌楠. 浙江省 "数字驿站" 高水平发展影响因素统计建模及评价指标体系研究 [J]. 统计科学与实践, 2018 (8): 11-14.

[42] MACEDO L. Blockchain for Trade Facilitation: Ethereum, eWTP, COs and Regulatory Issues [J]. World Customs Journal, 2018, 12 (2): 87-94.

［43］周广澜，王健，苏为华.跨境电商统计方法改革研究［J］.国际贸易，
　　　　2020（2）:40-47，71.

［44］王惠敏，张黎.电子商务国际规则新发展及中国的应对策略［J］.国际
　　　　贸易，2017（4）:51-56.

［45］ALCÁCER J，CANTWELL J，PISCITELLO L. Internationalization
　　　　in the Information Age：A New Era for Places，Firms，and
　　　　International Business Networks［J］.Journal of International
　　　　Business Studies，2016，47（5）:499-512.

［46］郑学党.两岸电子信息产业贸易模式及影响因素研究［J］.国际经济合
　　　　作，2016（10）:79-82.

［47］沈玉良，彭羽，李墨丝.国际贸易新规则与我国自贸试验区制度创新的
　　　　发展方向［J］.经济体制改革，2016（6）:33-38.

［48］王冠凤.贸易便利化机制下的上海自由贸易试验区跨境电子商务研
　　　　究——基于平台经济视角［J］.经济体制改革，2014（3）:38-42.

［49］李斌，白树强，冯路.互联网环境下跨境数字化产品的海关估价征税问
　　　　题研究［J］.国际贸易，2016（4）:14-17，20.

［50］顾振华，沈瑶.区域自由贸易协定带来的影响——基于利益集团视角的
　　　　理论与实证［J］.中国软科学，2017（1）:82-92.

［51］周念利，陈寰琦.数字贸易规则"欧式模板"的典型特征及发展趋向
　　　　［J］.国际经贸探索，2018（3）:96-106.

［52］李杨，陈寰琦，周念利.数字贸易规则"美式模板"对中国的挑战及应
　　　　对［J］.国际贸易，2016（10）:24-27，37.

［53］周念利，陈寰琦，黄建伟.全球数字贸易规制体系构建的中美博弈分析
　　　　［J］.亚太经济，2017（4）:37-45.

［54］郭建芳.跨境电商综合试验区建设路径研究——以杭州综试区为例
　　　　［J］.中国市场，2016（10）:129-130.

［55］王香怡，杨荕.中国跨境电商试验区发展现状与经验——以广州跨境电
　　　　商综合试验区为例［J］.对外经贸，2017（9）:91-92.

［56］朱贤强，王庆.跨境电子商务综合试验区创新实践与推进策略［J］.经

济纵横，2019（8）:61-68.

[57] 许应楠.我国跨境电子商务发展现状及政策创新研究［J］.情报探索，2017（2）:85-89.

[58] 张夏恒，陈怡欣.中国跨境电商综合试验区运行绩效评价［J］.中国流通经济，2019，33（9）:73-82.

[59] 张夏恒，张荣刚.跨境电商与跨境物流复合系统协同模型构建与应用研究［J］.管理世界，2018，34（12）:190-191.

[60] 屈韬，罗曼，屈焰.中国自由贸易试验区的外资引致效应及其影响路径研究［J］.国际经贸探索，2018，34（9）:17-30.

[61] 许嘉扬，郭福春.互联网金融支持跨境电子商务发展机制研究——以杭州市综合试验区为例［J］.浙江社会科学，2018（5）:23-31，40.

[62] 陈晓东.中国跨境电子商务发展趋势探讨［J］.现代营销，2016（4）:193-194.

[63] 崔雁冰，姜晶.我国跨境电子商务的发展现状和对策［J］.宏观经济理，2015（8）:65-67.

[64] GOMEZ-HERRERA E，MARTENS B，TURLEA G. The Drivers and Impediments for Cross-border E-commerce in the EU［J］. Information Economics and Policy，2014，28（1）:83-96.

[65] 林珊.浅谈跨境电商的发展趋势［J］.商情，2019（3）:119-121.

[66] 杜家鑫.我国跨境电子商务发展现状及对策研究［J］.商情，2019（12）:16.

[67] 孙琪.我国跨境电商发展现状与前景分析［J］.商业经济研究，2020（1）:113-115.

[68] 衣国驹.我国跨境电子商务发展现状及对策［J］.商场现代化，2017（21）:29-30.

[69] 孙蕾，王芳.中国跨境电子商务发展现状及对策［J］.中国流通经济，2015，29（3）:38-41.

[70] 彭哨.我国跨境电商平台发展中的问题与对策［J］.合作经济与科技，2019（7）:103-105.

［71］孙赫.中国跨境贸易电子商务发展现状分析及对策研究［J］.工业经济论坛，2017，4（6）:38-42.

［72］钟宇桐.中国跨境电子商务发展现状与对策研究［J］.北方经贸，2016（4）:11-12.

［73］GIUFFRIDA M，MANGIARACINA R，PEREGO A，et al. Logistics Solutions to Support Cross Border E-Commerce Towards China：The Case of the Apparel Industry［C］.Workshop on Business Models & Ict Technologies for the Fashion Supply Chain. Springer, Cham，2016.

［74］KIM TY，DEKKER R，HEIJ C. Cross-border Electronic Commerce：Distance Effects and Express Delivery in European Union Markets［J］.International Journal of Electronic Commerce，2017，21（2）:184-218.

［75］尹宏伟.浅谈我国跨境电子商务发展现状及对策分析［J］.商情，2019（5）:16.

［76］来有为，王开前.中国跨境电子商务发展形态、障碍性因素及其下一步［J］.改革，2014（5）:68-74.

［77］温珺，阎志军.中国跨境电子商务发展:新特点、新问题和新趋势［J］.国际经济合作，2017（11）:29-35.

［78］韩丹宁，夏时雨，郝砚茗.中国跨境电商发展的瓶颈及对策分析［J］.科教导刊（电子版），2018（3）:212-213，227.

［79］时小侬.中国跨境电商发展的问题及对策研究［J］.现代商贸工业，2017（15）:73-74.

［80］赫永军.我国跨境电商的发展现状及问题研究［D］.长春:东北师范大学，2017.

［81］周露昭，熊梦镓.我国跨境电子商务发展现状及存在问题分析［J］.海峡科技与产业，2019（1）:18-19.

［82］苏为华，王玉颖.我国跨境电子商务综试区发展水平的统计测度［J］.商业经济与管理，2017（6）:13-22.

[83] 马述忠，陈丽，张洪胜.中国跨境电商上市企业综合绩效研究 [J].国际商务研究，2018（2）:48-66.

[84] 苏为华，吴鑑洪.Delphi-AHP 构权过程中专家意见一致性的统计检验问题研究 [J].统计研究，2010（7）:84-88.

[85] 张永安，郄海拓.国务院创新政策量化评价——基于 PMC 指数模型 [J].科技进步与对策，2017，34（17）:127-136.

[86] RUIZ ESTRADA MA，YAP SF，NAGARAJ S. Beyond the Ceteris Paribus Assumption：Modeling Demand and Supply Assuming Omnia Mobilis [J]. International Journal of Economics Research，2008，5（2）:185-194.

[87] 于冬梅，高雷阜，赵世杰.给定需求区域应急物资储备库选址模型及其解法 [J].中国安全科学学报，2015（11）:170-176.

[88] 张鑫，高淑春.需求不确定下的应急物资储备库选址模型研究 [J].中国安全科学学报，2017（2）:169-174.

[89] 王茵.基于多供应主体的应急物资供应模型 [J].长安大学学报（自然科学版），2016（6）:98-104.

[90] 张以彬，龙静，陈瑜.市场需求可变的供应链中断应急策略与运作仿真 [J].系统管理学报，2019，28（6）:1202-1210.

[91] 田军，葛永玲，侯丛丛.政府主导的基于实物期权契约的应急物资采购模型 [J].系统工程理论与实践，2014（10）:2582-2590.

[92] 崔珊珊，陈宏，徐加胜.电商促销井喷需求下的应急商品配送研究 [J].中国管理科学，2013，21（S1）:141-147.

[93] 冯彦杰，齐佳音.基于大数据的跨境进口电商风险监测研究 [J].国际商务研究，2019，40（6）:32-43.

[94] CHIBANI A，DELORME X，DOLGUI A，et al. Dynamic Optimisation for Highly Agile Supply Chains in Eprocurement Context [J]. International Journal of Production Research，2018，56（17）:5904-5929.

[95] SAWIK T. Joint Supplier Selection and Scheduling of Customer Orders

Under Disruption Risks：Single vs Dual Sourcing［J］．Omega，2014
（43）：83-95.

［96］ATASOY B，GÜLLÜ R，TAN T. Optimal Inventory Policies with
Non-stationary Supply Disruptions and Advance Supply Information
［J］．Decision Support Systems，2012，53（2）：269-281.

［97］LALMAZLOUMIAN M，WONG KY，GOVINDAN K．A Robust
Optimization Model for Agile and Build-to-order Supply Chain Planning
Under Uncertainties［J］．Annals of Operations Research，2016，240
（2）：435-470.

［98］张以彬，陈俊芳.供应链的风险识别框架及其柔性控制策略［J］.工业
工程与管理，2008，13（1）：47-52.

［99］雷晓康，周文光.基于网络平台的应急物资市场化机制构建研究［J］.
四川大学学报（哲学社会科学版），2019（2）：103-111.

［100］HAN JH，KIM HM．The Role of Information Technology Use for
Increasing Consumer Informedness in Cross-border Electronic
Commerce：An Empirical Study［J］．Electronic Commerce Research
and Applications，2019（34）：100826.

［101］ZHENG W，RUN J，ZHUO R，et al．Evolution Process of Urban
Spatial Pattern in Hubei Province Based on DMSP/OLS Nighttime
Light Data［J］．Chinese Geographical Science，2016，26（3）：
366-376.

［102］彭芳梅.粤港澳大湾区及周边城市经济空间联系与空间结构——基于
改进引力模型与社会网络分析的实证分析［J］.经济地理，2017，37
（12）：57-64.

［103］李陈，靳相木.基于引力模型的中心镇空间联系测度研究——以浙江
省金华市25个中心镇为例［J］.地理科学，2016，36（5）：724-732.

［104］SIEWWUTTANAGU S，INOHAE T，MISHIMA N．An
Investigation of Urban Gravity to Develop a Better Understanding of
the Urbanization Phenomenon Using Centrality Analysis on GIS

Platform［J］. Procedia Environmental Sciences, 2016（36）: 191-198.

［105］何胜，唐承丽，周国华.长江中游城市群空间相互作用研究［J］.经济地理，2014, 34（4）:46-53.

［106］李萍.本社会的共生伦理［J］.湘潭师范学院学报（社会科学版），2000, 24（5）:29-35.

［107］陈冬，顾培亮.供应链管理若干问题研究与进展评述［J］.系统工程理论与实践，2010,（10）:1-11.

［108］李赤林，罗延发.供应链管理协调机制模型研究［J］.科技进步与对策，2003（7）:108-110.

［109］庄品，王宁生.供应链协调机制研究现状及发展趋势［J］.机械科学与技术，2003（S2）:204-206.

［110］卢少华，朱钒.基于反馈控制的多级供应链分布式决策支持系统［J］.物流技术，2008, 27（5）:88-90, 129.

［111］川魏玮.战略联盟组织的稳定性组织治理与信用约束机制［J］.经济管理，2006（8）:49-55.

［112］陈殿阁.从竞争走向合作——战略联盟理论评析［J］.经济管理，2000（3）:60-61.

［113］陈菲琼.面对WTO我国企业与国外跨国公司知识联盟探讨［J］.中国工业经济，2000（9）:59-62.

［114］胡卫国，卫善，孟东.企业战略联盟及联盟伙伴选择［J］.北京机械工业学院学报，2005（12）:54-56, 60.

［115］陶永宏.基于共生理论的船舶产业集群形成机理与发展演变研究［D］.南京：南京理工大学，2005.

［116］程大涛，吕筱萍，陈淑君.基于共生理论的集群企业迁移对合作营销的影响——以浙江永康五金产业集群为例.科技进步与对策，2009, 26（13）:52-56.

［117］郭莉，苏敬勤.基于Logistic增长模型的工业共生稳定分析［J］.预测，2005, 24（1）:25-29, 6.

［118］韩福荣，辛彦.企业仿生化研究综述［J］.北京工业大学学报（社会科学版），2001，1（1）：42-45，70.

［119］吴飞驰."万物一体"新诠——基于共生哲学的新透视［J］.中国哲学史，2002（2）：29-34.

［120］袁纯清.共生理论——兼论小型经济［M］.北京：经济科学出版社，1998.

［121］郎春雷，刘志迎.跨国公司与我国高新技术企业的共生经济分析［J］.科技管理研究，2003，23（5）：53-55.

［122］孙天琦."寡头主导，大、中、小共生"的产业组织结构研究［J］.人文杂志，2001（2）：73-79.

［123］王宇露，黄中伟.企业生境理论：生态学在组织与环境关系研究中的新进展［J］.科学管理研究，2007，25（4）：21-24.

［124］SIMBOLI A，TADDEO R，MORGANTE A. Analysing the Development of Industrial Symbiosis in a Motorcycle Local Industrial Network：the Role of Contextual Factors Original［J］. Journal of Cleaner Production，2014（66）：372-383.

［125］BEHERA SK，et al. Evolution of "Designed" Industrial Symbiosis Networks in the Ulsan Eco-industrial Park："Research and Development Into Business" as the Enabling Framework［J］. Journal of Cleaner Production，2012（29）：103-112.

［126］SPEKKINK W. Institutional Capacity Building for Industrial Symbiosis in the Canal Zone of Zeeland in the Netherlands：a Process Analysis［J］. Journal of Cleaner Production，2013（52）：342-355.

［127］YUAN ZW，LEI S. Improving Enterprise Competitive Advantage with Industrial Symbiosis：Case Study of a Smeltery in China［J］. Journal of Cleaner Production，2009（14）：1295-1302.

［128］ZHAI Z，XU H，JIA P. Identifying Opinion Leaders in BBS［C］//Web Intelligence and Intelligent Agent Technology. WI-IAT '08.

IEEE WIC ACM International Conference on. IEEE，2008（3）：398-401.

[129] CHA M， HADDADI H， BENEVENUTO F， et al. Measuring User Influence in Twitter：the Million Follower Fallacy：In Proceedings of the Fourth International AAAI Conference on Weblogs and Social Media [C]．New York USA：ACM，2010.

[130] WENG JS， LIM EP， JIANG J， et al. Twitter Rank：Finding Topic-sensitive Influential Twitterers [C]// In Proceedings of the 3rd ACM International Conference on Web Search and Data Mining（WSDM 2010）．New York：ACM：261-270，2010.

[131] DUBOIS E， GAFFNEY D. The Multiple Facets of Influence：Identifying Political Influentials and Opinion Leaders on Twitter [J]．American Behavioral Scientist，2014，58（10）:1260-1277.

[132] HARDY N. A Profile of Early Adopters and Opinion Leaders as Spreaders of Word of Mouth about Books [D]．Wilmington：Wilmington University（Delaware），2016.

[133] YOO W. The Influence of Celebrity Exemplars on College Students' smoking [J]．Journal of American College Health J of Ach，2016，64（1）:48-60.

[134] 敖鹏.网红为什么这样红？——基于网红现象的解读和思考 [J].当代传播，2016（4）:40-44.

[135] 庄金鑫.网红：美丽的泡沫？ [J].互联网经济，2016（5）:70-75.

[136] 曹晓芳.粉丝经济下网红的商业模式发展 [J].商，2016（23）:147.

[137] 杨春瑶.浅析网红及网红经济 [J].现代商业，2017（6）:182-183.

[138] 张丽静.微博网络红人的生产研究 [D].武汉：华中师范大学，2017.

[139] 贾冲冲，王名扬，车鑫.基于 HRank 的微博用户影响力评价 [J].计算机应用，2015，35（4）:1017-1020.

[140] 李雨秋.微博意见领袖的影响力评价探究 [J].新闻研究导刊，2015，

6（22）:198, 203, 242.

[141] 原福永, 冯静, 符茜茜.微博用户的影响力指数模型[J].现代图书情报技术, 2012（6）:60-64.

[142] 李军, 陈震, 黄霁崴.微博影响力评价研究[J].信息网络安全, 2012（3）:10-13, 27.

[143] 安璐, 陈思菁.基于H指数的校园微博影响力评价研究[J].信息资源管理学报, 2017（1）:79-88.

[144] 蔡婷.基于模糊多属性评价法的县域政府微博影响力评价研究[J].科技情报开发与经济, 2014, 24（11）:125-127.

[145] 张皓月.网络红人信源对于受众购买意愿的影响研究[D].北京:中国人民大学, 2017.

[146] 陈明亮, 邱婷婷, 谢莹.微博主影响力评价指标体系的科学构建[J].浙江大学学报（人文社会科学版）, 2014, 44（2）:53-63.

[147] 杨长春, 王天允, 叶施仁.微博意见领袖影响力评价指标体系研究——基于媒介影响力视角[J].情报杂志, 2014, 33（8）:178-183, 202.

[148] 刘雁妮, 贺和平, 彭文莎.名人微博的影响力评价指标研究[J].武汉理工大学学报（信息与管理工程版）, 2012, 34（6）:746-750.

[149] 魏萌, 张博.新浪微博"网红"的微博内容特征及传播效果研究[J].情报科学, 2018, 36（2）:88-94.

[150] 邹纯龙.基于FAHP的微博意见领袖影响力评价研究[D].哈尔滨:黑龙江大学, 2017.

[151] 黄维, 夏雨.网红经济:具有电商基因的营销模式[J].销售与市场（管理版）, 2016（5）:54-55.

[152] 崔津津."时尚网红"电商营销现状及其发展研究[D].太原:山西大学, 2016.

[153] 郭艳.电商网红营销模式探析——以张大奕为例[J].中国市场, 2017（19）:146, 166.

[154] 王奕杨, 朱伟明, 肖心玮.基于"网红IP"的时尚电商营销模式研究[J].经营与管理, 2017（9）:124-127.

［155］张婧嫄.服装制造企业网红的精准营销［J］.现代营销（经营版），
2018（6）:91-92.

［156］林婷婷，曲洪建.网红营销要素对服装消费者购买意愿的影响［J］.丝
绸，2019，56（3）:54-62.

［157］石夫磊，王传生.网红电商获利影响因素的系统动力学仿真研究［J］.
财经问题研究，2018（10）:66-72.

［158］游庶东.论网红电商发展现状及对策［J］.现代营销（下旬刊），2019
（8）:111-112.

［159］杜康伊，赵洪珊，天博.浅析网红经济的商业模式［J］.现代商业，
2019（3）:165-166.

［160］周景霞.5T理论下网红—电商营销模式优化研究［D］.南昌：江西师
范大学，2019.

［161］胡文瀚.网红经济下的电子商务［J］.现代经济信息，2018
（19）:313.

［162］叶淇菁，张学锋.网红电商在传统中小型企业的发展［J］.福建电脑，
2017，33（6）:106-108.

［163］周广澜，刘仁安，林花冬，等.网红竞争力评估模型构建研究［J］.经
济论坛，2018（2）:147-151.

［164］DJARAROVA E，RUSHWORTH C. Exploring the Credibility of
Online Celebrities' Instagram Profiles in Influencing the Purchase
Decisions of Young Female Users［J］. Computers in Human
Behavior，2017（68）:1-7.

［165］张旻.热闹的"网红":网络直播平台发展中的问题及对策［J］.中国
记者，2016（5）:64-65.

［166］孙震，张瑛.56.1％受访者认为"网红"对青少年影响负面［N］.中
国青年报，2016-01-29（7）.

［167］MOLDOVAN R A，CIORNEA R. The Effect of Online Unpaid
Reviews made by Renowned Vloggers：the Case of Smartphones
［J］. Marketing-from Information to Decision Journal，2019，2

（2）:35-42.

[168] PARK H J, LIN L M. The Effects of Match-ups on the Consumer Attitudes Toward Internet Celebrities and Their Live Streaming Contents in the Context of Product Endorsement [J]. Journal of Retailing and Consumer Services, 2020, 52:46-53.

[169] 周守亮, 刘振华, 姚洁.网红电商消费者重复购买意愿的影响因素研究 [J]. 大连大学学报, 2019 (1): 99-108, 121.

[170] 王卫兵.网红经济的生成逻辑、伦理反思及规范引导 [J].求实, 2016 （8）:43-49.

[171] 单汩源, 李洁, 刘小红.社交网络环境下消费者意见领袖对消费者态度的影响研究 [J].消费经济, 2017, 33 （1）:56-62.

[172] 龚艳萍, 梁树霖.新技术产品团购中群体极化形成的主体建模与仿真研究 [J].科技管理研究, 2015, 35 （18）:201-207.

[173] 井绍平, 陶宇红, 李自琼.消费者品牌转换口碑传播影响因素研究:基于绿色营销视角 [J].管理世界, 2010 （9）:182-183.

[174] 寇紫遐.网络社区营销传播实践审视——基于案例研究的方法 [J]. 宁夏大学学报（人文社会科学版）, 2014, 36 （5）:140-147.

[175] 李东进, 张亚佩, 郑军.竞争感知视角下口碑营销主体的稀缺效应 [J].中国流通经济, 2016, 30 （7）:80-87.

[176] 李金海, 何有世, 马云蕾, 等.大数据时代基于在线评论挖掘的企业网络口碑危机预警研究 [J]. 情报杂志, 2015, 34 （02）:53-58.

[177] 李怡.人际传播在营销传播渠道中的作用 [J]. 广西社会科学, 2005 （3）:180-182.

[178] 刘莉, 袁淼.网络评论对女性护肤品消费行为影响的实证研究 [J].消费经济, 2010, 26 （5）:52-55.

[179] 罗彪, 丛日飞.留、传、搜、用:消费者行为视角下的电子口碑研究综述与展望 [J].外国经济与管理, 2015, 37 （8）:54-64.

[180] 舒心.互联网营销视角下基于文本分析法的 KOL 的 eWOM 研究 [J]. 知识经济, 2017, （19）:57-58.

［181］万君，郭婷婷，吴正祥.网络谣言对消费者电商平台信任的作用机理研究［J］.现代情报，2015，35（5）:35-40.

［182］王长征，王斐.基于因子分析法的企业微博运营方法研究［J］.黑龙江社会科学，2016.（5）:68-71.

［183］赵姗.互联网舆论场视角下主流话语引导力提升的精准化设计研究［J］.四川大学学报（哲学社会科学版），2020（3）:12-19.

［184］周延风，张婷，陈少娜.网红社交媒体传播及消费者情感倾向分析——以网红品牌"喜茶"为例［J］.商业经济与管理，2018（4）:70-80.

致　谢

感谢财政部，国家自然科学基金委员会，商务部研究院，浙江省人大常委会法工委，浙江省财政厅，浙江省商务厅，浙江省国资委，浙江省侨联，杭州市委组织部，中国（杭州）跨境电子商务综合试验区建设领导小组办公室，杭州市商务局，温州市商务局，浙江省高级人民法院知识产权庭，杭州市中级人民法院知识产权庭，浙江工商大学，对外经济贸易大学，海南大学，浙江省文化产业创新发展研究院，浙江省电商促进会，浙江省商务发展研究会，杭州跨境电商协会，杭州服务贸易协会，杭州品牌促进会，数贸智库，云贸智库等相关领导的协调关心和帮助指导。

本书部分章节撰写过程中，林花冬、赵逸梅、黄舒怡、朱逍遥、陈茜、段克焕、仲皓、范志颖等同学在数据收集处理、资料汇编方面有所贡献并执笔部分内容。李星慧女士、卓红芬女士、吴冬先生、杨萌萌女士、吴中娅女士、郑娴女士、洪郡璜女士在部分章节框架内容设计方面亦有所贡献。特此感谢。

财政部周秉建女士，World Consortium of Holy Bon Bond 的 Mr. Shengli Zhou，国网公司周苗苗女士，对外经济贸易大学王健教授，阿里研究院欧阳澄先生，中国财税博物馆冯立松先生，商务部研究院张莉所长、洪勇博士、李峰博士、王荣博士，Nanyang Technological University, Singapore 的 Feng LIN 教授，Howest, de Hogeschool West-Vlaanderen Belgium 的 Lode De Geyter 先生、Frederik D'hulster 先生、Philip Vanhaelemeersch 博士、

Isabelle Pertry 女士、Stephanie Calant 女士，中国出口信用保险公司费凡先生，福建联合信实律师事务所白茹律师，北京潘葛璐莹女士，浙江国贸云商有限公司陈渤阳先生对其中部分内容提出了宝贵的建议。

感谢杭州跨境电商综试区，青岛跨境电商综试区，苏州跨境电商综试区，兰州跨境电商综试区，莆田跨境电商综试区，天水跨境电商综试区，云南瑞丽姐告保税区，杭州跨境电商下沙园区，杭州跨境电商空港园区，杭州市下城区数字经济产业园管理委员会，浙江国贸数字，考拉海购，天猫国际，Pingpong，连连支付，杭州跨知通知识产权服务有限公司，北京花刊花艺，浙江天演维真，城云科技，浙江电子口岸，杭州张瑜互联网＋创业园，数贸智库，云贸智库，轻刻旅行等相关机构提供的素材。

感谢杭州市委、市政府有关部门各位领导毛溪浩，徐小林，胡明毫，尹凡，陈刚刚，蒋蕾，余君，岑益郎，邵顿，潘恩安，张文星，戴晓霞，张淼，陈无风，鲍宗客，戴道昆，张启鹏，胡淼，邹昕瑶，李廷，傅剑，付传清，傅尧力，屠立达，马福君，刘良模的关心。

感谢中国（杭州）跨境电子商务综合试验区建设领导小组办公室各位领导施黄凯，陈卫菁，韩伟，余坚，童洪文，杨一然，梁霖，武长虹，陈健，王苏宁，金方增，盛磊，刘伟，龚智磊，金华珊，梅金品，金科，吕琛荣，葛一波，刘志刚，徐一蕾，潘思蔚，汪洋，丁玲玲，郭玮，陈婷，杨丹，周晨霞，彭超，赵靓雯，包伟明，吴迪枫等的指导，以及杭州商务局黄世远，许立文，韩荣，古云龙，徐志宏，徐达裕，李信赢，杨骏，陶梁，方坚飞，罗运春，郭李鹏，魏名扬，周剑，董谦，汪洋的鼓励。

感谢我敬爱的父母和亲友，浙江工商大学各部门以及人文社科处、浙商研究院、跨境电子商务学院等有关领导、同仁的关心。你们无微不至的帮助、孜孜不倦的教诲对研究的顺利完成至关重要。要感谢的人还有很多很多，限于篇幅，请恕在此不能一一提名感谢。

本书在撰写过程中，参考并借鉴了众多学者的著作和研究成果，谨在此表达诚挚谢意。同时，也非常感谢浙江省教育厅教师专业发展项目，浙江省一流学科 A 类统计学、管理科学与工程，中国博士后基金，浙江博士后基金，中国国家留学基金的支持，出版社的编辑和有关工作人员付出的辛勤劳动。

由于本领域政策法规、知识、实践更新很快，加之作者的学识和水平有限，尽管付出了很大的努力，但是书中难免存在疏漏、不当之处，欢迎读者批评、指正。

作者

庚子年